國學院大學日本文化研究所編

井上毅と梧陰文庫

汲古書院

井上毅肖像

（明治22年3月6日　小川一真撮影）

⑤
「風清月白」

⑥
「学忍」

⑦
「豪」

⑪
「忍最高」

⑨
「魯魚」か

⑫
「井上毅蔵」

井上毅自用印および印影(原寸)

③

②

①～③ 三顆対

②「井上毅」

①「梧陰」

③「心鏡如水」

④⑧⑩ 三顆対

⑩「井上毅」

⑧「梧陰」

④「心鏡如水」

①

④

⑧

⑩

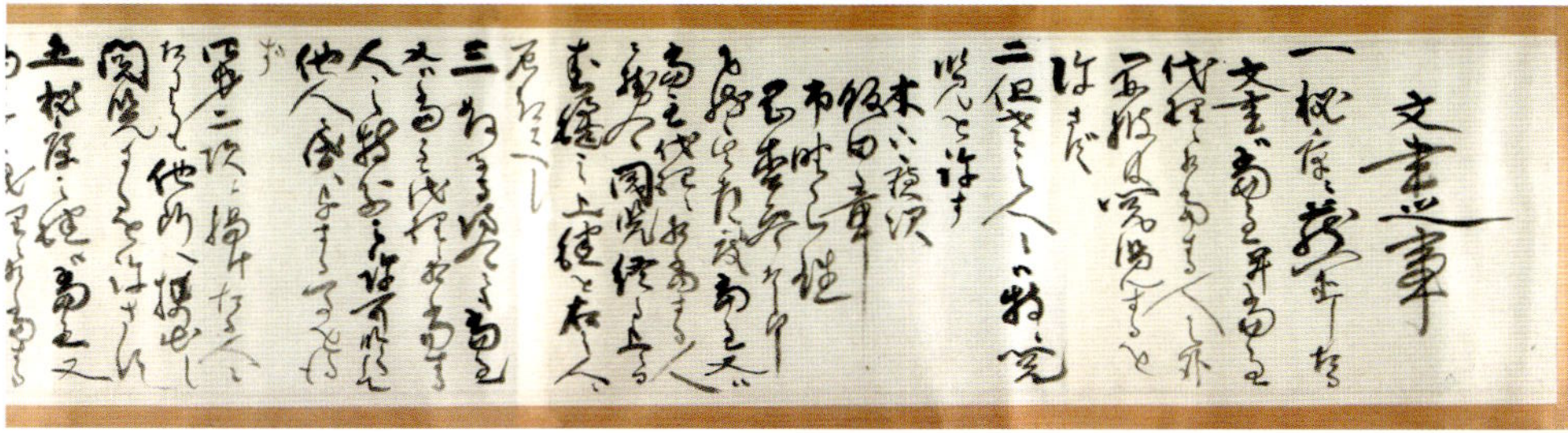

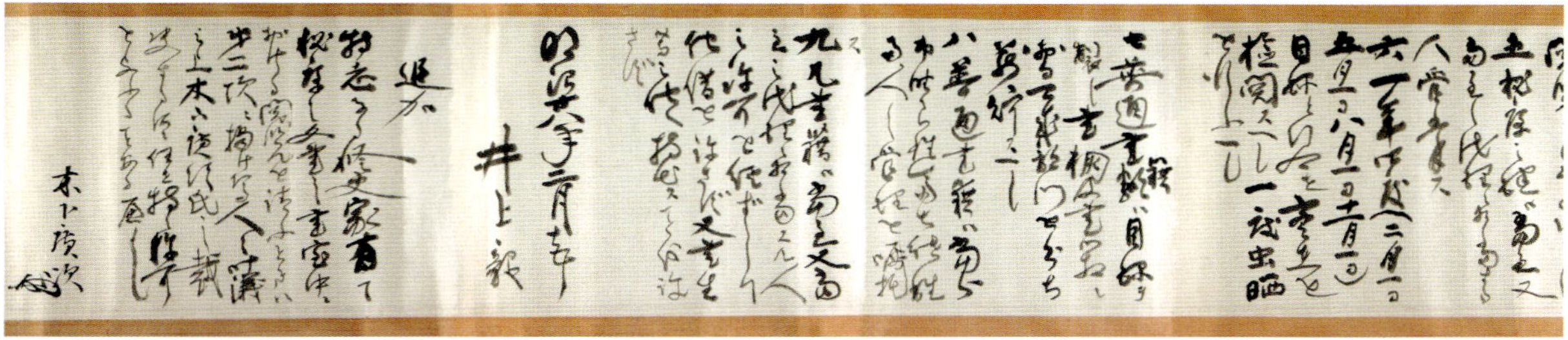

文書に関する井上毅の遺書（梧陰文庫Ⅱ-495）

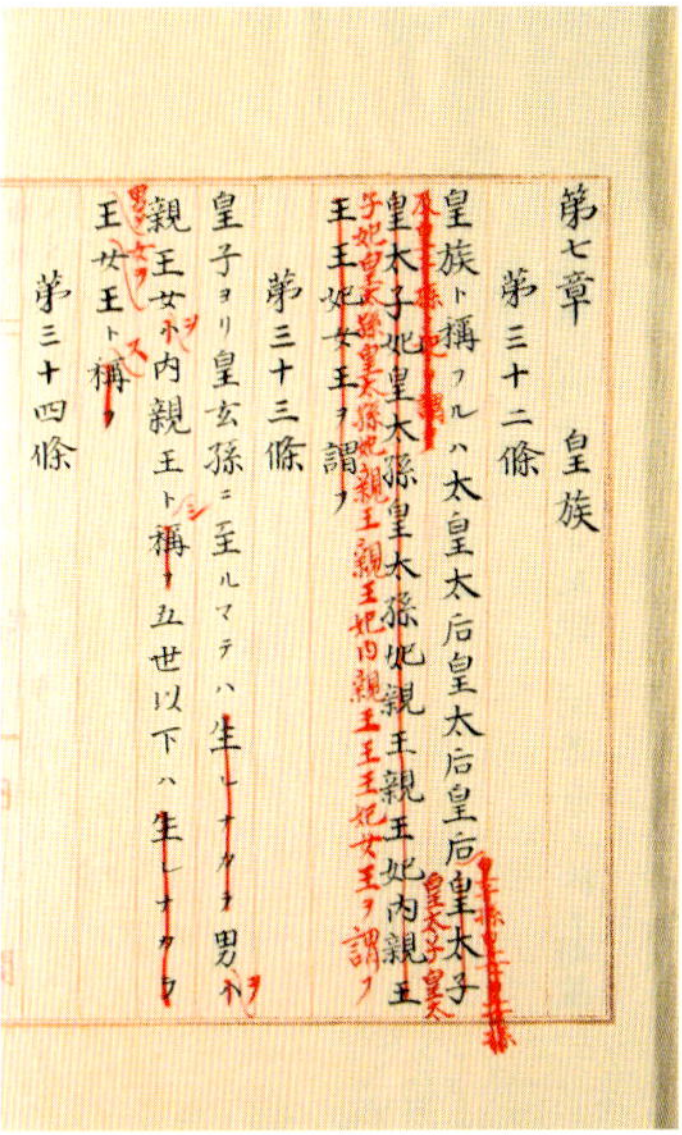

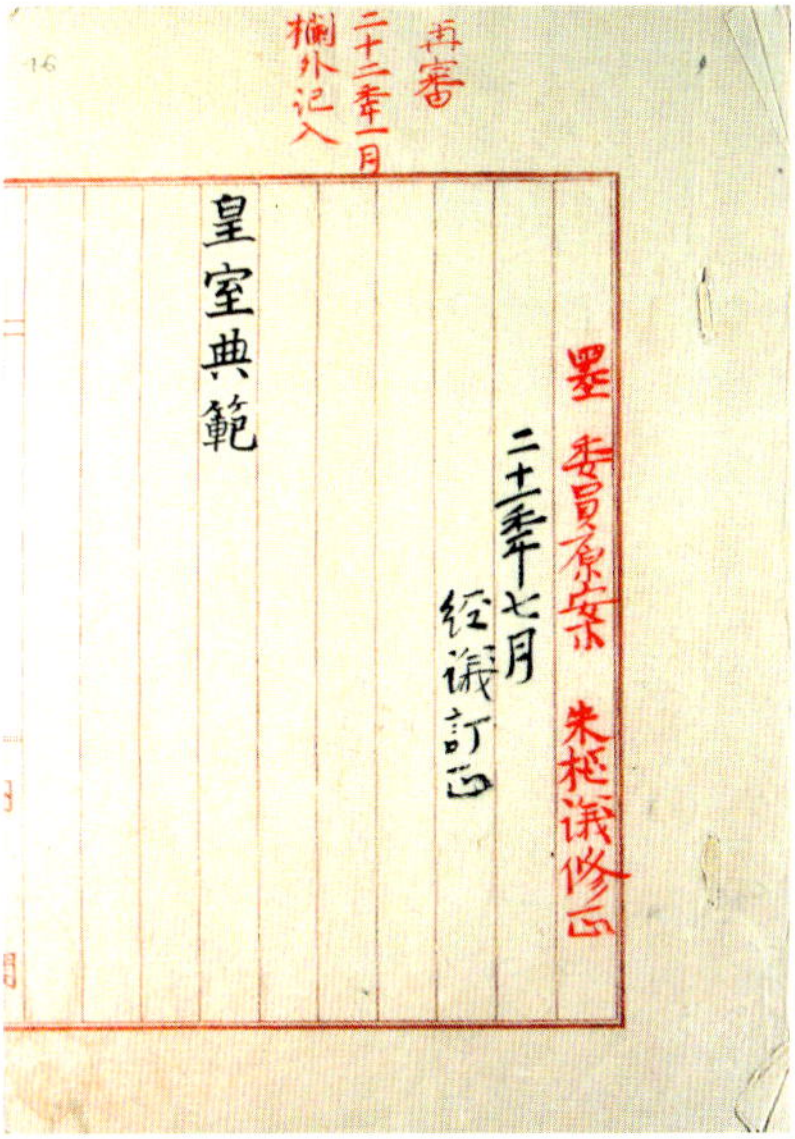

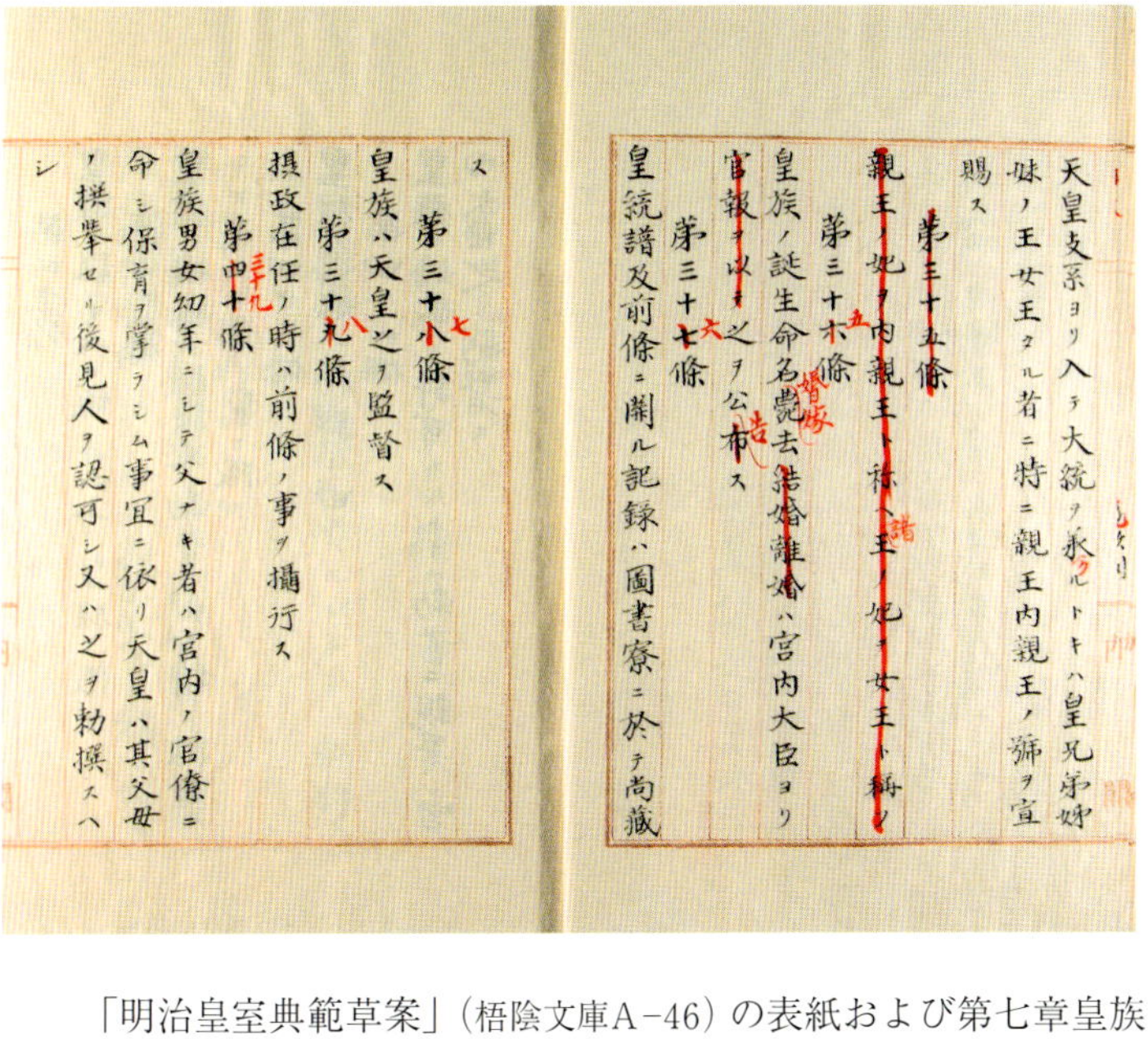

「明治皇室典範草案」（梧陰文庫A－46）の表紙および第七章皇族
表紙注記は井上毅

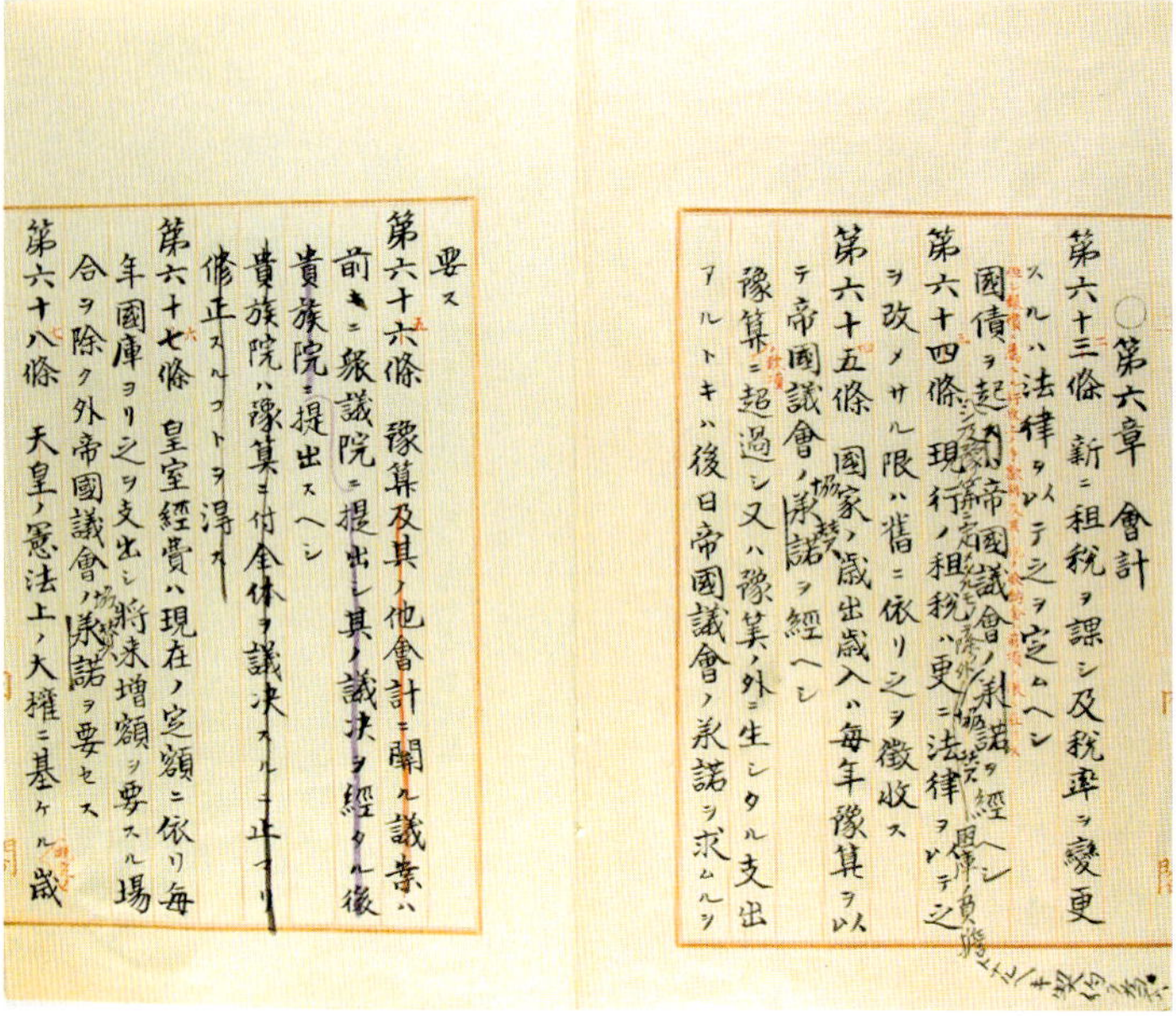
第六章 會計
第六十三條 新ニ租税ヲ課シ及税率ヲ變更スルハ法律ヲ以テ之ヲ定ムヘシ
第六十四條 國債ヲ起シ…帝國議會ノ承諾ヲ經ヘシ
現行ノ租税ハ更ニ法律ヲ以テ之ヲ改メサル限ハ舊ニ依リ之ヲ徴收ス
第六十五條 國家ノ歳出歳入ハ毎年豫算ヲ以テ帝國議會ノ承諾ヲ經ヘシ
豫算ニ超過シ又ハ豫算ノ外ニ生シタル支出アルトキハ後日帝國議會ノ承諾ヲ求ムヘシ
要ス
第六十六條 豫算及其ノ他會計ニ關ル議案ハ前ニ衆議院ニ提出シ其ノ議決ヲ經タル後貴族院ニ提出スヘシ
貴族院ハ豫算ニ付全体ヲ議決スルニ止マリ修正スルコトヲ得ス
第六十七條 皇室經費ハ現在ノ定額ニ依リ毎年國庫ヨリ之ヲ支出シ將來増額ヲ要スル場合ヲ除ク外帝國議會ノ承諾ヲ要セス
第六十八條 天皇ノ憲法上ノ大權ニ基ケル歳

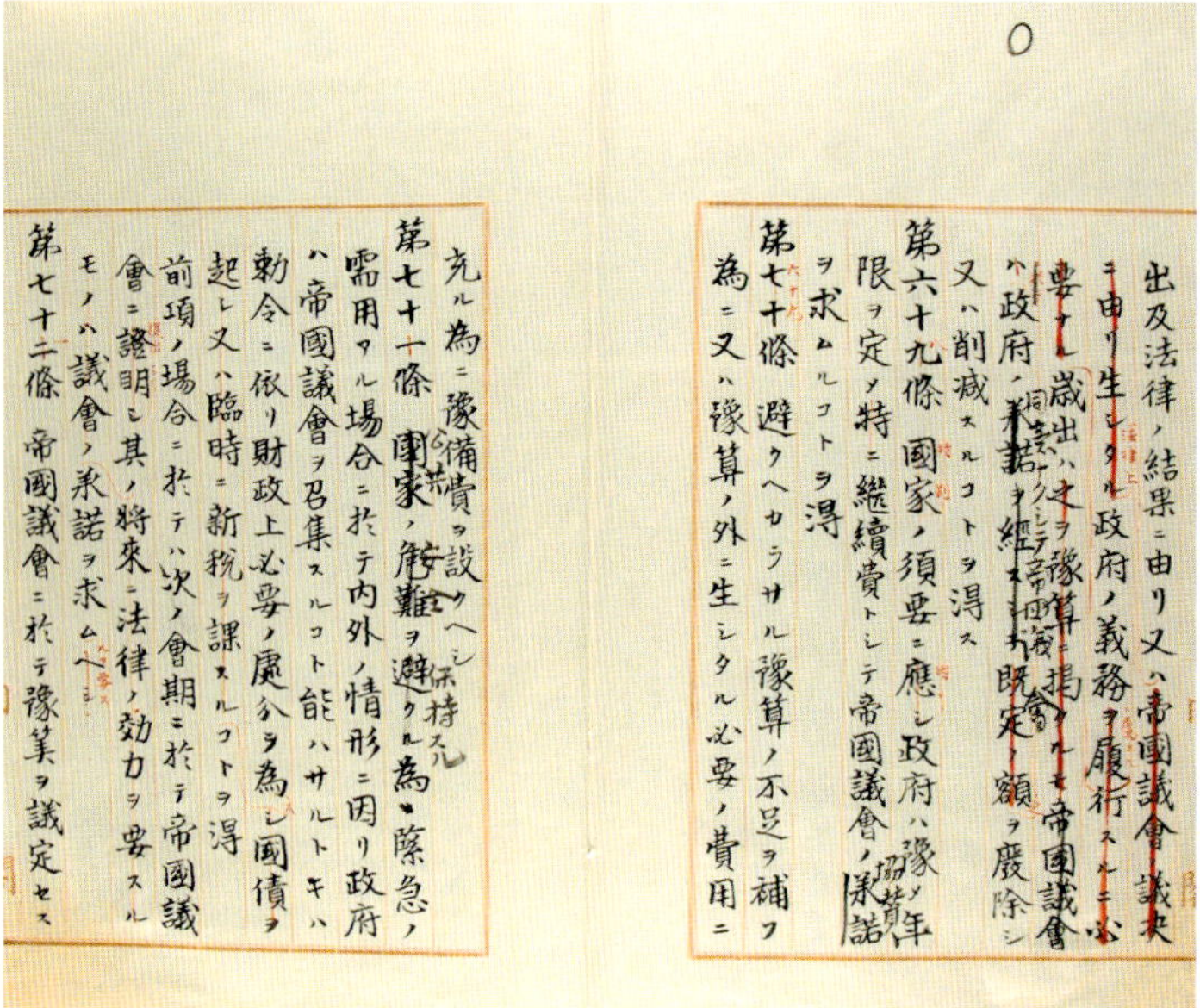
出及法律ノ結果ニ由リ又ハ帝國議會議決ニ由リ生シタル政府ノ義務ヲ履行スルニ必要ナル歳出ハ之ヲ豫算ニ掲ケタル帝國議會ハ政府ノ承諾ナクシテ既定ノ額ヲ廢除シ又ハ削減スルコトヲ得ス
第六十九條 國家ノ須要ニ應シ政府ハ豫メ年限ヲ定メ特ニ継續費トシテ帝國議會ノ承諾ヲ求ムルコトヲ得
第七十條 避クヘカラサル豫算ノ不足ヲ補フ為ニ又ハ豫算ノ外ニ生シタル必要ノ費用ニ
充ル為ニ豫備費ヲ設クヘシ
第七十一條 國家ノ艱難ヲ避クル為ニ際急ノ需用アル場合ニ於テ内外ノ情形ニ因リ政府ハ帝國議會ヲ召集スルコト能ハサルトキハ勅令ニ依リ財政上必要ノ處分ヲ為シ國債ヲ起シ又ハ臨時ニ新税ヲ課スルコトヲ得
前項ノ場合ニ於テハ次ノ會期ニ於テ帝國議會ニ證明シ其ノ將來ニ法律ノ効力ヲ要スルモノハ議會ノ承諾ヲ求ムヘシ
第七十二條 帝國議會ニ於テ豫算ヲ議定セス

「大日本帝国憲法草案」（梧陰文庫A―91）の第六章会計　墨書修正は井上毅

⑴「林氏蔵書」（林 述斎）

⑵「梧月楼弆」（林 復斎）

⑶「梧南林氏蔵書」（林 復斎）

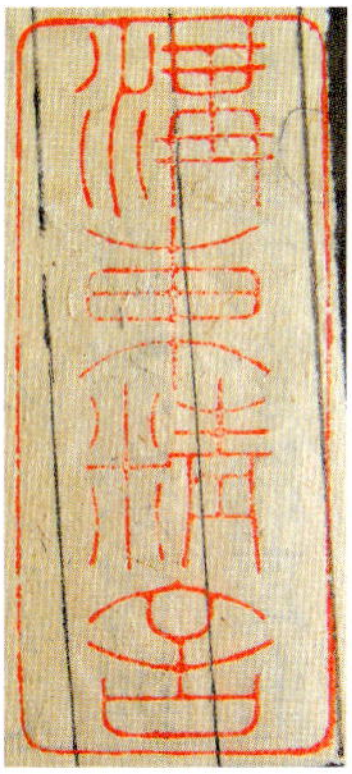

⑷「溝東精舎」（林 学斎）

⑸「陽春廬記」（小中村清矩）

⑹「棭斎」（狩谷棭斎）

⑺「狩谷望之」（狩谷棭斎）

⑼「弘前医官渋江氏蔵書記」（渋江抽斎）

⑻「湯島狩谷氏求古楼図書記」（狩谷棭斎）

井上毅蔵書の旧蔵者印影（原寸）

⑽「紹成書院之章」（岡松甕谷）

⑾「不忍文庫」（屋代弘賢）

⑿「阿波国文庫」（徳島藩主蜂須賀家）

⒀「不覊斎図書記」（秋山不覊斎［恒太郎］）

⒁「秋山」（秋山恒太郎）

⒂「心酔亭」

⒃「信天翁」（山中献）

井上毅と梧陰文庫　目次

第三部　「梧陰文庫」と井上毅研究をめぐる座談会

井上毅と梧陰文庫

第一部　井上毅とお雇い外国人答議をめぐる講演録

國學院大學日本文化研究所

『近代日本法制史料集』完結記念公開講演会

【挨拶】 國學院大學学長 日本文化研究所所長 阿部美哉

【祝辞】 大阪大学名誉教授 梅溪昇

【講演】

「『近代日本法制史料集』の編纂を回顧して」

國學院大學文学部講師 木野主計

「明治憲法体制の成立とシュタイン――シュタイン憲法草案の行方――」

國學院大學法学部助教授 原田一明

「井上毅の国際認識と外政への寄与」

京都大学人文科学研究所教授 山室信一

日時 平成十一年四月十七日（土）午後二時～

場所 國學院大學百周年記念館講堂

〈司　会＝柴田　紳一〉　定刻となりましたので、只今より國學院大學日本文化研究所主催「『近代日本法制史料集』完結記念 公開講演会」を開始いたします。はじめに主催者側を代表し、日本文化研究所所長・國學院大學学長の阿部美哉より、ご挨拶を申し上げます。

挨　拶

國學院大學学長
日本文化研究所所長　阿　部　美　哉

本日は土曜日で皆様お休みのところ、日本文化研究所でこのような講演会を企画いたしましたところ、お運びくださいましてまことにありがとうございます。

日本文化研究所というのが設立されましたのは一九五五年、昭和三十年でございます。考えてみますとその頃と申しますと、ようやく占領が終り、しかし大変な時期でもございました。ちょうど昭和三十年というのは私が高校を卒業しまして大学に入りました年でございましたが、その頃といいますのは、お堀のそばでメーデーなんかがありまして、そういうときにアメリカの兵隊さんが乗っておりますジープを、ひっくり返してお堀に放り込んだり、火をつけたり、そういうこともありました。いわば世情が非常に鬱勃としておりましたときに、本学の当時の石川岩吉学長でございますとか、あるいは折口信夫先生とか、金田一京助先生とか、あるいは当時東京大学におられました岸本英夫先生とか、そういう方々が、日本人の魂、日本の伝統、日本の精神、そういうものをきちんともう一遍研究し、そしてそういう研究の成果を日本人の心に伝えていく仕事をしなければならない。そういうふうなお考えをおもちになりまして、設立されましたのが日本文化研究所であり、ちょうどいまから四十五年前ということになるわけでございます。

そういうことで考えてみますと、日本の二度目の近代化と申しますか、日本が戦争に敗れて、そしてアメリカの占領を受けて、民主化という大波がきた時代、そのときにもう一遍日本人の魂を考えなければならないということで、日本文化研究所は設立したわけでございますが、考えてみますと日本の近代化の大きな出来事、明治維新、そしてその明治維新から始まりました近代日本の礎石をつくりましたものが「大日本帝国憲法」であり、そして「教育勅語」であろうと思います。大日本帝国憲法ができましたのは一八八九年、それから教育勅語が渙発されましたのは翌年帝国議会が始まる直前で、いわばそのような路線で申しますと、近代化、西洋化の大波に対して、日本の伝統精神をもう一遍確認しておくものが教育勅語であろうかと思います。それから近代日本の礎石をつくりましたものが、これが大日本帝国憲法であろうというふうに私は思います。

この二つの、日本近代化の大きな柱、大日本帝国憲法と教育勅語のいずれにおきましても、その起草に深く関わりましたのが井上毅でございます。そしてこの井上毅、法制局長官というような立場であったわけでございますが、この井上毅が、また國學院大學の建学にも非常に深い関わりをもっておりました。本学の前身は皇典講究所でございまして、皇典講究所が設立されましたのがこれがざっと百十七年前、一八八二年でございまして、有栖川宮熾仁親王を初代の総裁といたしまして設立されましたのが、これが皇典講究所であり、それが発展的に大学になってまいるわけでございます。大学令が発令されまして日本で初めて私立大学が設立されますのが一九二〇年、大正九年のことでございます。このときに八つの大学が初めて認可されたのでございますが、國學院大學はこの大学令によりまして初めて認可された八つの大学の中の一つでございます。このように見てまいりますと、井上毅という人物が、日本の近代化の中で非常に大きな役割を果たし、そして國學院大學がその近代化の中で一つの固有の、すなわち伝統を守るという建学の精神によってできているということが明らかであろうかと思います。

本日、このような企画をたてましたのは、『近代日本法制史料集』の意義を再確認したいという意図に出ております。井上毅が憲法の起草その他、政府の近代化の歩みの中で自分が関わっていった、大きな仕事をやっていった中で収集いたしましたファースト・ハンドの資料をしっかりとまとめております。そしてこれをまとめたものは非常に貴重なものであるということで、これがいかに大事なものであるかということをいい伝えられましたご家族が、大事に持っておられたわけでありますが、それを、井上毅が建学に非常に関わりをもちました皇典講究所、そして國學院というものとの因縁を大事にしてくださいまして、ご寄附いただきましたものが「梧陰文庫」でございます。この梧陰文庫というものを材料にいたしまして、「梧陰文庫」の研究会が本学にもございますし、また、近代憲政史をお考えになる方にとりましては、「梧陰文庫」はまさにファースト・レートの資料でございます。この重要性を考えまして、國學院大學日本文化研究所におきましては、これを二十巻の『史料集』としてとりまとめ、本年、前年度末になりますけれども、東京大学出版会からずっと刊行を続けておりましたものが、二十巻の完成をみたわけでございます。

本日の講演会は、そのような井上毅の「梧陰文庫」の意義というものを考え、井上毅の日本近代化に与えた大きな意義を考えて、そのような方面での最も大きな貢献をされた方々のお話を承ろうということで企画したものでございます。ただ一つ残念なことに、その中のお一方、梅溪昇先生はたまたまいまご入院中でございまして、そのため梅溪先生のお話は本日承ることがかなわないことになりました。そのため梅溪先生からのメッセージは主事から後ほど朗読させていただきます。そして梅溪先生のご講演に代わるものといたしまして、ただいま本学法学部の助教授であり、同時に日本文化研究所の兼担助教授をしております原田先生にお話をしていただきます。従いまして本日は、一番最初に「梧陰文庫」の整理整頓にずっと長年にわたって関わってまいりまして、そしてちょうど井上毅の百年祭に当たりまして『井上毅研究』という書物をお出しになりました木野主計先生に、このご挨拶に続いてお話をたまわる予定でございます。続いて原田先生にお話をたまわる。そして三番目といたしまして山室信一先生にお話をたまわる予定でございます。山室先生はいろいろなご書物もおありでございまして、『法制官僚の時代』とか、『近代日本の知と政治』というようなご著作の中では、非常に井上毅に依拠するところが多いご著作をお示しでございます。ことに『近代日本の知と政治』という書物では、副題に「井上毅から大衆演芸まで」というような副題もおつけになっている方でございます。そのような方々の三先生からのご講演を本日は企画したわけでございます、できますれば最後までご清聴たまわればまことにありがたいと存じます。

本日はご参会まことにありがとうございます。

〈司　会〉　所長のご挨拶にありましたように、本日の講師のお一人、大阪大学名誉教授梅溪昇先生におかれましては、先般胆嚢・胆管の結石で手術をお受けになり、術後の経過は良好ではあるものの遠方へのご出張はやや困難とのことで、まことに残念ながら本日ご登壇頂けないこととなりました。梅溪先生には、演題「明治天皇制国家の構造形成への井上毅の寄与」を頂戴し、先生ご自身におかれましても是非ともこの会に臨みたいとギリギリまでご用意頂きました。本日、梅溪先生よりこの会に際し、ご丁寧なメッセージを頂戴いたしましたので、当研究所の主事で今回の企画の担当者でもある高塩博教授より代読をさせて頂くこととし、その前に梅溪先生のプロフィールを簡単に紹介させて頂きます。

梅溪昇先生は、一九二一年（大正十年）兵庫県のお生まれ、京都大学文学部史学科をご卒業の後、京都大学人文科学研究所の助手、大阪大学文学部の助教授・教授を経て、現在は大阪大学の名誉教授となっておられます。井上毅研究のパイオニアのお一人でもあり、御雇外国人研究の第一人者であります。ご著書は『明治前期政治史の研究』・『お雇い外国人』（三冊）、ご編書には『明治外国人叙勲史料集成』（全六巻）など、多数があります。それでは高塩先生、お願いいたします。

祝辞

大阪大学名誉教授　梅溪　昇

このたび、國學院大學日本文化研究所におかれましては、二十年の歳月をかけて、『井上毅伝外篇 近代日本法制史料集』全二十巻の刊行を完結され、多彩な記念行事とともに、今夕盛大な祝賀の懇談会が開かれますこと、学会の一大慶事にてまことにおめでとうございます。

さきにご刊行の『井上毅伝 史料篇』六冊といい、「梧陰文庫」の公開、史料の活用を推進され、多大の恩恵に預かりました一人として、これらの編集に当たってくださいました関係各位の、長年にわたりますご努力に心より敬意と感謝を捧げる次第でございます。かねてから今度の諸記念行事に出席して、ご高教を得たく存じておりましたが、身辺の事情で相かないませず、まことに残念に存じております。

終りに、盛会を祝し、國學院大學日本文化研究所のますますのご隆昌と、ご列席の皆様の一層のご健勝をお祈り申し上げます。

【講 演】

『近代日本法制史料集』の編纂を回顧して

國學院大學文学部講師 木野主計

木野主計氏は、一九三〇年（昭和五年）東京昭島市出身。中央大学法学部卒業、文部省図書館職員養成所上級コース修了の後、國學院大學図書館司書・同調査室長などを経て、現在は國學院大學栃木短期大学非常勤講師・日本文化研究所共同研究員。著書に『井上毅研究』（一九九五年 続群書類従完成会刊）など。

一 「梧陰文庫」受領の経緯

井上毅の遺文書「梧陰文庫」が國學院大學図書館に井上匡四郎氏より永久寄託となった日時は、昭和三十二年十一月三日であった。

尋いで、当主井上匡一氏は『井上毅傳 史料篇』の完成を記念して昭和六十年十一月四日に「梧陰文庫」の総てを國學院大學に更めて寄贈する契約を成されたのである。

井上毅の遺文書と記録・図書に「梧陰文庫」という正式の名称を付与したのは國學院大學図書館である。それまで井上家より寄託を受けて、保管をしていた国立国会図書館憲政資料室では「井上毅文書」と呼称して、之を世に公開をしていた。

ここで、國學院大學図書館が井上家より「梧陰文庫」を受領した経緯を次に少しく説明を加えることにしよう。

近代政治資料として、明治以降の政治家の文書を収集し、わが国の近代政治史の研究に資する目的で国立国会図書館憲政資料室は昭和二十四年九月に開室された。その初代の室長を勤めた人は大久保利通の嫡孫であった大久保利謙氏であった。

昭和十三年に明治憲法公布五十周年を記念して衆議院が日本憲政史編纂を、貴族院が貴族院五十年史編纂の両事業を開始したが、それは戦争のために中止となってしまった。戦後その事業を引き継ぐ形にして大久保氏は憲政資料室を国会図書館内に設置して、明治大正の国政史料の散逸を防ぐ事を意図して近代文書の収集に努めたのであった。

大久保利謙氏は明治元勲の子孫の立場を役立てて、憲政資料室設立以来昭和三十二年頃までには明治期国政史料の岩倉具視・伊藤博文・井上馨・伊東巳代治・牧野伸顕等の関係資料の収集の任を既に果されており、井上毅文書も井上家との寄託契約で長野の善光寺納骨堂から憲政資料室に寄託文書として移管されていた。(注、「特集　憲政資料室の三十五年」『みすず』第二七六号)

昭和三十二年には、新築の國學院大學図書館の六階に貴重図書を収蔵する立派な書庫が完成を見ようとしていた。この話を、日比谷尋常中学校の明治二十五年卒業生で構成されていた五々会の席上で、同会員の國學院大學学長石川岩吉先生より聞いた同会員井上匡四郎氏は、当時国立国会図書館憲政資料室に寄託されていた所謂「井上毅文書」を、國學院大學図書館貴重図書収蔵庫内に之を移して、同大学に永久寄託をすることを決意をされたのであった。

当時、梧陰文庫移管の事務を担当していたのは國學院大學常任理事で事務局長の小林武治先生であった。小林事務局長の先君小林茂氏も日比谷尋常中学校時代は井上氏と略々同期で、井上匡四郎・伍堂卓雄・小林茂の三氏は三人組と称して東都の三橋でその名を鳴らした仲間であったという事も、井上氏が小林局長との斯かる関係の上からも國學院大學に井上毅文書を移管する話を進める一臂となった模様と仄かに聞いていた。

別の方面からこの移管の話を見ると、当時の社会情勢は昭和三十二年二月に第一次岸内閣が発足し、その年の六月には岸首相が訪米してアイゼンハワー大統領と会談し、日米新時代を強調する共同声明を発表すると同時に安保条約検討の委員会を設置し、立川基地拡張を巡っては砂川事件が発生し、一方沖縄では米大統領行政命令で米民政府長官には現役軍人の高等弁務官制が敷かれ那覇市議会はすごく荒れるなどしていた。そして、国会においては憲法改正を意図した憲法調査会が開催されたのもこの年の事であった。

憲法調査会が新たに発足して、明治憲法の成立過程が問題にされて井上毅文書も披見の機会に晒されるなどの事態に立ち至れば、その散逸の恐れあることを井上氏は痛く心配していたとも側聞している。また、左右の政党の対立で、これによるプレッシャーグループの力によって常時国会周辺はデモで荒れていたのを現実に目撃していた井上匡四郎氏は、常日頃から「井上毅文書」の保存に心を砕いて居られたので、国会図書館に井上毅文書を寄託して置くことに就いてかなりの危惧を抱き、将来にわたって確実にこの文書類の保存を保証される適当な場所を探して居られたのも事実であった。

井上毅の遺文書の保存についてその内容をよく表す言として、梧陰薨去後、その妻鶴子刀自の弟で葬儀委員長を務めた京都帝国大学総長木下広次は、「子爵病革にして自ら起たざるを知るや、秘密の書類は封して之を知人に託し、若しくは焼き棄て丶跡を遺さざりき。子爵平生の労苦は大方是等の書類に篭り居れり、若し之を公にせば定めて世人を驚倒するものあらん」と述懐している。そして、自らが文書の保管委員長となって、その保存に努めたのである。一日、熊本の同郷人として徳富蘇峰を文書の保管委員の一人に加えようとした時、同委員長の木下広次は立ち所にこれを退けた。兎角、文書の収集について強引な方法を以て当たったと言う噂のある徳富を遠ざけたのは木下の達観と言うべきである。

先考井上毅の遺文書の保存にこの様に意を致していた井上匡四郎氏は、世田谷の駒沢に住居を新築しようとした時には旧帝国ホテルを設計したF・ライトに依頼して防火と実用性に富んだ建物を考慮し、その計画を留保して実際に建築した和風の住居部分には付属の土蔵を併設して、その文書・図書の保管管理に関する保存庫の鍵の一切の取扱も含めて賢夫人の哉子氏にお任せするなどして、井上毅の遺文書の保存を全うしていた。

殊に戦時中には、「井上毅文書」の保管について井上氏は、昔の鉄道大臣の地位を用いて、戦時物資の輸送で国鉄の貨車の遣り繰りが切迫していた中を、井上毅文書を秘庫に収め、更にこれを大きな唐櫃二箱に格納して特別に長野駅まで運び、これを善光寺納骨堂に納めるなどして同文書の保存に随分と意を致していた事からしても、これらの話は十分に首肯できる事実と思われるのである。

そこで、斯様に「井上毅文書」の保管のために気を払って居られた井上匡四郎氏は、建築完成の間近い國學院大學図書館の貴重書庫を実際に見学されて「井上毅文書」の永久寄託を心に決めたのであった。

國學院大學としては図書館の管理の責任にあった佐野大和司書長が石川岩吉学長と小林武治理事の内命の下に、「井上毅文書」の管轄換えの実際の事務に当たり、井上家の意向を入れ金森徳次郎国立国会図書館長・大久保利謙憲政資料室長と折衝を重ね、了解の上昭和三十二年十一月三日に井上匡四郎氏と國學院大學との間で永久寄託の契約を取り交わして正式に國學院大學図書館は「井上毅文書」を受け入れたのであった。

一方、この間國學院大學図書館の事務方としては「井上毅文書」受け入れのために、昭和三十二年の秋口より国会議事堂四階の参議院の議員閲覧室の廊下にあった憲政資料室に出向して、同室作成の冊子形態であった井上毅文書仮目録を司書数人で手分けをして筆写し、保管転換のための準備作業を進めた。この作業に、当時まだ図書館に就職して間のない筆者も、また練達の横山晴夫司書が移管に関する諸事務について指導的役割を演じていたのは勿論のことであった。

国会議事堂四階の参議院の憲政資料室に、担当の國學院大學図書館の司書達は出掛けて、筆写の出来上がった井上毅文書仮目録と同文書の現物と一々照合し、帳合のうえ國學院大學図書館にその年の十月末までには井上毅文書を引き取ることを完了したのであった。

憲政資料室に入室するためには、国会北西側の通用門を入って、参議院事務局の受付で入館手続きをして通行証とバッチを受け取り、そのバッチを胸に付けて赤絨毯の長い廊下を通り、階段を四階まで上がって行くのであった。そして、何時も伊藤さんという婦人の方が、井上毅文書閲覧の事務を引き受けられていたことを覚えている。この作業が終了して、先述の様な井上文書の委託契約を実行して國學院大學図書館貴重図書室に「梧陰文庫」が収蔵されるに至った。これが梧陰文庫の受領物語の一部始終である。思い起こせば四十二年も昔の話である。

二　梧陰文庫の整理

昭和三十二年十一月三日に井上家より梧陰文庫の永久寄託を受けて、國學院大學図書館では、新たに館内に調査室を設け、これを中心として大学内に梧陰文庫整理委員会を設置した。委員会のメンバーは図書館長藤野岩友、理事小

林武治、事務局長吉田廸夫、文学部教授藤井貞文、文学部講師稲生典太郎、司書長佐野大和、司書横山晴夫、司書補木野主計等であった。

調査室には司書横山晴夫、司書補木野主計の二人が配され、翌年の一月から梧陰文庫の整理に着手した。梧陰文庫は性質を異にする次の五部から成る文書・記録より構成されていた。即ち、

一　井上毅自身が生前に木製箱を設けて、これを「秘庫」と称し特に重要な憲法・皇室典範・条約改正・上諭勅語案・意見書類・琉球問題・京城事変等に関係する文書記録を収めたもの。これを梧陰文庫整理委員会では（A秘庫之部）と呼称した。

二　次は井上毅が是亦生前に自筆墨書で執務参考資料として類項を表記した紙袋に皇室関係・位勲・命令・請願特赦・社寺宗教・議院法・予算会計検査・官制・華士族・地方制度・国土官有地・外交・税制・法制・理財・統計・教育・陸海軍・実業・諸意見雑纂等の文書記録を収めたもの。これを梧陰文庫整理委員会では（B袋入之部）と呼称した。

三　明治政府が任用した御雇外国人のロエスレル、ボアソナード、モッセ、パテルノストロ、ルードルフ、マイエット、ピゴット、スタイン等に対して、主に井上毅自らが問議を発して得た答議や調査書を冊子の形態にして纏めたもの。これを梧陰文庫整理委員会では（C冊子之部）と呼称した。これが今回完成を見た『近代日本法制史料集』全二十巻の基となった資料群である。

四　木下塾や熊本藩黌時習館時代の井上毅の学習草稿類。これを梧陰文庫整理委員会では（D自筆草稿之部）と呼称した。

五　井上毅が執務参考のため収集した書籍類。これを梧陰文庫整理委員会では（図書之部）と呼称した。

梧陰文庫整理委員会は、と言っても横山委員が主となり、昭和三十三年十二月に第五類の図書之部の整理を終了し、翌年の二月に『梧陰文庫目録・図書之部』と題して、単独の小冊子を公刊した。当時病床に臥されていた井上匡四郎氏にこの目録の閲覧を幸いにも乞うことができた。井上匡四郎氏は昭和三十四年三月十八日に享年八十三歳を以て、東京慈恵会医科大学病院において薨去された。

図書之部の目録は、和書と漢籍に分け、その分類は和書は日本十進分類法に、漢籍は四庫分類法に準拠し、目録規則は日本目録規則五十二年版によって編成した。後にこの目録は『梧陰文庫目録』に図書之部として再録し合綴の上刊行したのである。

次に、先述のＡＢＣＤの所謂文書記録の整理の事について触れると、現在國學院大學図書館長室となっている部屋を図書館調査室と定め、常勤で横山司書と木野司書補の二人が詰めて、国立国会図書館憲政資料室から移管された所謂井上毅文書を当時漸く文書の近代的整理法として図書館界に導入されだしたバーチカルファイルのロッカー四台に収納して、愈整理作業に入った。

その作業の実際を記すと、文書一点一点に標題を付し、起草者や起草年月日の著者事項を記し、筆写資料の罫紙及び原稿用紙の枚数などの対照事項を記入し、これを整理封筒に一々納入し、併せて印刷目録の原稿のために目録カードを作成した。その枚数はＡ之部が千百三枚、Ｂ之部が四千二百六十三枚、Ｃ之部が百七十六枚、Ｄ之部が五十二枚、合計五千五百九十四枚となったのである。この各部のカード枚数はそれぞれの各部の文書・記録の点数に大略対応するのである。

このカード目録の記載事項を詳細に記すと、一　標目　二　著者　三　宛所　四　書写年代　五　出版事項（出版地・出版社・出版年）　六　対照事項（筆写資料の種類・筆写枚数）　七　一般注記の順に著録した。これらの各項を欠くか、不詳の場合は記載事項を順次繰り上げた。なお、著者や筆写年代を著録者が推定した場合は〔　〕内にそれを記載した。その目録規則の大概は、文書名を主記入とし、他の目録の記述は日本目録規則の規定に準拠した。その整理作業に入ったのは昭和三十四年四月からであった。

一方、井上家から梧陰文庫の永久寄託を受けた条件には、(1)『井上毅傳』の編纂　(2)整理完了後に梧陰文庫のマイクロフィルム版を作成して国立国会図書館と井上家に各々フルセットを寄贈すること　(3)梧陰文庫の資料公開の三条件が内々に付託されていた。

そこで、手始めに國學院大學では梧陰文庫整理委員会の設置に引き続いて、その年の十二月二十五日に梧陰伝記編纂委員会を大学内に開設した。その編纂委員は略さきの整理委員と重なっていたが、中でも主任となってその作業を進めたのは藤井貞文教授、これに横山晴夫司書、木野主計司書補の二人が加わった。従って、梧陰文庫の整理作業と伝記編纂の仕事は主として横山・木野が担当して同時進行をしていたことになる。

しかし、詳しくは後述するように、梧陰伝記編纂の主任を務めた藤井貞文教授は、丁度井上毅が文部大臣の時に国家が歴史編纂をする業を止めて、歴史史料の編纂所の設置を考慮した例に倣って、井上毅の伝記の執筆を公的にするのは止めて、伝記の史料篇の編纂のみとすることに決めたのであった。

三　『近代日本法制史料集』の編纂

『井上毅傳　史料篇』の編纂の主任を務めた藤井貞文教授は、昭和四年三月に國學院大學文学部国史科を卒業され、直ちに文部省維新史料編纂事務局より編纂事務を委嘱され、同年十一月には維新史料編纂官補に任命された。編纂官補となっては「大日本維新史料基礎稿本」三千六百十五冊の編纂作業に加わり、昭和十三年三月からは維新史料編纂官となり十数年間にわたって維新史料の編纂に従事された。

更に、藤井教授は『維新史料綱要』・『概観維新史』を執筆された。然るに、維新史料編纂会総裁金子堅太郎は伯爵への叙爵の功をあせる余り「既往三十一年間に明治の維新史は完成し明治天皇の叡旨を奉戴遂行し、又元勲諸公の依頼を果たすことを得ました」と昭和天皇に上奏し、一方的に維新史編纂事業の完了を宣言してしまった。ために、昭和十七年五月、維新史編纂会と同事務局の官制は廃止され、事務局すべての人々は退職を余儀なくされ、藤井教授も勿論失職した。先生は唐の曹松の詩ではないが「一将功成りて万骨枯る」とはこの事かと心境を吐露したことがあった。

昭和十八年の晩秋、藤井教授は文部省より命を受けて南溟の空を飛び、第十六軍軍政監部に赴任し、軍が復興したジャカルタ医科大学で日本の国史を講義することとなった。やがて敗戦を迎え、捕虜のうきめに遭い、昭和二十一年八月に祖国日本に帰還した。それより教授は再び文部省に復帰し、帝国図書館に移った。やがて、帝国図書館は新設の国立国会図書館に合併し、先述の如く此処に憲政資料室が開設され、藤井教授は此処に転じたのである。

藤井教授は国立国会図書館憲政資料室において、近代の政治家・軍人・外交官等が保持した文書約十七万点の整理に従事した。そして、各種の文書の目録編纂刊行に尽くした。斯様に、近代日本史研究に年ある藤井教授を『井上毅傳　史料篇』編纂主任に迎え、またその指導宜しきを得て、編纂作業は大いに進んだ。思うに、国立国会図書館憲政資料室において室長の大久保利謙氏と協力して、近代日本政治史料の収集と整理を進める中で、史料的にはその内で屈指とも言うべき「井上毅文書」を國學院大學図書館に移管すると言う事態に逢着して、藤井教授の心中は如何ばかりであったろう。出来得るならば史料は一箇所に纏めて研究者の利用の便宜を図るべきであることを百も承知であった藤井教授の苦渋が私には良く分かるのである。

一方、昭和二十九年三月に中央大学法学部を卒業した私は、東京都の社会科の教員採用試験に合格したものの人を教える自信が持てず、頃合い良くその年の四月から文部省図書館職員養成所上級コースが開設を見たので、勇躍その試験を受けて入学許可を得、当時国立国会図書館上野支部図書館横にある図書館学校に通うこととなった。

その図書館学校で私は藤井教授との運命的出会いをすることになった。文部省図書館職員養成所上級コースにおける古文書整理法の講師を、当時上野図書館の参考書誌部の司書監を務められていた藤井教授が担当せられたのである。古文書整理法の授業は、上野図書館が所蔵する貴重な古文書の原本を受講生である私達一人一人にあてがって、その解読と文書名の付与から整理法について懇切丁寧に先生自らが教えられたのである。

更に、先生からは私達の希望もあって、授業時間以外に課外授業として『十八史略』の特別講義を受け、乏しかった漢文の知識を得ることが出来たのである。文部省図書館職員養成所上級コースでは、一年間の図書館学の単位を取得すると更にもう一年間特別にインターンとして図書館実習が課せられるシステムになっていた。そこで私は、藤井教授に格別のお願いをして東京大学史料編纂所図書館で実習をさせて頂くことが可能となった。

史料編纂所では、文部省維新史料編纂会事務局で藤井編纂官と同僚であった小西四郎教授の下で図書館実習を行う事ができた。そこでの実習の課業を記すと、史料編纂所図書目録の編纂や同所の図書閲覧の出納をする傍ら、書庫内にある貴重本である『大日本史料』の「史料稿本」や「島津家文書」の原本及び古文書の影写本更には維新史料編纂会が編纂した「大日本維新史料稿本」などを閲覧する機会に恵まれたのである。また、今でも記念に取ってあるが、同所が所蔵する参考書誌を自分なりに余暇に任せて、同所所蔵の目録カードから著録なども試みたのである。

史料編纂所図書館で実習を重ねていたある日、藤井先生が訪ねて来られて「木野君、國學院大學図書館に勤めてみる気はないか」と言われたのが切っ掛けで、私は昭和三十年六月三十日から國學院大學図書館に勤務することとなった。それは第一銀行頭取の明石照男氏のご子息君男君が図書館を辞めた代わりの要員であった。爾来、藤井教授の薫陶を得て國學院大學図書館司書として四十年間にわたって終日乾々と勤めてきた訳である。

又、私が先般図書館情報大学の古文書整理法の講師を勤めたのは、藤井教授が文部省図書館職員養成所で古文書整理法を講義されていた後塵を拝してのことだった。近代文書に関して本邦で最初に『古文書研究』第一号に論文を執筆されたのはこれまた藤井教授であり、その驥尾に付して『日本古文書学講座』第十一巻の近代編に近代文書の整理法について私が書いたのは昭和五十四年三月で、これ又不思議な因縁で『近代日本法制史料集』の第一巻が公刊された日時と同じであった。

若し、私が藤井先生に逢うことが無かったならばと、その奇しき因縁を思うこと頻りである。藤井教授はその著『明治国学発生史の研究』の跋文で「若し仮に私が人間として過誤を犯さなかったとすれば、其は一に先生（折口信夫）の薫陶に因るのである」と述懐されているが、私はその文言を藤井先生に捧げたい。

さて、話は少しく横道にそれたが、藤井教授は『井上毅傳　史料篇』の編纂に、はたまた『近代日本法制史料集』の編纂に、更には「井上毅文書」のマイクロフィルム版の刊行に尽力し、以て研究者の利用の便宜に答えを出したと見做されるのである。藤井教授の膝下で習った史料編纂の実際を、今は亡き先生の意趣を引き継ぎながら、日本文化研究所の共同研究員として井上毅伝記史料の編纂に従事しながらそれを生かしているのである。

そして、今『近代日本法制史料集』の完成を見ることが出来た。藤井教授は良い史料集を編纂刊行することが、史学の研究には欠かせないことを身を以て示されたのである。恰も、井上毅が文相の時に国家が国史を編纂することに異を唱え、優れた歴史の史料を編纂するため東京大学に史料編纂所を開設したことに、それは呼応するものであると思う次第である。

そこで、藤井教授は『井上毅傳　史料篇』の全六巻が完成したのと同時に、丁度國學院大學を定年退職し、昭和五十四年四月よりは國學院大學日本文化研究所の所員となり、其れまで編纂を続けてきた『井上毅傳　史料篇』に代わって、主として井上毅が政府の御雇外国人に発した問議に対して答えた所謂答議史料（C冊子之部）を『井上毅傳　外篇』とし、これを『近代日本法制史料集』と呼称して之を出版する仕事を始められたのである。今、『井上毅傳　史料篇』第六巻に記された藤井教授の跋文を次に見ることにしながら『近代日本法制史料集』の編纂の経緯を併せて偲ぶ縁とする。

史料（井上毅傳史料）の蒐集は今後も続けられるので、更に諸君子の御示教を仰ぎ、獲るに従って之を採録し、異日の補充に備へたい。猶ほ外篇として立法過程に関する史料、就中、モッセ・ロエスレル・スタイン等の外国人が本邦の立法に就て寄与した謂ゆる「答議」史料は、現存するものは略々其所在を明かにし、約八割を蒐集して出版の可能な状態に整理した。其数量は、尤に四、五冊には上るであらう。

と書かれて、『近代日本法制史料集』の出版に至る経緯を述べられている。

さて、それでは昭和五十四年三月に刊行された『近代日本法制史料集』第一巻の序文を、これまた藤井教授が執筆されて居られるので、國學院大學日本文化研究所の本史料集刊行の趣意を知るために次に掲載することにする。

目下、我が（日本文化）研究所が志し、鋭意その業を進めてゐる問題は、多岐に亙るが、その一に徳川封建幕府を廃して明治の新政を樹立した我々の先輩が、その為に欧米先進国の諸文明を移入して、新日本の政治に、外交に、法律に、教育に、宗教に、一般の文化生活に一大刷新を施し、短日月に我が国の近代化を成就し得た。而もその移入に方つて、如何なる意味に於て、如何に理会し、如何に咀嚼し、如何に努力して近代日本を創造して来たか、と言ふ事がある。

今日、國學院大學にかゝる明治日本の近代化に携つて大きな貢献があつた井上毅の伝記を編纂し、関係史料を保管してゐる。当研究所は、これ等の史料を中心に更に諸家諸庁に散在する関係史料を博捜蒐集して庶幾の目的の達成に向つてゐるが、勿論、当研究所の用に供するのではなく、広く学界にも提供して同好の士と相共に研究し、日本文化の発展に寄与せんと欲するのである。こゝにその準備が稍々相成つたので、その第一冊を公刊する。

と高らかに『近代日本法制史料集』刊行の目的を宣言して居られるのである。この時、即ち昭和五十四年四月一日に私は國學院大學日本文化研究所の嘱託所員に國學院大學より委嘱され、以後『近代日本法制史料集』刊行は同研究所の研究プロジェクトの一に加えられると共に、私の研究所における身分はその時々に或いは研究員となり、或いは共同研究員となって、その史料集の完結までの現在に立ち至ったことになるのである。

藤井教授の『近代日本法制史料集』刊行の言を俟つまでもなく、「梧陰文庫」に収蔵される文書・記録は明治国家のグランドデザインの精髄とも言うべき史料で、特にC冊子之部に属する御雇外国人の答議資料は、欧米先進国の諸文明を移入するために、新日本の政治に、外交に、法律に、教育に、宗教に、一般の文化生活に一大刷新を施さんとする極めて重要な指針を示す史料なのである。

井上毅は多忙な執務の合間をみて、自らの手で御雇外国人の答議資料をロエスレルやボアソナードと言った個人別答議に纏め、或いはまた「外交参照資料」・「憲法参照資料」・「予算参照資料」・「議院参照資料」・「官制参照資料」・「法制参照資料」・「地方制度参照資料」・「財政参照資料」・「台湾琉球始末参照資料」の様な件名別に、之を編纂して官務の参考に供さんと意図したのである。従って、國學院大學日本文化研究所がこれらの御雇外国人の答議資料を『近代日本法制史料集』と銘打って刊行しようとする目的は広く学界にこの史料を提供して同好の士と相共に研究し、日本文化の発展に寄与せんと欲したからなのである。尚、『近代日本法制史料集』第一巻の編纂の担当者は編纂主任が藤井貞文教授、編纂員には國學院大學図書館司書の横山晴夫と同じく木野主計及び日本文化研究所研究員野口武司の三人が当たった。

四　『近代日本法制史料集』の内容

『近代日本法制史料集』の内容に触れる前に、井上毅の略歴と主なる著作について、先ず簡単に述べることにしよう。

〔井上毅の略歴と主なる著作〕

天保十四年（一八四三）十二月　肥後藩家老長岡監物家臣飯田権五兵衛の三男として、熊本郊外の竹部に誕生。

嘉永五年（一八五二）一月　長岡家家塾「必由堂」に入塾、次いで安政四年七月、木下犀潭塾に入門。

文久二年（一八六二）十月　肥後藩藩黌「時習館」の居寮生となり、朱子学を修む、万延元年から元治元年の間に読書ノートとして『燈下録』八冊、『骨董簿』九冊を録す。

元治元年（一八六四）十月　熊本郊外沼山津に横井小楠を訪ね、『横井沼山問答書留』を認めた。

慶応二年（一八六六）二月　長岡監物家臣井上茂三郎の養子となり、従来からの通称多久馬より毅と改む。

慶応三年（一八六七）九月　フランス学修学のため江戸に下り、林正十郎に学んだが、維新動乱で帰熊。

明治三年（一八七〇）十二月　大学中舎長となり、「学制意見」を大学に提出。

明治五年（一八七二）二月　司法省中録となる。岩倉遣外使節団の司法卿江藤新平の随員としてフランスに法制研究のため、同年九月より翌年九月まで留学した。

明治六年から明治七年の間　井上毅の所謂司法四部作『仏国大審院考』・『治罪法備攷』・『王国建国法』・『仏国司法三職考』の草稿を仏国留学から帰朝後にかけて作成す。

明治七年（一八七四）二月　佐賀事件処理のため参議大久保利通に従って九州に出張、次いで「司法制度意見」を纏めて大久保参議に提出した。更に、この年大久保弁理大臣に随行し、清国北京で台湾事件交渉をボアソナードと共に国際法の知識を援用して成功させた。大久保参議の『使清始末摘要』を代草した。

明治十年（一八七七）三月　西南戦争のため別動第二旅団付として大書記官法制局専務の井上毅は司令官山田顕義に随行。そして、熊本の戦後復興の「肥後力食社意見」を認め、内務大書記官品川弥二郎を通じ大久保内務卿に提出し、この設立許可を得て熊本の復興の成就をみた。

明治十一年（一八七八）七月　法制局主事井上毅は内務大書記官を兼任して、地方官会議憲法を制定し「郡区町村編成法・府県会規則・地方税法」の所謂三新法を地方官会議に上程して、これを通過させる努力をなして成功に導いた。

明治十四年（一八八一）十月　参議伊藤博文に「国会開設意見」と「憲法制定意見」を提出し、次いで所謂明治十四年政変のプロンプター役を演じ、伊藤政権の樹立に尽力した。

明治十五年（一八八二）六月　内閣書記官長井上毅、博聞本社より『孛国憲法』を出版す。

明治十八年（一八八五）七月　村岡良弼との旅行記事『総常紀行』を纏める。

九月　参事院議官井上毅、仏国ビュホン氏の『奢是吾敵論』を翻訳し、農商務大輔品川弥二郎の勧めにより農商務省より出版す。

明治十八年冬　宮内省図書頭井上毅「地方自治制意見」を認め、伊藤博文に提出す。

明治二十年（一八八七）三月　「憲法初稿（第一次案）」を作成、伊藤へ提出す。

明治二十一年（一八八八）四月　枢密院書記官長井上毅、「憲法説明書」後の『憲法義解』を完成す。引き続き『皇室典範説明文』を訂正して伊藤枢密院議長に提出す。

明治二十二年（一八八九）五月　「馬哈黙伝」を『如蘭社話』第一一に発表す。

九月　法制局長官井上毅、条約改正につき『内外臣民公私権考』を哲学書院より出版。

十月　臨時帝国議会事務局総裁を兼務して、議会開設関係の諸規定を準備した。

明治二十三年（一八九〇）三月　「古言」を『皇典講究所講演録』第二に発表。

十月　「教育勅語修正案」を内閣総理大臣山県有朋に提出し、この発布をみた。

十二月　第一回帝国議会における山県首相の「帝国議会施政方針演説案」を代草す。

明治二十四年（一八九一）二月　法制局長官兼文事秘書官長井上毅、「憲法第六十七条に関する意見」を内閣印刷局より刊行す。継いで「議会対策意見」を纏め山県首相に提出した。

五月　枢密顧問官井上毅、「大津事件意見」を執筆して内閣総理大臣松方正義に提出し、罪刑法定主義の意見を貫き、司法権独立を維持した。

七月　「国際法ト耶蘇教トノ関係」を『国家学会雑誌』第五三号に発表す。

明治二十五年（一八九二）三月　「非議院制内閣論」を東京日日新聞に発表。
三月　枢密顧問官兼文事秘書官長井上毅、「第二期議会解散紀事」を執筆す。
十二月　枢密顧問官兼文事秘書官長井上毅、『北海道意見』を公刊す。
明治二十六年（一八九三）三月　井上毅、文部大臣に就任す。「文部行政意見」・「修身教科書意見」・「小学校令改正意見」・「小学校教育補助法意見」・「学制意見」・「大学意見」等を纏め、閣議に提出の上、議会の審議に掛け、これが制定に尽力した。
明治二十七年（一八九四）中　井上毅文相、「尋常中学校実科課程」・「徒弟学校規定」・「実業教育補助法」等を病を侵して悉く成立させる。
八月　井上毅、文部大臣を病気で辞任す。日清戦争に際し「台湾意見」を纏める。
明治二十八年（一八九五）三月　井上毅、神奈川県三浦郡葉山村の別荘にて薨去す。享年五三歳。
九月　『梧陰存稿』二巻を東京神田の六合館より出版す。編纂助手は小中村義象。

『近代日本法制史料集』が収録する史料の特徴は何れも井上毅の発する諮問に答えた御雇外国法官の意見が中心で、あとは欧米諸国の法律書や経済書からの翻訳で、これは井上毅の官務遂行上の参考資料として之に加えられたものである。これらの史料は、井上毅が明治国家のグランドデザインを描くために用意した、言わば近代国民国家制度構築の基礎的資料となったというのが機能的且つ特出的性格を保持する所以なのである。

次にこうした特徴的性格を持つ史料の解明のために、『近代日本法制史料集』が所収する御雇外国法官の個人的答議の点数と編年的答議の点数及び答議の件名別点数を三表に纏めて掲載することにする。即ち、表⑴は「御雇外国人答議個人別順位表」、表(2)は「御雇外国人答議編年別集計表」、表(3)は「御雇外国人答議件名別集計表」の三表である。

これらの表より理解することのできる内容のコメントは表の後に述べる。

『近代日本法制史料集』所収外国人答議人別・編年別・件名別集計表

(1) 御雇外国人答議個人別順位表

①ロエスレル	四一〇点
②ボアソナード	二二八点
③パテルノストロ	一〇八点
④モッセ	六二点
⑤ピゴット	三九点
⑥マイエット	一九点
⑦モスタフ	一八点
⑧ルードルフ	一二点
⑨スタイン	七点
⑩グナイスト	一点
⑪グロース	一点
⑫デニソン	一点
⑬ジブスケ	一点
⑭ルヴィリヨー	一点
⑮シーボルト	一点

(2) 御雇外国人答議編年別集計表

明治八年	一一点
明治九年	二〇点
明治十年	六点
明治十一年	二五点
明治十二年	四一点
明治十三年	七点
明治十四年	三三点
明治十五年	九二点
明治十六年	九八点
明治十七年	二六点
明治十八年	七点
明治十九年	四〇点
明治二十年	一〇八点
明治二十一年	九九点
明治二十二年	四九点
明治二十三年	一三〇点
明治二十四年	三九点
明治二十五年	三九点
明治二十六年	一点
年月不詳	五二点

(3) 『近代日本法制史料集』所収御雇外国人答議件名別集計表

議会・衆議院	一〇一点
予算審議関係	五七点
憲法	五五点
官制・官吏	五二点
議院法・議事規則	四五点
大臣・大臣責任	四〇点
条約・条約改正	四〇点
貴族院・上院	三四点
刑法関係	三一点
選挙法	二九点
外交問題	二八点
法令・公布制	二五点
皇室典範・帝室家憲	二三点
税法・租税徴収法	二二点
行政裁判法・訴願法	二二点
関税関係	一九点
朝鮮事件関係	一六点
華族関係	一五点
軍政関係	一五点
建議・請願	一五点
県会・地方議会	一四点
教育関係	一二点
内閣制	一一点
民法関係	一一点
新聞紙条例	一一点
国家賠償・官吏要償関係	一一点
君主・王権	一一点
土地所有関係	九点
集会結社条例関係	九点
警察関係	九点
緊急勅令・勅令罰則	九点
皇族関係	八点
地方自治	八点
公債発行	八点
帰化法	八点
地方税規則	八点
保険制度	八点
商法	六点
会計検査	六点
自然法	五点
刑事訴訟法・治罪法	五点
民事訴訟法	五点
租税滞納処分	五点
会社法	五点
恩給	四点
官有物	四点
行政規則	四点
日本改革関係	四点
大津事件	四点
会計法	四点
讒謗律	三点
枢密院関係	三点
帝室財産	三点
司法制度	三点
狩猟法	二点
特赦	二点
上奏	二点
貨幣制度	二点
出版条例	二点
監獄法	二点
証拠法	二点
宗教法	二点
外国人任用	二点
学校	二点
婚姻法	二点
相続法	二点
旅券	二点
府県会規則	二点
時効・期満免除	二点
勲章	二点
区画	二点
政治学	二点
清国関係	二点
銀行	二点
鉱業	二点
救貧	二点
拷問廃止	二点
尊属殺	二点

外交官特権	二点	沿海貿易	二点	民生証書	二点
官吏兼職	二点	記録法・公文書館	二点	官吏侮辱	二点
契約法	二点	海難事故	二点	官報	二点
土地収用	二点	陪審法	二点		

表(1)の御雇外国人答議個人別順位表から分かる事実は、圧倒的にドイツ人で西南ドイツ学派（ウィーン学派）に属する国法学者のH・ロエスレルの答議の数が多い。井上毅の諮問に対して彼が起草した「日本帝国憲法草案」が明治憲法の根幹をなしたものである事からもそれは首肯できる。次は司法省の招きで招請に応じて来日したG・ボアソナードの答議が多い。井上との関係では、両者が治罪法・刑法・民法の各草案の起草に従事したために、それは当然の帰結である。三番目は、井上毅が自由主義者と称したイタリヤ人の国際法学者で司法省御雇外国人法律顧問パテルノストロの答議の数である。所謂大津事件の解決策となった処理意見を含めて、外交参照と条約改正及び議院関係の答議が多い事でもそれは知られるのである。

表(2)の御雇外国人答議編年的集計表で理解される所は、明治十五・六年の答議が多いことで、それは井上毅が参事院議官兼内閣書記官長として伊藤博文の憲法取調べの渡欧中の留守の間における内政関係と条約改正に係わる御雇外国人答議が多いのである。また、次は明治二十・二十一年で、これは井上が宮内省図書頭及び内閣法制局長官兼枢密院書記官長として御雇外国人法官に対して発した諮問が憲法・皇室典範の起草関係に集中したので、それらに関係する御雇法官の答議が多くなったためである。そして、明治二十三年に最も御雇外国人答議が多いのは、井上が内閣法制局長官兼枢密院書記官長及び臨時帝国議会事務局総裁として御雇外国人法官達への議会開設関係の諮問を多く発したからである。

表(3)の御雇外国人答議件名別集計表から理解できる事実は、先の表(2)の編年別答議数で指摘した事実と略々一致をしている、議会・衆議院関係の答議がその数においてはトップで、次は予算審議関係、更に憲法関係が之に次ぎ、後は官制関係の答議が四番目となっているのである。委細は表(3)によれば、更にその後の御雇外国人答議の推移が良く理解される所であろう。

『近代日本法制史料集』の内容の説明に就いてはこの位にして、項を更めて同史料集全二十巻の編纂を終えて、私なりの感慨とその苦心談の一端を述べることにする。

五 『近代日本法制史料集』編纂の苦心談

私が梧陰文庫整理委員と井上毅伝記編纂委員を勤めた頃の、國學院大學学長は井上匡四郎氏の日比谷中学校時代の同級生であった石川岩吉先生であられた。そして図書館長は民俗学者であり又国文学者の第一人者であった折口信夫先生の高弟の藤野岩友教授であった。いずれの先生も、名は体を表すというそれは岩の如き固い意思をお持ちになり、巌居川観の風貌を蓄えて居られた両先生であった。

石川先生は今上天皇の傅育官をなされ、戦後の大学の危急存亡の時を凌いで今の大学の基礎を築かれた人であった。私が梧陰文庫の事で報告に学長室を訪れると、良く来られたと仰せられながら、今職員にテーブルの塵を掃除させるからと言われて、私に椅子を勧められた。そのテーブルの上は綺麗に磨かれていて塵一つないのにである。それは先生が重い白内障に罹って居られて、先生の目の中に見える様をそのようにおっしゃられたのである。そして、先生は未だ図書館に就職して間もない司書補の私の報告を非常に丁寧に聞かれたのである。

また先生は、図書館の資料の充実と発展のためには、武田祐吉博士や折口信夫博士の稀覯本の購入の希望を入れられて、当時の乏しい大学の財源の中から、そのための支出の決断を下されたことが、現在の國學院大學図書館の人文科学系の素晴らしい蔵書構成を構築した大きな源となったのである。梧陰文庫の受入れもその最たる功績と言わなければならない。つい最近、文化庁は京都国立博物館所蔵の坂本竜馬関係史料を重要文化財に指定された。そうだとすれば、明治国民国家形成の最重要史料の一つである梧陰文庫の指定もそう遅くはない時日と私は思う次第である。

藤野岩友先生は、漢代の賦に大きな影響をあたえた「楚辞」の研究として名著といわれる『巫系文学論』を著され、それで文学博士の学位を取得されたことでも理会されるように、中国文学が専攻の教授で我が大学の漢文学会の主催者を長く勤められ、図書館長としては漢文関係の資料の充実に意を致され、特に梧陰文庫の漢籍については深い理会を示され、我がことのようにその受入れを喜んで居られたことを、私は覚えている。

いずれにしても、司書補になったばかりの私は國學院大學には、その名前だけでなく、何とまあお固い先生方が居られると思った。その頃の國學院大學教職員全員会の引出物として、金田一京助先生の「鐵志玉情」と言う字皿を貰ったが、これも私のそんな気持ちを高める作用として働いたのは否めない。

藤井貞文先生もその名の如く、先述の様にこれまた貞実そのものの師匠であられた。更には、私が伝記史料の編纂と伝記研究に一生を掛けた井上毅大人もその名の示す様に、誠に以て厳毅方正の君子人であった。委細は私の著書『井上毅研究』に述べて置いた。私はこの本によって「法学博士」の学位を國學院大學から授与されたことを大変な名誉であると思料している。

さて、それでは『近代日本法制史料集』編纂上での苦心談の一端を紹介すると、本来この史料集は飽くまでも梧陰文庫所収の御雇外国人の答議を以て構成するのが建前で、御雇外国人答議を広く外部の専門図書館や研究機関を採訪して集めてあったものは、又の機会に史料集の続編の形式にしてでも上梓する事に編纂上は取り決めていた。『近代日本法制史料集』第四収録の「ロスレル氏答議　第八號」まで続く叢書ものの筆頭の巻に当たるものである。このシリーズは井上毅がロエスレルに諮問した明治十五年から明治二十一年に亘る雑多な答議を纏めたものである。各巻の表紙にはいずれも「井上毅藏」の方形の朱色の蔵書印が押捺されている。

ところがである、この「ロスレル氏答議　第壹號」の原本だけは、何故だか井上家より散逸して、東京大学法学部の「吉野文庫」に所蔵されている。そしてこの本は吉野作造が中心の明治研究会が編纂刊行した『明治文化全集』全三十二巻の第三版（新版）の第二十五巻「雑史篇」に採録されている。

本来ならば、従ってこの「ロスレル氏答議　第壹號」は『近代日本法制史料集』には採録されないのが建前である。そこで、藤井教授に私は、東京大学法学部の「吉野文庫」本の「ロスレル氏答議　第壹號」を掲載しなければ、これは首尾一貫を欠く事になるから、敢えて此処では収録しては如何かと相談して、この本を所収することに決定したのである。

尚また、東京大学法学部「吉野文庫」本「ロスレル氏答議　第壹號」の閲覧に際しては、当時未だ東京都立大学教授であった小嶋和司先生の御紹介を私は貰って、東京大学法学部教授の芦部信喜先生の御便宜で、閲覧することが可能となったのであった。

外国語の原文の翻訳については、『近代日本法制史料集』第六収録の⑴三一五号文書の「ロエスレル氏憲法上諭案」⑵三一八号文書の「ロエスレル起草日本帝国憲法草案」の独逸文それも所謂亀の子文字の筆記体の翻刻に際しては、今は拓殖大学教授ロコバント氏を介してクルト・フリーゼ、大村ヒルデガルト、エディッツ・レバルトの各氏の御協力を仰いで完成することが出来た。なお、ロコバント教授はドイツ出身で國學院大學大学院で藤井貞文教授について近代日本史を学んだ学究者である。

仏蘭西語の翻刻については、『近代日本法制史料集』第九収録の(1)五四一号文書の「ボアソナード氏起草結社及集会条例草案・結社及集会条例施行規則」の筆記体の原文の翻刻についてビッキー・ジョンソン氏の御協力を頂いて翻刻・校訂することが出来た。

更には、井上毅書簡及び御雇外国人答議史料の採訪に就いては、当時大阪大学教授であられた梅溪昇先生のお世話に随分と与った。例えば、関西の箕面市在住であった櫟原光子氏所蔵の櫟原文書や、陸羯南の御遺族の陸四郎氏の所蔵文書の紹介等は全く以て梅溪教授の御紹介がなかったならば、これは採訪が不可能な事であった。

或いは、今は亡き大久保利謙先生には所謂大久保文書中の井上毅関係文書の総ての原本を編纂委員会に貸与して頂いて、之をマイクロ写真に納めることが出来た。そして又、井上毅の地元である熊本に所蔵されている各種文書・記録の採訪については、八代市立博物館未来の森ミュージアム館長の阿蘇品保夫先生には言葉に現されない程のお世話に与った次第である。

分けても忘れられないのは、当時アジア開発銀行の初代総裁の渡辺武氏が東京大学法学部社会科学研究所に保管されていた先君渡辺国武関係文書の現本のマイクロ撮影を許可され、その上之を史料集に掲載することを勤務先のフィリピンのマニラから直接お手紙をもって快諾された事である。

此処で、『近代日本法制史料集』公刊の功労者の一人である國學院大學日本文化研究所助教授の柴田紳一氏が『近代日本法制史料集』の編纂に参画された経緯の概略を述べて置きたい。

柴田助教授は、國學院大學文学部史学科の卒業で、在学時代から藤井教授が主催されていた近代文書研究会に所属して、木戸孝允、山県有朋、伊藤博文、青木周蔵、井上毅などの書簡の解読に参加していた。柴田助教授が『近代日本法制史料集』の編纂に正式に関係したのは、第六巻のロエスレル答議六（昭和五十八年十二月刊）の原稿作りからであるが、それ以前から校正の補助に当たっていた。以来、國學院大學日本文化研究所の研究員となって『近代日本法制史料集』の出版事業に深く関係を持ち、尋いで専任講師となって殆ど『近代日本法制史料集』刊行プロジェクトを主宰して来られたのである。

更にこれからの仕事は、日本文化研究所においては柴田助教授が中心となって、「立憲政治の日本的展開過程に関する研究」の専任プロジェクトを組み、井上毅の遺産と負債の研究を続行して、『井上毅傳　史料篇』の続巻を出版する計画となっているのである。

終わりに

『近代日本法制史料集』全二十巻の編纂を回顧して思うのは、斯界に対する貢献について如何程の事を成したかと言う危惧である。我が国の近代化のために、御雇外国人の答議が如何なる効果を齎し、その意義・役割に就いてどれだけの価値があるかを見定めることの如何は今後に期待したい。何故ならば、此処での自画自賛は固く慎まなければならないからである。

とかく、史料集の刊行は労多くして成果の見えない仕事である。しかし、『近代日本法制史料集』全二十巻の内容は、飽くまで梧陰文庫に納める御雇外国人の答議であるからして、これを充実させるための工夫は今より後を俟つより他にない。私は、嘗て石井良助教授が國學院大學で開催された法制史学会のパーティーの席で、「木野さん史料集を刊行するのは自分の研究分野を広げることであり、多少のミスを恐れてはいけません。先ず心して出版をすることです」と言われたことを箴言と思って自分に対する勧勉の言葉としているのである。

それにつけても、一々お名前を挙げることはしなかったが多くの方々の御助力がなかったならば、この史料集の完成は覚束なかったと思う次第である。今は只、感謝の言葉を協力して戴いた人達に申し上げるのみである。

最後に、『近代日本法制史料集』完結記念講演会を主催され、併せて梧陰文庫を中心とした國學院大學図書館所蔵法制史料展を催され、更には院友会館において記念の宴まで開いて戴いた國學院大學学長で日本文化研究所所長の阿部美哉先生に衷心より厚く御礼の詞を述べたい。

【講　演】

明治憲法体制の成立とシュタイン
――シュタイン憲法草案の行方――

國學院大學法学部助教授　原　田　一　明

原田一明氏は、一九五八年（昭和三十三年）東京都出身。國學院大學法学部卒業、東京都立大学大学院社会科学研究科修了の後、東京都立大学法学部助手、國學院大學法学部助教授、東京都立大学法学部教授を経て、現在は横浜国立大学大学院国際社会科学研究科教授。著書に『議会特権の憲法的考察』（一九九五年　信山社刊）・『議会制度』（一九九七年　信山社刊）など。

ご紹介いただきました、國學院大學法学部の原田でございます。梅溪昇先生については、私も聴講者の一人としてまことに残念に思っております。とても代わってということはできませんが、表題のようなテーマにかかわって、お話をさせていただこうと思います。そして何分急遽お話を申し上げるということになりましたものですから、何をお話をすればよいのかということで少し迷ったわけですが、展示会（「『近代日本法制史料集』完結記念國學院大學所蔵法制史料展」）にも何点か出品されておりますシュタインに関連して、幾らか述べさせていただくことに致しまして、講演に代えさせていただこうと思います。

と申しますのも、梅溪先生は先程ご紹介がありましたように、お雇い外国人研究のパイオニア的存在でいらっしゃるからです。しかしシュタインという人物については、来日しなかったということに加えて、形式的にはオーストリア公使館の「附属」という地位でございました。もっとも後には「公使館顧問」のような役割も果たされたようですが、形式的にはあくまでも在外公館の雇いにすぎないということになります(1)。そういう意味から申し上げますと正確な意味でのお雇い外国人とはいえないわけです。

ところが、これは改めていうこともないことかもしれませんが、明治国家体制というものを考える上で、あるいはそれの成立過程ということを考える上でも、シュタインが果たした役割というのは、決して小さいとはいえないわけです。この度完結になりました『近代日本法制史料集』の中でも、その第十八巻がシュタインの答議資料や著作の翻刻に当てられておりますが、このことは、やはり重要な意味をもっていると考えております。そのような意味をも含めまして私がこれまで少しばかり調べて参りましたことの一端について、ここでお話をさせていただくことにいたします。

はじめに

さて、近年において明治国家とシュタインとの関係についての研究は、日本政治史、あるいは思想史などの観点から、研究が進んでいる分野の一つであります。例えば、伊藤博文のヨーロッパ派欧の問題(2)、あるいはその後のシュタイン詣でについて、それを政治史的な観点からとらえる研究は、年々進んでいると思われます。例えば、本学の坂本一登助教授（現教授）は、これらの一連の動向を伊藤の政府部内でのイニシアティブのあり方という観点から捉えて、議論を構築されておられます。[3]さらにそれ以前には、坂井雄吉先生による研究[4]があるわけで、それらの積み重ねというものが今日のわれわれの前提にあるということになります。

いまは政治史の観点からの研究について申し上げましたが、思想史の観点からも、シュタインの国政理論の受容のあり方という問題にかかわって、さまざまな検討がなされているわけです。例えば、日本人が聴いたシュタイン講義の内容分析とその日本における受容の問題等々、思想史的な観点からの研究も進められております。[5]

さらには、本日このあとご登壇になる山室信一先生も属しておられます、京都大学の人文科学研究所の瀧井一博助手（現兵庫県立大学経営学部助教授）によりまして、シュタイン詣でが国家制度の設計と建設にとって果たした役割を、憲法史と国政史との間において理解しようとされる、そのような意味で特定のディシプリンに限定されない総合的な視座を構想されようとする試みなども行われておりまして、非常に注目されるわけです。[6]

そして、これらの研究を下から支えているのは、何といっても新たな史料の発掘ということになるでしょう。特に近年キール大学のローレンツ・フォン・シュタイン行政学研究所に収蔵されている「シュタイン文書[7]」の検討が進むにつれて、さまざまな観点からの研究が深化されつつあります。

私は「シュタイン文書」そのものをまだ直接には見ていないわけで、漸く入口に立ったばかりではございますが、これからお話申し上げますことは、これらの先行業績に依拠しながら、私は憲法学が専攻でございますので、その観点からいくつかについてお話をさせていただきまして、本日の責めを塞ぎたいと思っております。

お手元のレジュメにございますように、お話する内容は大きく二つございます。今日は研究者の方々が多くおみえのようですので、何を当然のことをと思われるかもしれませんが、まず、シュタイン憲法草案の探索ということが一つ目です。そしてもう一つは、シュタインについて井上毅がどのように考えていたのかについて、幾らか考察してみたいと思っております。特に後者につきましては、井上という人がしばしば明治国家のグランドデザイナーという位置づけを与えられて参りましただけに、その井上がシュタイン、あるいはシュタインの考え方というものを、どのように理解し、その後の制度設計を構築していったのかということを探求しておくことは、明治国家、あるいは明治憲法体制の成立に際してのシュタインの役割ということを考える場合に、やはり見過ごすことのできない重要な論点になるのであろうと思っております。

しかしながら、この二つの論点のどちらについても、いまだ不十分なまま、すなわち中間報告のような形でしかお話できないということを、あらかじめお許しを願いたいと思います。それではさっそくレジュメに沿いまして、第一点からお話を申し上げることに致します。

Ⅰ　シュタイン憲法草案を求めて

まず、新潟県長岡出身で、長く行政裁判所の評定官を勤めた渡辺廉吉の残した文書の中に「シュタインの憲法草案」があるということは、吉野作造先生によって早い時期に紹介されております(8)。

あらかじめ申し上げておきますと、この「シュタインの憲法草案」について、憲法史の大家である稲田正次教授は、これが憲法起草の際に参照されたということはできないと、消極的な評価を与えられています(9)。おそらくそうした評価も影響してか、「シュタインの憲法草案」についてのまとまった研究というのは、今日あまりみられなくなっているわけです。ただ、これはまだ具体的にいろいろこれから私なりの作業というものをしていくうえで、評価は分かれるのかもしれませんが、「憲法典」をシュタインが起草したということが事実であるとすれば、やはりその際には何らかのオファーといいますか、そのことに関する依頼というものがあったことが予想されますし、またシュタインの側からしても、やはりそれなりの意欲の表れということが読み取れるはずであって、そのシュタインがどうして「憲法草案」を作成し、そして日本政府に提出したのかという問題は、考えておくべき問題なのではないかと思うわけです。その疑問を解くためにも、やはりまず原本があるのかないのか、あるいはそれらに関連した史料がどこにあるのかということを確認しておくことは、重要な意味をもっていると思われるのです。

と申しますのも、今日までこの「シュタインの憲法草案」の原文が見つかっていないからです。私はこの「憲法草案」を探しだそうと努めたわけですが、結論を先に申し上げますとまだ見つかっておりません。そこで以下では、その探索の過程にまつわるお話を致しまして、若干のコメントを付け加えるというように進めて参りたいと思います。

1　吉野作造博士と渡辺廉吉文書

先に、この「シュタインの憲法草案」について、最も早くこれを紹介されたのが、吉野作造であると申し上げましたが、実はそれ以前にこの「憲法草案」に触れた文章がございます。それは、京都大学の佐々木惣一教授が大正二年の「京都法学会雑誌」第八巻六号に発表された「我憲法トシュタイン」と題される論考です。これは論考というよりは、むしろグリュンフェルトという人のドイツ語論文の翻訳[10]を兼ねた紹介と申し上げた方が適切かと思われます。この中で佐々木教授は「シュタインの憲法草案が存在する」ことを述べ、その上でその内容についても、「明治憲法と比べて自由主義的、あるいは共和的である」というように紹介されておられます。そしてさらに佐々木教授の紹介によれば、「グリュンフェルドノ所説ハ或意味ニ於テハ我日本ニ於テ未タ発表セラレサルノ資料ヲ間接ニ示シタルモノト言フコトヲ得ヘシ」というふうに語られておられまして、つまりグリュンフェルトが渡辺廉吉から史料を見せてもらって、それに基づいて書いた旨、紹介されているのです。ところが大正二年に発表された論文を手がかりとして、その「シュタイン草案」のありかの検討がなされた形跡は、私が調べました限りにおいては見当たりませんでした。

① 昭和七年の吉野日記から

「シュタイン草案」にもう一度光が当てられますのは、昭和七年に行われた吉野作造の調査をまたなければならないということになります。すなわち、佐々木惣一の生涯にわたる親友であった吉野作造の手によって、いみじくも「渡辺文書」の整理と検討がなされたわけですが、このことによって「シュタイン草案」の検討も引き継がれることになるわけです。

レジュメでは、『吉野作造選集　15』から吉野の日記の一部をコピーしておきました。その一番目の記事ですが、吉野作造先生は五月一日の日記のなかで、

「……午後一時かねての約束通り松本潤一郎君渡辺和雄君横江勝美君相前後して来らる　この中渡辺君は初対面であるが渡辺廉吉氏の令息なり　医学博士云々

……小さい柳行李に一杯の書類を持参されたが一ト通り点検して愚見を述べる

……一切を当分に手許に預ることにする　緩くり調査して一編の論文に纏めて置きたいと考へる……」

というふうに書かれているわけです。つまりこの記事の前に、四月二十六日に面会の約束をして、今度の日曜日に来るという記事もございますが、これ以降、つまり昭和七年五月以降、吉野先生は「渡辺廉吉文書」を預かって、自らその検討を行うことになります。そして、ここで特に重要だと思われますのは、五月二日、さっそく「明治文化」の

同人例会に出席して、その際に昨日預かった中から、シュタイン起草の「日本憲法按（独文）と秘事覚書」[11]を持参して同人に見せたという記事が出ていることです。

そしてその後すぐに、吉野先生はその中の特に「シュタインの憲法草案」に着目されて、これを訳しておられます。その記事が吉野日記の五月九日から十一日にかけての条にあらわれ、三日間にわたってシュタインの草案を訳したことが解ります。それ以降七月の終りから八月、九月、十月にかけて、集中的にこの「渡辺文書」について吉野はカードを作りながら、それぞれの文献を調査し、その中の重要なものについては筆写するという作業をしたようです。そのことが日記に事細かく出てまいります。

その際に、特に吉野先生が着目されたのが、先程も申しましたが、シュタインのドイツ文で書かれた「憲法草案」と、それから渡辺が黒田清隆総理大臣の秘書官時代につけていた「秘事覚書」（明治二十一年五月～明治二十二年十二月末）という記録で、これらについて集中的に勉強しておられます。

ところで、吉野先生のところへ渡辺家からこれらの文書を持ち込んだ経緯については、五月一日の日記にも出て参ります。つまり、その真意は、渡辺廉吉の『伝記』を書いてもらいたい、あるいは、それを書く上でこれらの中にある史料についてアドバイスがほしいということにあったようです。そのために渡辺廉吉の三男和雄氏が、「渡辺文書」を持参したということのようです。したがいまして、その後に渡辺廉吉の伝記が編まれることになりますが、はからずも吉野の死後、昭和九年十月に『渡辺廉吉傳』が刊行されております。このような経緯からしてこの伝記のなかに何らかの手掛かりが、つまり「シュタイン憲法草案」についての手掛かりがあるのではないかと考えたわけです。

この『渡辺廉吉傳』には「例言」というものが付されておりまして、「憲法制定時代に於ける先生（筆者註、渡辺廉吉のこと）の功業に就ては、故法学博士吉野作造氏の懇切なる教示を受けたり。殊に渡辺家に秘蔵されたる先生の著述及び遺著、並びに憲法制定時代に於ける外国人顧問の答申書の類は、実に故博士の熱心なる努力の下に整理されたるものなり」という記述がございます。加えて、『渡辺廉吉傳』には、「蔵書目録」が付されておりますが、それを見ますとその中に「スタイン　憲法草案（独文）」それから「スタイン憲法案ニ関スル覚書（独文、渡辺先生の手記）」という記述も見られます。従いまして、この著述と遺著、これらについては恐らくこの目録を作成するに当たって、吉野先生がまとめられたものであろうという推測がつくわけです。

問題は、それらの著作がどこに収められたのかということですが、『渡辺廉吉傳』の中では、次のような記述になっております。これら和書等の著作の大部分については、「東京帝国大学附属図書館に寄贈の手続中」であり、さらに「洋書は既に東京帝国大学図書館に寄贈せり」となっております。そこでさっそく東京大学にまいりましていろいろお聞きしたわけですが、どうも見当たりません。そして『帝国大学新聞』の昭和九年、あるいは昭和十年の記事を繰っても、「渡辺文書」らしきものが受け入れられたという記述は見られません。さらに東京帝国大学図書館時代の「蔵書目録」も見ましたが、「渡辺文書」に相当するものはございませんでした。カード目録も見ましたが、取り立ててある年月にまとめてシュタイン関係の書物が購入されたという形跡もないわけです。

② 吉野文庫の調査

いったい「渡辺文書」はどこへいってしまったのか。もしかすると吉野作造先生の旧蔵書の中にあるのではないかというようにも考えまして、今度は東京大学の「明治新聞雑誌文庫」の「吉野文庫」を調査してみることにいたしました。

その「吉野文庫」には、和書の目録と洋書の目録とがあり、さらに手書きのものについては別に「吉野文庫書名目録」がございまして、原史料部という部署に分置されておりますが、それらを集中的に見たわけです。そこには、確かに吉野が「渡辺文書」を調査したという足跡を窺うことのできる史料が何点か残されていました。その一つが「秘事覚書」で、これについては大変熱心に読んでいたということを申しましたが、「吉野文庫」の中には、その渡辺の原本を吉野先生自らが写した「秘事覚書」[12]が残されております。実に丹念に読んでおられます。そして、七月二十七日の「吉野日記」の最後には、「帰りて夜は渡辺廉吉手記を読む」とでてまいります。最初この日記を見たときに、「手記」なるものがあるのかと思っていたわけですが、この「吉野文書」に所蔵されている「秘事覚書」をみますと、その末尾に、吉野先生がご自身で「昭和七年七月二十七日夜原本ト対照シツツ」というふうに書かれておられます。従って吉野先生が「手記」とおっしゃっておられるのは、ここでいう「秘事覚書」のことと推測できるのではないでしょうか。

吉野文庫にはそのほかにも渡辺の翻訳した書籍などが含まれておりまして、これなどももしかすると渡辺蔵書の一部ではないかと思いましたが、『独逸訴訟法要論』[13]（明治十九年、渡辺訳）それから『行政学』[14]（明治二十年、渡辺訳）、『欧州形勢論』[15]（明治二十三年、渡辺訳）などはいずれも古書店から吉野先生が購入されたものです。

ただ、一点だけ残念に思いましたのは、「吉野文庫」の中に「ルードルフ氏、テツヒヤウ《（ママ）》氏、テツヒョー《（ママ）》氏取調書欧文目録」[16]というのがございました。これはもしかすると『渡辺廉吉傳』中の次の記載と関連するのではないかと思ったのです。つまり「渡辺家にルドルフ、テツヒヨウ、ロエスレル取調書目録なる一冊あり。少くとも此目録に記載されたるものは一時先生の手許にありたるものと思はる」という記載が『渡辺廉吉傳』中にございまして、これと「吉野文庫」のいま申しました書物が符合するのかとも考えた訳ですが、残念ながら「吉野文庫」にあっては現在のところその書物は不明になっておりまして、見ることができませんでした。

さらに原史料部に残っている吉野関係文書について申しますと、その中に「『議院と政府と衝突の場合に関する措置』についての問に対する解答[17]」という吉野の手書きの文書が残されております。ここには吉野によって付箋が付されておりまして、次のようなことが書かれています。すなわち「『議院と政府と衝突の場合に関する措置』につきロエスレルの答申渡辺廉吉訳原文訳文共に渡辺文書中に在り」との記述です。従って、これも「渡辺文書」の中にあったものを、吉野先生が控えられたものの一部であるといえましょう。

このように一応目録を手掛かりに当たってみたわけですが、結論から申し上げると「吉野文庫」に「渡辺文書」が残されている可能性は少ない、と思います。ですから「吉野文庫」を通じての探索はこれ以上進まない。いよいよ「渡辺文書」の行方はわからないということになってしまったわけです。

2　鈴木安蔵教授の検討

そこで角度を変えて「シュタイン草案」の検討というものを、別の角度から行った鈴木安蔵教授の研究に目を向けておくことにいたします。

ただ、予め申し上げておきたい点は、恐らく吉野先生と鈴木教授の検討は連動していない、つまり、鈴木教授は「渡辺文書」を見ておられないということです。つまり鈴木教授は「渡辺文書」にある草案からではなく、河島醇が編集した『憲法及行政法要義』（明治二十二年）という書物（以下では、河島編著という）を出発点として検討を行っているからです。

この書物は全体で一九二ページで、「憲法要義」「行政法要義」「憲法草案」という三部構成になっております。その内容について詳しくは申し上げませんが、一つは「憲法は社会的発達に適応すべきである」という論、それから

「国家行政（国家組織）に関わる憲法条項は、なるべく簡単であること」、さらに「日本憲法の制定に当たっては、欧州諸憲法の直写法（引き写し）はだめだ」というような趣旨の論述、それからもう一つは、「憲法をつくる場合には、典範とは別だてで制定すること」などが書かれていますが、その書物には、さらに、先程も申しましたように、全八章七十三条からなる憲法草案が付け加えられているのです。

① 『明治文化』所収の論考から

鈴木安蔵教授は、この草案を手掛かりに考察を行われます。その考察のあとが雑誌『明治文化』に掲載された論説の中に見ることができます[18]。昭和十一年三月に、最初に発表された論文では、要するに河島醇の編著の附録の中に「シュタインの憲法草案」があるということと、これが「渡辺文書」の中の「憲法草案」とは異なっているとの見解を示されています。すなわち、河島編著に収録されている憲法草案は吉野作造先生によって「ルスレルのに比してすこぶる我が現行憲法に近い」と紹介された「渡辺文書」中に存するとされた「憲法草案」とは異なる「憲法草案」である可能性が高いということを、昭和十一年三月の『明治文化』の中で説かれたのです。

その趣旨は『明治政治史研究』というナウカ社から出されていた雑誌の中でも再論されることになります。昭和十一年五月に発刊された『明治政治史研究』第二輯の中に、「シュタイン氏憲法草案について」と題する一文を草されて、その趣旨を述べておられます。そこでは「シュタインの憲法草按は逆にレースレルの草按よりも遙かに自由主義的であり、旧プロシア憲法そのままであり日本憲法よりもそれだけ遠ざかっている」との分析も示されていたのです。

つまり、鈴木教授は、二つの「シュタイン憲法草案」があり得るということを暗示されていたわけです。しかしながら、このことについて鈴木教授はその後訂正されることになります。それが「再び『スタイン氏憲法草按』について」[19]という文章で、先の考え方を見直されました。訂正の根拠は、前に挙げた佐々木教授が大正二年に紹介されたグリュンフェルトの論文、すなわち「シュタインと日本」という論文に依拠して、ただ鈴木教授は必ずしもこの佐々木教授の紹介を読んでいたかどうかはわかりませんが（恐らく原文に当たられていたと思われますが）、これを読んで考え方を変えられたわけです。つまり、

「……『シュタインと日本』なる一文を読み、永年の疑問が氷解したのである。即ちスタインの伝記者たるエルンスト・グリューンフェルトは……スタインの草案は出来上った日本憲法に比すれば遙にリラベルであったと評し、たゞ天皇に関する第三章の規定だけは或程度日本の現行憲法と一致するが、その点においてさえも日本憲法の方が遙かに君権的である。」

ということを述べておられます。そして河島編著の附録の草案とこれが同一であることは、内容上明らかで、グリュンフェルトは日本との関係について渡辺から知識を得ていたと記されていることから、「渡辺文書」中の草案とグリュンフェルト論文中の憲法草案が同一であると結論づけられたわけです。

ただ、この『明治文化』の記事の中で注目すべき点は、東京帝国大学図書館所蔵の「渡辺文書」が整理中で、自分は見られなかったと記されている点です。ですからこの時点では、「渡辺文書」が東京帝国大学図書館にあったといえるのかもしれません。

②　金沢文庫の調査

鈴木安蔵教授はその後『日本憲法史概説』という書物を昭和十六年に中央公論社から出版されますが、その中でもやはりこの「シュタイン草案」について言及されています。そして、本書のなかでは一つの新しい情報が付け加わっ

ていることに注目しておきたいと思います。すなわち、河島編著の原文についてへの言及です。

そのドイツ文及び英訳文は、「一八八九年ウィーンで自費出版された左の二著である」としまして、この二著が河島編著の原文であるということを紹介され、そしてこの文書が「金沢文庫」の中に存するということも、鈴木教授は併せて『日本憲法史概説』の中で紹介されているのです。

そうしますと、要するに鈴木教授は訳本の原本があるということを示唆され、それが「金沢文庫」にあるということを示されたわけです。そこで、「金沢文庫」へ、ということになり、私もいってまいりました。確かにこの二つの書物は「金沢文庫」に入っております。[20] すなわち、この「憲法要義」と「行政法要義」は同じスタイルで、独文と英文が併記されるという形式になっています。[21] その書物の上部には「金沢文庫」と、蔵書印が押してありますが、その上にさらに「博文私印」というものも押してあります。そして、「金沢文庫」には、「Verfassungen」のほうが二冊、それから「Verwaltung」のほうが三冊それぞれ所蔵されております。いずれも表紙に「博文私印」という印鑑が押されていますが、書き込みは一切ございませんでした。ただ、そこにもしかすると草案が付されているのかと安易に考えたわけですが、そこにはございませんでした。つまり「憲法要義」の部分と「行政法要義」の部分の原文が残されているだけなのです。

「金沢文庫」には、ご存知のように陸奥宗光のシュタイン講義ノートも所蔵されています。[22] こちらもその折に見てまいりましたが、全文英語で筆記された陸奥のノートです。これについては萩原延壽先生がすでにご紹介されているところですが、これらのノートを直接に見て考えましたことは、どうもシュタイン教授の講義の仕方には、一つのパターンがあったのではないかという点です。つまりシュタインの講義というのは、シュタインが前もってかなり詳細なレジュメを受講者に渡しているように思われます。陸奥の講義ノートを見ますと、シュタイン教授の「プラン」、英語で書かれておりますので「ザ・プラン・オブ・ステート・サイエンス」という文書がありますが、これはどうもドイツの国家学を論じているようですが、この文書は、シュタインが自分で書いたものではないかと思われるのです。筆跡など、これから見比べなければなりませんが、史料展をご覧になった方は、そこにシュタインの書簡が出品されていましたので筆跡は確認することができるわけで、まだ正確には申し上げられませんが、あるいはシュタイン自身が書いたと考えられるかもしれません。そうしますと、これが受講者に渡されたレジュメであった可能性もあるのです[23]。

さらにもう一冊「サプルメンタリー・ノート」というのがございます。つまり、いま申しました「ザ・プラン」というもののサプルメンタリーなのですが、それについても詳細に手が入っておりまして、かなりの書き込みがございます。これについても萩原延壽先生が紹介されておられますように、どうも陸奥はその後のシュタインとのいろいろなやりとりを受けて書き込んでいるようで、これらには、陸奥自身が書き込んだという部分もあるのかもしれませんが、どうも筆跡が二通りあるようにも見えます。そうすると陸奥とだれかが書いていることになるわけですが、もしそれがシュタインであるとすれば、日本からの留学生に対して懇切に講義案に手を入れることまでしていたシュタインの講義風景を想像することができるわけです。

もし、シュタイン講義が、総じてそのような講義であったとすれば、先程紹介いたしました河島が編著者になっている、ドイツ語と英語を併記した原文というものも、かなりの程度シュタインの手が入っていたのかもしれない、といえるようにも思われるのです。

以上、長々と申しましたが、要するにいまのところ吉野先生とグリュンフェルトは「渡辺文書」を見た上で「憲法草案」を検討していることはほぼ疑いがないと言えましょう。これに対して鈴木先生は「憲法草案」の原本は見ていないということになるようです。しかしながら、「渡辺文書」と称されるような渡辺廉吉の蔵書というのは、いまのところ発見できないというのが現在までの調査結果です。どうも歯切れの悪い報告で申し訳ないのですが、そのようなことになります。

Ⅱ　井上のシュタイン観

ところでそう考えますと、これまで「シュタイン草案」というものを追いかけつつも、その内容については触れてこなかったわけですが、残された時間と申しましても、もう残り少ないわけですが、急いでその内容について少し申し上げておきたいと思います。

ここでは、その内容について全般的に申し上げるというよりは、むしろシュタインの憲法構想を井上がどのように考えていたのかということを申し上げることで、それに代えさせていただこうと思います。

1　伊藤と井上

伊藤のシュタイン観というものは、これはいろいろな方々が紹介されておられます。伊藤は明治十五年三月十四日に日本を出発して、ウィーンには八月八日に到着いたします。すぐにシュタインに面会致しまして、その結果、伊藤はシュタインに心酔し、深い信頼感を寄せたということはご承知の通りです[24]。今日「シュタイン惚れ」などと表現されますように、伊藤はシュタイン先生に対して、かなり厚い親近感をいだいたということが伝えられています。

この点については周知の通りですが、要するにシュタイン先生が日本の歴史というものをきちんと語る、そしてその将来を諭すというようなシュタインの話し方が、日本からやってきた人たちに非常な感銘を与えたといわれております。さらにはシュタイン自身の問題としても、日本へのかなり好意的かつ積極的な姿勢があった、ということが近年では紹介されてもいるわけです。

ここでは一つだけシュタインの人柄ということについて申し上げておけば、展示会の中でもその手紙が紹介されておりましたが、シュタイン博士の文書、手紙が写真版になって、この展示会目録の中でも紹介されております。藤波《ふじなみ》言忠《ことただ》はシュタインの講義を受けた聴講者の一人だったのですが、彼はあまりに講義に精励して体調を崩してしまいます。その際に、シュタインが見舞った手紙が「藤波家文書」の中に残されています。(25) ご覧になった方もおられるかもしれませんが、その中でシュタインはかつての受講者であった藤波に対して、次のような言葉をかけております。

「何卒御健康に任せて御無理なされず、御帰国後大切なる御身の為に、十分御自重被遊候様、切に祈り奉り候。」

英語の文章を日本語に訳したものですが、そのように述べております。この点はやはりシュタインの人間的な優しさ、日本人に対する人間的な思いやりを示しているように思われます。あるいは、教師としての人間性というものも加味されて、その後の伊藤を初めとするさまざまな人たちのシュタイン観がつくりあげられた、というようにも考えられるのです。

問題は、伊藤がそのような人柄をもったシュタインから、何を学んできたかということになるわけですが、この点については即座に回答を申し上げることはできそうにございません。ここでは、伊藤がシュタインの講義を通じて、社会王制論を学びとったといわれてきた点についてだけ申し上げることに致します。つまり、伊藤は議会と政府との間で妥協が成立しない場合、「調整者としての天皇」が現れるというような議論を、学びとったんだといわれることがございますが、シュタインによる講義などを見ても、直接にシュタインが社会王制論について論じているかというと、必ずしも明確ではないように思われます。つまり講義録を読む限り、即座にそのような「調整者としての天皇」というものが、そこから直接に読み取れるかというと、なかなか読み取れないのではないかという印象をもちました。確かにシュタイン講義の中では、「国王」とか「行政府」あるいは「立法府」の三機関が、相互に独立しながら規律しあうというような、政体としての立憲制については語られているわけですが、それ以上に社会王制論、調整者としての君主ということが、積極的に表明されているとまでは言えないように思われます。

この点については、河島編著の附録「シュタイン憲法草案」を見ても、どうもそこには具体的にそういう規定は見られないのであって、もしかするとシュタインはそれほど積極的に社会王制論を説いたとはいえないのではないか、つまり伊藤に向かって講義の中でこのことを強調していたとはいえないのではないかと思えるのです。つまり「レースレルの憲法草案」の中には、例えば、財政条項の八十二条が典型ですが、ここでは、予算が確定しない場合に「内閣ノ責任ヲ以テ天皇之ヲ裁決ス」というような規定があるのと比べて、「シュタイン草案」の中にはそういう規定が存しないということからすれば、はたして社会王制論的な明確な立場を伊藤らに伝えたのかについても懐疑的にならざるを得ないのです。

時間の関係で、次に井上について申し上げておきたいと思いますが、井上はいま申し上げた伊藤とは異なって、伊藤がヨーロッパにいた時期、日本にいたわけです。日本にいて何をしていたかと申しますと、当然いろいろな起案作業など、勉強をしていたわけですが、その勉強の過程で、シュタインの翻訳書を熟読しております。例えば、稲田正次先生が所蔵されていた『国理論』(明治十五年、荒川邦蔵訳)、これはシュタインの『ハンドブーフ・デア・フェアバルトゥングス・レーレー』という浩澣な書物の一部訳ですが、これは全体で二一ページの非常に小さなものにまとめられています。[26]この訳書は、原書のなかの憲法あるいは国家有機体論の部分だけを抄訳したものですが、井上はこれ

を読んでおります。この点レジュメにも書いておきましたが、

「十五年梅雨霽時　二十年初秋再閲　以意象論政體畫一整美而既與実際遠矣」

というようなことが、『国理論』の中に書き付けられています。このことから、これを井上は十五年に読み、そして二十年にもう一度読んでいることがわかります。そして、井上は、読みながら傍点をいろいろと打っているのですが、申し上げておきたいのは、そのように読みつつ付した傍点の中で特に注目すべき次の点です。すなわち、「行政権が元首とか立法権から分離される」ということを、シュタインはこの中で説いているわけですが、ここのところに傍点を打っております。そしてこの点について、井上はシュタイン学説から多くを学んだと思われるのです。

さらに、シュタインには『兵制学』[27]（明治十五年、木下周一・山脇玄訳）という書物がございますが、これも訳書でありますが、ここで統帥権の独立、あるいは軍令、軍政の両機関の分離などが説かれたというふうにいわれておりますが、これも十五年十月に、梧陰先生は読んでおります。この訳書は「梧陰文庫」の中にございまして、朱でその趣旨が書いてあるので確認できるわけです。

さらに法制史料展にも出品いたしました、明治二十年の『日本帝国及其法制沿革』[28]という翻訳がございますが、これも傍点を付して読んでいます。この中で、シュタインは次のようなことをいっております。つまり「法を国民精神の発露ととらえる歴史法学的思考の観点に立って、日本の立法や国制はその歴史と文化に根ざしたものでなければならない」ということを強調しているのです。さらにはその日本法が外国法の引き写しになることを強く懸念する趣旨の論述もしております。井上はこれらの考え方をも読んでいたということになります。

これらを読んだ井上が、どのようにシュタインについて考えたかということが問題になりますが、この点、安易な断定は避けなければなりませんが、ともかくも試行錯誤の中で申し上げれば、一つは、明治二十年夏、夏島草案が作

られますが、それに対して井上は批判を展開すべく、「憲法逐条意見」というものを出すわけです。そして、その「第三」の中で、「第七十二条　官吏の任免権」について説いた一節に、シュタインの学説が出てまいります[29]。そこでは官吏任免権について、これは天皇の大権事項であると述べて、七十二条を行政権の部分に規定するのはおかしいという考え方を、井上は説くわけです。そしてそこではブルンチェリーと並んでシュタインにも言及しております。「若、『ホン・スタイン』氏ノ理想説ニ依リ政体ヲ以テ人身ノ行為ニ比喩セハ官吏授任ノ権ハ固ヨリ彼ノ心脳ニ比シタル君主ニ属スヘクシテ第二ノ位置ナル体軀ノ行為ニ属スヘケン乎」というふうないい方をしております。すなわち結果的にはこのシュタイン説を引用しつつ、自説を展開し、要するに大権事項であるからここに二重に規定するのはおかしいとして、この考え方が後の憲法にも取り入れられることになったわけです。

ただ、私が解りませんのは、シュタインの考え方を「理想説」というふうに井上が位置づけている点です。どうしてこういうふうに考えたのかということですが、一つは、同じ夏島草案で申しますと、八十五条に関して、先程も申しましたが井上は熱烈な反対意見を述べておりました。つまり「勅裁ヲ経、内閣ノ責任ヲ以テ之ヲ施行ス」という規定に対して、井上は次のような言葉を投げかけるわけです。「(このような取り扱いは、) 立憲ノ主義ニ背ケル専制ノ旧態ヲ愛惜セントナラハ何ヲ苦ンテ立憲政体ヲ設ケラル乎」といういい方をしております。さらに「ロスレル氏カ『ビスマルク』氏ノ政略主義ヲ采テ我国ノ憲法トナサントノ意見ハ畢竟東洋ノ立憲ハ名義ノ立憲ニシテ未タ真ノ立憲ヲ行フノ度ニ達セズ」との見解も表明することになります。そのうえで有名な、「前年度予算執行制」を説いたわけです。この点については坂井雄吉先生がモッセとレースラーを対比して、詳細な検討をなされておりますので、あまり立ち入ることはいたしませんが、シュタインの学説については井上の立憲主義観に照らした場合、時に「理想説」と写ることがあったのかもしれないと考えております[30]。

2　「立法者」井上とシュタイン

もう一言、恐らく、非常にラフないい方をすれば、「立法者」としての井上の眼には、このシュタインの考え方、あるいはシュタインの学説、あるいはシュタインが説く君主制観というものは、近代国家の形成にとってまさしく理想説だというふうに、井上の眼には映ったように思われるのです。すなわち「立法者」としての井上にとって大事なことは何かということとも関係するのですが、確かに原理原則も大事である。原則を外してはいけないという考え方は、当然に井上にも認められるわけですが、それと同時に安定した国政運営を確保するという要請も、同時に「立法者」としての井上にとって重要な考慮事項であったと思われるのです。このような観点からすれば、シュタインの考え方、あるいは学説というのはやはり理想説、あるいは「実際より遠い」(「国理論」における井上の書きつけ)というような位置づけに、あるいはそういう評価が下されるということになるのかもしれない、というふうに考えております。

ただ、「立法者」としての井上には、もう一つの面があるということも忘れてはいけないというふうに思います。これをもって最後にしたいと思いますが、すなわち『梧陰存稿』という文章が『井上毅伝　史料篇』第三の中に所収されておりますが、その中で「船越（衛）氏の澳国スタイン博士の説話を録したる国粋論を読みて[31]」という文章がございます。この中で井上は次のようにいっております。

「一国民は必一国民の特性あり国民固有の特性を保存し愛国心を固くするは教育の基礎」である。そして「国民固有の特性を養う為の要件は国語と国の歴史とを貴重するにあることをスタイン博士の言挙けせるは吾人の心を得たるものなり」ということを述べているわけです。

ここで語られているのは、教育や文化というような明治国家体制を下支えする基本的なプリンシプルを全く踏まえない、安易な文明化や近代化に対する井上の否定的な評価だと思うのです。この点では、ある意味でシュタインの考え方に通ずる考え方を、井上も共有していたように思われるのですが、いかがでしょうか。

さらに付言させていただけば、国制改革というものが習俗や習慣というものを無視して性急に進められることに対する懐疑、あるいは国家による社会への過度の介入に対する警戒感、あるいはいたずらに西洋を模倣した改革に対する否定的な評価という、井上にみられる秩序観というものは、ある意味でシュタインが説いたそれとかなり近かったのではないかとも思われるのです。

まことに時間をオーバーして、その挙げ句に雑駁な報告に終始いたしましたが、インターネットの時代にあっていろいろな文庫を探索するというのは、やや時代遅れの感もございますが、しかし逆に言えば、そのような時代だからこそ、國學院大學に「梧陰文庫」が残されているということは、やはり貴重であるということを最後に強調させていただきまして、私からの報告を終わらせていただきたいと思います。ご清聴有難うございました。

註

（1）この点、堀口修「ローレンツ・フォン・シュタインの雇傭経緯について」政治経済史学二六三号（一九八八年）一頁以下。
（2）伊藤の滞欧憲法調査についての先駆的な研究として、清水伸『独澳に於ける伊藤博文の憲法調査と日本憲法』（昭和十四年）がある。
（3）坂本一登『伊藤博文と明治国家形成』（一九九一年）八九頁以下。
（4）坂井雄吉『井上毅と明治国家』（一九八三年）二〇三頁。
（5）山崎将文「ローレンツ・フォン・シュタインの社会的王制と明治憲法制定について（二・完）」久留米法学十三号（一九九九

二年）四一頁以下、堅田剛「西哲夢物語、あるいは明治憲法制定始末」獨協法学第四五号（一九九七年）二〇七頁以下、平野武「明治憲法制定とシュタイン（一）～（二）」龍谷法学十七巻四号四七頁、十八巻二号九八頁（一九八五年）、早島瑛「ローレンツ・フォン・シュタインと明治憲法の制定」商学論究二十七巻一・二・三・四合併号（一九七九年）六二七頁等を参照。

（6）瀧井一博「『シュタイン詣で』から見えてくるもの―憲法史と国制史の間」『文明装置としての国家 Historia Juris 比較法史研究　五』（一九九六年）一二五頁以下、同「『日本におけるシュタイン問題』へのアプローチ」人文学報第七十七号（一九九六年）二七頁以下、同「伊藤博文滞欧憲法調査の考察」人文学報第八十号（一九九七年）三三頁以下。

（7）萩原延壽『陸奥宗光　下巻』（一九九七年）二九三頁以下。早島瑛「ローレンツ・フォン・シュタインに宛てた福沢諭吉の書簡について」『年報　近代日本研究―二』（一九八〇年）二七一頁以下。近年の調査としては、註3の瀧井論文、宇都宮純一「西洋法継受と立憲国家の形成（一）～（三）」愛媛法学会雑誌二十四巻一号、二号、四号（一九九八年）を参照。

（8）吉野作造「珍らしい書物の話　明治の憲法書を中心に」帝国大学新聞四五三号（昭和七年十一月十日）、同「故渡辺博士の蔵書から」（昭和七年十二月十一日付「東京朝日新聞」）、同「シュタイン・グナイストと伊藤博文」改造昭和八年二月号。

（9）稲田正次『明治憲法成立史　上巻』（一九六〇年）五九四頁。

（10）なお、グリュンフェルト論文の翻訳としては、服部平治＝宮本盛太郎訳「ローレンツ・フォン・シュタインと日本」京都大学教養部政法論集四号（一九八四年）六九頁以下がある。

（11）「秘事覚書」は、国立国会図書館憲政資料室蔵憲政史編纂会収集文書にも所蔵されている（憲政―七六三）。なお、採訪者は、林茂、筆写年月日は、昭和十五年六月となっている。原本は渡辺和雄氏蔵。

（12）『吉野文庫書名目録　第三巻』一―一四六九。

（13）『吉野文庫書名目録　第二巻』一―一三三四七。

（14）『吉野文庫書名目録　第一巻』三―三九〇二。

（15）『吉野文庫書名目録　第一巻』一―二〇一。

（16）『吉野文庫書名目録　第三巻』一－五〇七七。
（17）原資料部所蔵『吉野作造関係文書目録』Ⅰ〔2〕4。
（18）鈴木安蔵「『スタイン氏憲法草按』について」明治文化九巻三号（昭和十一年三月）。
（19）明治文化十四巻五号（昭和十六年五月）。
（20）金沢文庫の「伊藤博文寄贈憲法資料目録」については、沓掛伊左吉「伊藤博文と金沢文庫の復興－伊藤公寄贈憲法資料目録」三浦古文化　第五号（一九六九年）四五頁以下参照。
（21）近年これを翻刻した資料がドイツで出版された、Wilhelm Brauneder＝Kaname Nishiyama（Hrsg.）, Lorenz von Steins “Bemerkungen der Verfassung und Verwaltung” 1889 zu den verfassungsarbeiten in Japan, Frankfurt a. M., 1992.
（22）陸奥の講義ノートについては、萩原・前掲書及び上野隆生「陸奥宗光講義ノート」金沢文庫研究二九一号（一九九三年）一頁以下参照。
（23）上野・前掲論文五頁。
（24）伊藤は岩倉に「心私かに死処を得るの心地」と伝えている（明治十五年八月十一日　岩倉宛書簡、『伊藤博文伝　中』二九四－二九九頁）。
（25）「墺国スタイン教授書簡集」（明治二十八年八月十一日　藤波宛シュタイン書簡、『藤波家文書目録』二六五）。なお、柴田紳一「第五編　藤波言忠伝」藤波家文書研究会編『大中臣祭主　藤波家の歴史』（平成五年）二三五頁以下参照。
（26）Lorenz von Stein, Handbuch der Verwaltungslehre, 2 Aufl., 1876. なお、訳書については、稲田正次『明治憲法成立史　下巻』（一九六二年）九〇〇－九〇一頁。
（27）Lorenz von Stein, Lehre von Heerwesen, 1872. なお、訳書の翻刻として、『近代日本法制史料集　第十八』一頁以下参照。
（28）梧陰文庫C－一二五、国家学会雑誌第一巻第六・七号（一八八七年）、新しい全訳として、瀧井一博「日本帝国史および法

史の研究」『Jurisprudentia 国際比較法制研究④』（平成七年）所収参照。

（29）「憲法逐条意見第二」（明治二十年九月）『井上毅傳史料篇　第一』五九五頁。

（30）坂井・前掲書一四〇頁以下。

（31）「梧陰存稿」（明治二十八年）『井上毅傳史料篇　第三』六六八頁。

後　記

本稿が本書へ再掲載されるに際して、一旦は全面的に加筆し、現時点の研究成果を取り込んだ改定版とすべく企図したが、それを行えば、本稿が講演会の記録である趣旨を全く没却しかねないということになると思い直して、加筆等はむしろ必要最小限度にすることにして、本文中で引用させていただいた方々の現在のご所属等を（　）で補うという程度にとどめることにした。したがって、引用文献等もすべて講演当時のままとなっている。この点、読者諸兄には、あらかじめご了解をいただくとともに、その後の研究成果については、次に掲げる瀧井一博氏のご著作及び渡辺廉吉の資料集などをご参照いただければ幸甚である。

【参考文献】

瀧井一博『ドイツ国家学と明治国制』（ミネルヴァ書房、一九九九年）
同『文明史のなかの明治憲法』（講談社、二〇〇三年）
同編『シュタイン国家学ノート』（信山社、二〇〇五年）
小林宏＝島善高＝原田一明編著『渡辺廉吉日記』（行人社、二〇〇四年）

【講　演】

井上毅の国際認識と外政への寄与

京都大学人文科学研究所教授　山　室　信　一

山室信一氏は、一九五一年（昭和二十六年）熊本県出身。東京大学法学部卒業の後、衆議院法制局参事・東北大学文学部付属日本文化研究施設助教授を経て、現在は京都大学人文科学研究所教授。著書に『法制官僚の時代——国家の設計と知の歴程』（一九八四年　木鐸社刊＝「毎日出版文化賞」受賞）・『増補版・キメラ——満洲国の肖像』（二〇〇四年　中公新書＝「吉野作造賞」受賞）・『日露戦争の世紀』（二〇〇五年　岩波新書）など。

ただいまご紹介にあずかりました山室でございます。私自身も梅溪昇先生や、それから木野主計先生などのお仕事に導かれながら、これまで井上毅研究をやってまいりましたので、本日、梅溪先生のお話をうかがえないのは大変に残念でございます。先生の一日も早いご本復をお祈りしたいと思います。

さて、もともと梅溪先生が「内政に対する寄与」についてお話になって、それと平灰を合わせる形で私が「外政」のことでもやりましょうかということで、このタイトルを決めさせていただきましたけれども、先生ご欠席でございますので、両方合わせたような形で話をさせていただきます。かえって雑駁な話になるかもしれませんし、とりわけ原田一明先生の大変に学術的なお話のあとで、エピソード的な話に終始するかと思いますけれども、どうぞ散漫な点お許しください。

井上毅という人は実は大変に変わった人であるという風評が生前にはあったそうでありまして、面談をする場合でも、一切時候の挨拶等はしない、そういう話をしている暇はない、自分は忙しいからすぐ本題に入ってくれというように、単刀直入に入ることを常としたといわれております。そのことが一面ではやや偏屈な人間であるという印象を与えたとともに、他方で合理的で理知的な人となりを形づくった、というように受けとられたともいわれております。ただ、井上毅のような非凡な人でない凡人の身といたしまして、問題に入る前に、やや私事にわたるかもしれませんけれども、少し無駄話をさせていただきたいと思います。

この公開講演会は、最初に木野先生から詳しくお話をおうかがいいたしましたように、國學院大學の日本文化研究所が永年にわたって編纂、刊行されてまいりました『近代日本法制史料集』二十巻の完結を記念したものでありますが、それ以前すでに「井上毅傳記編纂委員會」が國學院大學の図書館内に設けられまして、それは木野先生、横山晴夫先生などが主でいらっしゃったかと思いますが、そこから『井上毅傳　史料篇』が刊行されてまいったわけでありまます。こうした史料集が明治日本の学術的な研究に、いかに貢献してきたかということは、それ自体、研究史全てをたどり直すことに繋がるほど多大なものがありまして、現在明治の日清戦争前後までの政治史や思想史、教育史や法制史をやろうとする人間にとりまして、これらの「梧陰文庫」から刊行されました史料なしでは、実はほとんど何もできないというのが一般的な状況であろうと思います。そのように学界に大変に寄与していることは誰も否めないはずだと私は考えております。

ただ、そういう学界一般はともかくといたしまして、私自身にとりましても、この『井上毅傳　史料篇』は大変に思い出深いものであります。私は先程ご紹介がありましたように熊本市の生まれであり、井上毅、それから元田永孚、横井小楠、徳富蘇峰という人たちの旧居や学塾の跡などを目にしながら小学校、中学校時代をすごしておりまして、そうした人々の旧居跡などで柿を取ったりして遊んでいた者でありますから、小さい頃から井上毅の名前だけはよく存じ上げていました。しかしながら具体的に何をした人かというのは全く知りませんでした。それから大学時代、たまたま私が講義を休んだときに井上毅のことが講義に出たのだと思いますが、友達のノートを借りましたら、「井上小橋」と書いてありました。おそらく普通の人は「毅」と書いて「こわし」とはなかなか読まないものでしょうし、耳から入った音で推測して「小橋」というふうに書いたんだと思いますが。このように井上毅については、二十数年前の私の学生時代の法学部の学生にとっても、それほど知られていたとは思えません。

私はたまたま大学卒業後、衆議院の法制局というところに入りまして、井上とはもちろん比較になりませんけれども、立法作業というものに多少携わり、たまたまそういう中で法律をつくるとはどういうことかということを考えていく中で『井上毅傳　史料篇』を手にし、井上毅の法政思想に大変興味をもちまして、そこからともかくも研究を志すようになっていったという次第であります。

恐らく『井上毅傳　史料篇』に出会わなかったら、私は研究者としての道を歩まなかっただろうと思います。もちろんそれが幸せだったかどうかわかりませんし、死ぬ間際になって、あの史料集に会わなければよかったというふうに後悔するかもしれませんが、ともかく私はいま國學院大學の方々の手になります史料編纂の仕事に、大変大きな恩恵を受けているということは間違いありません。そして、ありがとうございました。

私も、全く違う種類の史料集ではありますけれども、いくつか編纂に係わっておりますが、史料集の編纂という仕事は大変に辛いと申しますか、正確を第一にしなければなりませんし、一つでも間違いますと、その間違ったことだけでなく、全体の信頼性がないんじゃないかというようなことをすぐいわれるわけです。そういう点でいいますとまことに気骨の折れる仕事でもありますし、しかし、その半面それ自体が学問的な評価を受けるということもあまりないというのが、日本の学界の風潮でありますから、そういう中で孜々として二十年以上にわたりまして、膨大な史料を、精緻な読みに基づいて復刻されていらっしゃいました関係者の方々のご努力に対して、非常に頭が下がる思いでおります。

恐らく井上毅の嗣子匡四郎さん、あるいは匡一様方が、國學院にその史料を寄贈されましたに当たって、想定されておりました「井上毅遺文書」に与えられるであろう処遇というものを、恐らくはるかに上回る形で今日「梧陰文庫」が、その処遇を受けているのではないかというふうに私は思いますし、史料集の刊行のみならず、法学部の名誉教授であられます山下重一先生を初めとする「梧陰文庫研究会」の方々の非常に真摯で盛んな研究活動成果などを拝見しておりますと、井上毅が当然受けるべくして受けえなかった歴史的な評価というものを、いま正当に受けるようになったのは、まさに國學院大學に「梧陰文庫」が寄贈され、そしてそれがこのような形で公刊されているからだろうというふうに私は思います。こうして、井上毅が歴史の真実を後世に伝えるべく史料を遺した意図は、ここに十分に果たされたであろうことを確信し、井上毅その人のためにも、そして歴史学界のためにも心から慶びたいと思います。

以上の謝辞を申し上げたうえで、本題に入らせていただきます。いま、私は井上毅が、歴史的に、受けるべくして受けられなかった評価というものがあるのではないか、というように申しました。これにつきましては当然のことながら明治憲法が不磨の大典として、欽定憲法として与えられた以上、それをだれかがつくったというそういう人為性をうかがわせることは、避けるべきことだとして秘匿されましたし、教育勅語にいたしましても、天皇の勅語である以上、臣下たる井上毅らが作成したことは、隠されざるを得なかったということの結果であるともいえるかと思います。

しかしながら、井上毅の一般的な評価というものが、つい最近まで決して高くなかったとはいいながら、それでは井上毅その人の事績が、全く無視され、知られなかったかといえば、もちろんそうではありません。同郷のジャーナリスト徳富蘇峰は、井上毅の逝去後に、彼が主宰しておりました『国民新聞』に、井上の評伝を書くわけでありますけれども、その中で井上について次のようなことをいっています（「井上梧陰」のち『世間と人間』に収録）。

彼は大久保公に採られ（つまり大久保公に採用され）、岩倉公に知られ、伊藤伯に用いらる。……明治政府の法律制度、一として殆んど彼の参画せざるものなく、其の詔勅、誥文、一つとして殆んど彼が草案に出でざるものなし。……天下若し制法者として、伊藤伯の勲功を認むる者あらば、其の一半は彼の翼賛の力に出づるを忘る可らず。特に大日本帝国憲法の制定に於て、最もその然るを見る。

ここには故神島二郎先生が「明治国家の制作者」と呼ばれ、そして木野先生が「明治国家のグランドデザイナー」と呼ばれておりますような、井上毅の明治国家における寄与の一面が、やや文飾を交えてありますけれども、私は鮮やかに切り取られているというふうに思います。ただ、その実態が、はたしていかなるものであったのかということは、本来は今日おみえになります予定でありました梅溪先生からうかがえればよかったと思いますけれども、それについてはまた、さまざまな評価が考えられると思います。

ともあれ、徳富蘇峰の井上評価の力点は実はその先にあります。以下の彼とは、井上毅を指しますが、いわく、

彼は政法者のみにあらず、彼の眼と手とは活ける政機（政治の機会・機微）に向けて動けり。彼は明治政府の廟謨（つまり朝廷の政治的な方針でありますけれども）に、浅からざる関係を有せり。彼は自ら動かざるも、その高官大僚を動かして、自個の意見を貫けり。……是れその昭々（明らかなもの）たるもの、若しその冥々（わからない

もの）たるものを挙げば、或は黒幕宰相にして、一種の大江広元たるの看なき能はず。

というふうにいっております。大江広元というのはいうまでもなく、鎌倉幕府の草創期、源頼朝に招かれて、公文所――後の政所でありますけれども――の別当となり、地頭・守護等を置いて、鎌倉幕府の基礎を築いた人でありますが、そうした人と同じような黒幕宰相、つまり表面には出てこないけれども、彼が実は政治を動かしている人間として井上毅を捉えているわけです。英語でいえば「マスター・マインド」といいますか、つまり偉大な知能をもって表面に立たないながらも、計画、立案に当たっていたという点で、実は歴史的な意義は鎌倉幕府における大江広元と、明治政府における井上毅は同じなのだというのが蘇峰の見方だったわけです。

しかし、もちろんこの「黒幕」という言葉、「ビハイン・ザ・シーン」といいますか「ビハイン・ザ・カーテン」といいますか、この言葉には当然どこか陰険なイメージがつきまとうことも否めない事実です。先程木野先生からご紹介がありましたように、井上は一生宿痾でありました肺結核と闘った人であります。ですからその表情もどこかいわば鋭角的でありますけれども、眼光煌々としながらどこか影があるといったイメージをもってこれまで語られてきたという点もあろうかと思います。戦後の著名な歴史家でありました服部之総氏は井上毅を指して「陰沈たる鬼才の属僚」というふうに呼んでおりますが、そうしたイメージが一方で広がっていたことも事実のようであります。

しかしながら、たとえ井上が黒幕宰相であったといたしましても、そこに一点の私心もありませんでしたし、ましてや、その政治的な活動の場において、井上が私利私欲を求めたことは一切なかったと思います。その清廉潔白さは、彼の政敵であった尾崎行雄や、それから社会主義者の人たちからさえ、評価されていました。井上はまさに漢学書生のような、質素さで書籍の中に埋もれて暮らしていたといわれておりますが、自らは学者として一生を送ることを望んでいた人物であったということを、まず確認しておきたいと思います。

にもかかわらず、「一つとして法制に参画せざるものなし」といわれたその彼の眼と手は「生ける政機」に向けて、動き続けることを余儀なくされました。それでは、病身をおして、井上が求め続けた明治国家のあり方とは、いったいどういったものであったのでしょうか。

それは、一言でいえば、「日本を主権国家、国民国家として統合し、自立させるという一点にあった」と私は思っています。ところで、いま申しました主権国家、国民国家といわれるものの自立といいましても、そこにはさまざまな問題が孕まれています。もちろん対内的な問題といたしましては、要するに廃藩置県にみられるような中間的団体の廃止と統合、あるいは徴税権の集中でありますとか、さらに国民軍の創設などの課題があります。これを「対内的主権」の確立といっていいかと思いますが、それに対し、一方では「対外的主権」というものの確立というものが重要になってまいります。そしてこの内政と外政というものは、決して二つのものではなくて、相互が複雑に絡み合って一体となり、メダルの表と裏をなすようなものであります。

その二つに井上は、非常に深く関わったというふうに思います。これまで井上の事績を問題にする場合には、先程から申し上げておりますように、明治憲法を初めとしまして、国内のいわば法制の整備、あるいはそこにおけるさまざまな事件の処理というものに、焦点が当てられてきたわけでありますが、私はあえてここでその井上が、外交的なもの、あるいは外政に対してどういう働きをしたのか、それが国内的なものにどういうふうに跳ね返ってきたのかということを、少し考えてみたいと思います。

井上が出仕いたしました明治国家というのは、ご存じのように、旧幕府が結んでおりました「不平等条約」というものを、そのまま引き継いでおります。そうしなければ明治政府は、国家としてのいわば継続性をもったものとして承認されないという、国際法上の問題があったからであります。いずれにいたしましても、そのように不平等条約によって手枷、足枷をかけられて、その解消なしには主権国家としての自立があり得ないという中で明治国家は出発し、井上はそこに奉職したわけであります。

さらに、いったん道を誤れば、日本が植民地化されないという保証は、明治の前半までどこにもありませんでした。いまこれから、そのお話をする前に、皆さんに日本の地図を思い浮かべていただきたいのですが、日本を地図の中心におきますと、北にはロシアがあり、西には中国、朝鮮があります。東には太平洋を距ててアメリカがあり、南にはもちろんフィリピンや台湾がありますけれども、井上が在世中には、そこは明治十七年のフランスによるインドシナの占領を初めといたしまして、イギリスとフランスなどの列強がそこに進出していたわけです。そして、日本の近代はこの四つの方向においてすべて戦争をしてきたわけです。ロシア、中国、そして東南アジアにおける英・仏とオランダ、そしてアメリカであります。そういう形でしか日本の近代の可能性というものがあり得なかったかどうかわかりませんが、少なくとも事実として日本はそういうふうに四方に敵対者をもちました。これは松岡洋右の国際連盟脱退のときの言葉を借りていえば、「まさに日本は十字架の上に乗っていた」といえるかもしれません。東西南北で諸勢力がクロスする中にあって、その四方向にどう対処していくか。しかも日本は決して清朝に比べて軍事的・経済的に力が強かったわけでもありませんし、朝鮮に対して優位であったかどうかも不明でした。そういう中で主権国家として確立していくための要件は何か、そして対外的に独立するための要件は何かといえば、いうまでもなく、まず国境を画定し、次に不平等条約を改正して、完全な主権国家として自立するということでしかなかったはずであります。

このことを前提にして考えますと、井上毅が果たすべき課題がいかなるものであったかは明らかであろうかと思います。もちろん先程述べましたように、明治国家の法制度の形成に最も深くあずかりましたし、そのことで今日は高い評価を得ているわけでありますけれども、実はその官僚としての出発点において井上は自らが負うべき職責を法制とは考えていなかったようです。彼は自分がやるべき仕事は外交と拓殖にあると考えていたといわれています。これは大正二年に熊本で出版されました、平田信治編の『元田・井上両先生事蹟講演録』の中に、井上毅が明治七、八年ごろに、故郷の友人に宛てた手紙を挙げたあと、講演者であります小早川秀雄氏は次のように評されております。

先生（つまり井上毅）が外交舞台をもって、自個功名の場と期せられしもの、想うに薩長人士の藩閥的勢力は、藩閥以外の人を容るるの余地少なからしめしを以て、先生はその一等地を抜きし新智識により、これを他の外交壇上に用ひて、手腕を揮はんとされしものなるべし。……先生は対清、対韓（つまり対清朝、対韓国）の国際関係に就き、大いに尽力されたる事あるも、その淵博なる学識は他にこれを用ふべきの地ありて、ついに先生をして専門外交家たるに至らしめざりしは、たとい藩閥の夤縁なきも、先生のごとき大人物の時代の必要上、これを見逃すべからざるものありしに依るを識るべし。

さらに、そしてこれはまたあとで触れますけれども、

しかも拓殖の事に就いては、先生は終始深き注意を払ひ、北海道開拓の事のごときは、これが経営に熱心なる研究を為し居られしと云ふ。

と伝えております。そのような評価が、実は熊本のいわば彼をよく知る人の間ではなされていたわけです。ここには薩長土肥の以外の人が、新知識をもって政府に立つときの困難さということがまずいわれ、その中で、井上ほどの才能をもった人であっても、決して容易に台閣に列することできなかったという、明治前期の状況が述べられています。そしてその中で井上毅が、どこに活躍の場を求めようとしたのかということが窺われるかと思います。事実、先程木野先生からお話がありました木下犀潭、その門下の四天王の一人でありました竹添進一郎という人は――この人は朝鮮公使をした人でありまして、甲申事変に関与したことで大変有名な人でありますけれども――彼は外交官に進み、

その後漢学者に戻っているわけであります。

そして井上についていえば、その才幹を揮う最初の契機となったのが明治七年の台湾出兵に関する清朝との外交交渉に際して大久保利通に随行したときだといわれています。大久保との関係については、諸説がありまして、必ずしもそのときが最初かどうかわかりませんが、ともかく井上の知謀は、この台湾出兵事件における北京での外交交渉において遺憾なく発揮されましたから、井上が外交を自らの職責と考えていたには十分な事実の裏付けがあり、こうした交渉の中で彼は自分が外交官として、とりわけ中国や朝鮮に対する外交官としての可能性を見出したのではないかというように私は推測しております。そのことは、明治七年だけではなくて、明治十三年から十四年にかけまして、分島改約交渉というものが行われる中でも確認できるかと思われます。これは清朝との間で、日本が他の諸外国と同じように、中国の内部で内地通商権を得るということと、それから最恵国待遇を受けるという二つの要請をもって、条約を改正する、これを改約というのですが、その交換条件として沖縄の八重山、先島群島を、中国に領土として譲り渡すという分島についての交渉が行なわれたものですが、それに携わったときに、伊藤博文に宛てて手紙を出しており、そこでも、「この度外交上に召し遣わされ候こと、不肖身に余り栄耀の至り、この節こそ応分の報効をいたし、知己の思いを眩しくせずと存じこみ候」（明治十四年三月二十一日）と記していました。つまり伊藤博文に宛てて、自分のことをよく知っていただいて外交に使ってくれてありがたい、期待に違わず自分は外交で成果をあげたいといっているわけです。

このほかにも、井上は明治八年の江華島事件で談判関係の文書を起草し、明治十五年の壬午事変、それから明治十七年から十八年にかけての甲申事変の収拾交渉のために李氏朝鮮に渡っておりますし、先の講演の引用文で「先生は対韓、対清の国際関係に大いに尽力された」とあるのは、まさに首肯されるところであります。

そしてまた、このように井上が対韓、対清の国際関係にいわば係わらざるを得なかったのは、実は日本が主権国家として自立していくという課題にとって、どうしてもクリアしなければならない最大の、そして最初の、第一義的な課題がそこにあったからであります。それはいうまでもなく「国境線の確定」という問題であります。一六四八年のウェストファリア条約によってつくられてまいりました近代の国際社会の中で、国家がいわば国際体系の単位となって以降、主権国家として認められるための最低限の条件は、自らの主権のおよぶ範囲を隣国との間で調整し、領域国家として主権を確定することでした。

ところが、開国以後日本はそうしたヨーロッパ的な国際法の体系に入っていましたが、実際に日本が交渉しなければならなかった朝鮮や中国は、全く違う国際体系の中で動いていました。朝鮮や中国はご存じのように、中華体制といわれる冊封体制をとっておりました。これは宗藩体制でありますとか、宗属体制とか、さまざまないい方がされますけれども、要するに、中国という国家を宗主国といたしまして、周囲の国家が朝貢をする、もちろんそれに対して回賜というのがありまして、一方的に上納金を巻き上げるといった性質のものではありません。むしろ中国が周りに文明的恩恵を与えるのですが、そうした朝貢をすることによって、周りの国家をいわば国王や藩侯として封ずる、冊封するという体制をとっているわけです。そしてその国際体系の中にあるときには、当然その国家は中国の王朝が奉じております暦、あるいは服制などを遵奉しなければなりません。

ところがご存じのように日本は早い段階で、服制も洋服に変え、そして暦も太陰暦から太陽暦に変えてしまったわけであります。ですから当時中国や朝鮮は日本を、「洋賊の前導」とみなしておりました。つまり日本は中華文明体制の中から、狂ったごとくに踊り出て西欧社会の体制に列し、他のヨーロッパの賊の中に入り夷狄の仲間になってしまったのだ、というようにみなされていたわけです。

そういうような二つの国際関係があり、もちろんそのいずれがいいとか悪いという意味ではありませんが、そうした歴史的な条件の中で、日本は冊封体制の国家と、ヨーロッパ的な、国際法的な秩序を結ばなければならないという、ある種のジレンマに立たされるわけであります。そうなりますと、漢学の才に優れ、そして欧米最新の国際法の知識をもった井上が、この任を天職と考えたのも当然であろうかと思います。

そして、こうした問題に井上は携わることによって、例えば、明治七年の台湾出兵後の外交交渉の中で、ボアソナードとお互いに相知り、相許し合って、お互いにその知識を啓発し合うという関係になっていくわけであります。もちろん、今日の視点からすれば、日本の台湾出兵というのは、基本的には無名の師であり、根拠の薄い出兵とみるべきでしょう。しかしながら日本はそこで償金を獲得しました。これは基本的には外交交渉の局面での勝利であります。ただ、それもヨーロッパの側からみれば、ヨーロッパ的な外交のスタンダードに合わないと評されていましたが、しかしそういう形で日本は中国との関係を結び始めていくということになります。最初のボタンの掛け違いがそこから始まっていくわけでありますが、ともかく償金の支払いを得て撤兵するアイディアを生み出したのは井上毅であったといわれています。それはボアソナードの意見からヒントを得て、彼が編み出した考え方であります。「両便の辨法」というふうにいわれたものでありますが、両国双方に都合の良い解決方法を見い出して、暗礁にのりあげた外交交渉に決着をつけようという、そういうやり方が案出されたわけです。

そして清朝がその償金を支払い、しかもその「互換条款」の中で「台湾生蕃、曾て日本国の属民等（琉球人をさします）をもって妄りに害を加う」という文言に着目して、清朝が琉球が日本の属地であると認めたと、こういう解釈をボアソナードは引き出すわけです。以後の琉球処分等はこの考え方に沿っていくことになります。ただし、ボアソナードのその人の名誉のために申しておきますと、ボアソナードは琉球が清朝に対して行なってきた朝貢や、それから福州に設けておりました琉球館――大使館のようなものであります――を廃止することを提言しましたが、それは一方的にではなくて、あくまでも前もって清朝と話し合いながら、善隣関係の維持に留意すべきであると主張していました。しかしながら日本政府は、こうしたボアソナードの意見を背景にしながらも、具体的にはボアソナードの助言に従わず、直接琉球藩に清朝への朝貢等の禁止を命じ、そして明治十二年にはいわゆる琉球処分を断行していくことになります。

この間の井上がいかに台湾、琉球関係の問題に腐心をしていたかということは、現在「梧陰文庫」の中に「台湾琉球始末」という大部の史料が残されていることからも窺われます。彼は一貫してこの問題に自らが責任を負うという意識をもっていたように思えます。

時間も少ないので、先に進みますが、このように井上は自らが対清、対韓、つまり対中国、対朝鮮の関係処理の最前線に立ち、外交交渉でのタフ・ネゴシエーターとしての手腕を発揮しましたが、しかし、彼が分島改約交渉を進めたということには、いまから考えますと井上が考えていた国民国家の質がどういうものであったのかということも、もちろん一方では問題になるわけです。先島諸島を中国に譲り渡して、日本のいわば経済的な利権というものを取りたいという考え方。これはもちろん日本のその当時の置かれておりました経済的条件のもとからすれば、必要だったことかもしれませんが、沖縄に対する本土のスタンスの問題ということを考えれば、その発想にはどこかに何か今日まで影を落としていないかというふうにも思われます。

ただ、同時につけ加えておきますと、井上は北海道に関しましては、多年にわたって意を尽くしておりまして、北海道開拓のためには潤沢な資金を注ぎ込んで、そこを開拓をしていくことが、国民全体の幸福につながるという見解を示しております。明治二十五年十二月、『北海道意見』を東邦協会から発刊しましたが、そこでは「北海道を開拓するは、日本国民の義務たり。又、宇内の大勢に対する我帝国の政略上の義務たり。地を開発し、文明を公布するは、宇内の間に独立する国民の一大義務として各国の先を争ふて着手する所なり」と主張していました。

現在歴史学界では沖縄と北海道を日本の近代がどうとらえてきたのかということが、大きな問題になっておりますけれども、今、申しましたように井上は自らがその双方に責めを負って、その問題を処理していこうとしていたといえるかと思います。それはもちろん、沖縄と北海道が国民国家・日本のフロンティアとして中国とロシアに対峙する重要な前線として位置づけられていたからに他なりません。

さて、東アジア国際秩序の問題として、先に琉球問題を取り上げましたが、日清対立の焦点は、言うまでもなく、朝鮮にありました。征韓論から始まりまして、次第に熾烈化していき、ついに日清戦争に至ったことは皆様ご存じの通りであります。ここにはもちろん中国側からする朝鮮の重要性があります。一八一八年に清朝が出しました「嘉慶会典」では、朝鮮は一年四貢（一年に四回の朝貢）、琉球は二年に一貢と規定されております。そういう点でいいますと、清朝にとりましては、自らの宗主国としての立場を守るためには、朝鮮を最も重視し、守らざるを得ないということになるわけです。これは中国の立場からすれば当然のことです。中国が二千年にわたって採ってきた中華体制というのはそういうものであり、中国が朝鮮を失なうことは冊封体制そのものの崩壊につながりますから、中国は朝鮮への干渉を強めざるをえなくなりました。ですから日本の側も、例えば、山県有朋などは、朝鮮半島の支配権さえ押えれば、琉球問題も「自然に消滅して痕なきに至る」と考えておりましたし、そのように琉球と朝鮮の問題は非常に密接に連鎖していたわけです。

こうした中・朝間の宗藩関係を前提に、それを切り崩して欧米的な国際秩序に組み替えられないかという模索の中で、日本は壬午事変や甲申事変というものを起こしていくということになっていくわけです。その際、いかなる国際法の知識が駆使されたか、につきましては、『近代日本法制史料集』の第八巻にボアソナードの、それから五巻と七巻にはロエスレルの答議書が多数掲げており、貴重な史料となっています。その論点は非常に多岐にわたっておりますが、要するに日本が明治九年に清朝の媒介によって朝鮮と条約を結んだわけではない以上、中国が主張しているような冊封体制、そして朝鮮が清朝のいわば藩属、属国であるというような議論は、国際法上は認められるものではなく、名目に捉われず独立国として対処していけばいいというのが、お雇い外国人のヨーロッパの法制知識からするアドバイスであったわけです。もちろんこのことは次第に日本でも理解されてまいりまして、福沢諭吉も「朝鮮属邦論は到底支那一家の私言たるに止まり、当時の国際法上に厘毫も力なきことは、彼れ政府と雖も自ら十分に合点し居たるや疑なきなり」（『福澤諭吉全集』第八巻五一三頁）と看破しておりました。

このように日本は次第に清朝がとっておりました冊封体制をいわば無視するような形で、国際法をテコとして非常に強く出ていくようになります。しかし、外交とはあくまで相手があって行なわれるものですから、日本側が名目論として否定すればするほど当然清朝の側も、強くそれに反発をせざるを得なくなって、より頑なまでに宗藩関係の強化に向かうことになります。一八八五年、袁世凱が駐劄朝鮮総理交渉事宜として漢城に赴任しまして、外交や財政全般について一切を指導していくというような、非常に強い指揮体制をとっていくということにもなっていきます。

結局こうした朝鮮をめぐる日清間のヘゲモニー争いは、日清戦争終結まで片付かなかったと思いますが、ただ、こうした日清間のいわばもつれにもつれた関係というものを解きほぐそうと努力したのもまた井上毅であったように私は思います。井上がそこで持ち出したのが、朝鮮をベルギーやスイスのような永世中立国にするという構想であります。井上の朝鮮論と言いますと、一般には山県有朋首相の第一回議会での施政方針演説を代草した際の「利益線、主権線」という言葉があまりに有名であり、さらに利益線、主権線という言葉が、後の生命線というような考え方を連想させるせいもあってか、何か井上が朝鮮への侵略主義を表明したというようにイメージされておりますが、決して井上はそのように考えたわけではありませんでした。むしろ井上はロシアに対抗するために、日本と清朝との間で生じている小手先の争いを止めることを主張します。彼はこういいます――「目前のやきもち喧嘩」、つまり朝鮮をめぐって日本と中国が行っているような争いはやめて、中国があっというような遠大の長策を出すべきであり、それによって東アジアにおける抗争というのは、やめていくべきだというアイディアを提起しているわけです。

この考え方は、日本と清朝、それからイギリス、アメリカ、ドイツの五ヶ国によって、朝鮮を永世中立国にし、ロシアの南下を共同して防ぐという構想です。

この議論は民間でも、一時期広く受け入れられましたし、朝鮮でも金玉均や、それから金允植、それから兪吉濬という人たちが、この考え方を受け入れて、朝鮮中立国家論というものを考えておりました。日本政府もイギリスなどに働き掛けましたが、遺憾ながら日本の当時の外交実力では、それを実現することはできませんでした。余談になりますが、もし井上のこの構想が十九世紀のうちに達成されていたならば、その後の東アジアが巻き込まれたような、そして今日の朝鮮半島があるような事態というものは、避けられていたかもしれません。もちろんこれは歴史のイフであり、何の意味のないくりごとにすぎませんが、そういうような考え方をもって、井上が外交に当たったということを、お伝えしておきたかったということです。なお、この永世中立国構想についてもボアソナードのベルギーについての論文「恒守局外中立新論」（『近代日本法制史料集』第八巻所収）などが参考にされていたと思料されます。

このように井上は、東アジアの国際関係に対して、非常に強い関心を持ち、さまざまな構想を考え続けましたが、日本の外交課題として、より切実であったのは、当然のことながら不平等条約の撤廃という問題でした。そしてその問題こそ、井上が官僚として一生をかけて行った日本の国家の整備と、国民形成に係わり、それが日本の対外的主権確立のための最大かつ最も重要な仕事であったと思えます。なぜならば、当時の国際法の中で日本が主権国家として認められるためのミニマムな条件は何であるかといえば、それは文明国標準といわれるものでした。これは簡単に言えば、ヨーロッパの文明国、つまりそれはキリスト教文明に他なりませんが、そのキリスト教文明国と同じような国家状態になることが、条約改正の条件としてあったということです。明治初年に生活全般から始まる文明開化を日本は推進しましたが、あれは決して単なる伊達や酔狂でやっているわけではなく、そういう生活全般の欧米化、文明化を進めない限りは、条約改正はできないという事実が、当時の国際法の条件としてあったためだったのです。

さらに国際法的に条約改正を達成するための、もう一つの実質的条件としまして、立法は「ウエスタン・プリンシプルズ」――それは「泰西主義」と訳されておりましたが――つまり、ヨーロッパ法の基準に従って行わなければならないという要求がありました。そのためにこそ井上は、木野先生が力説されましたように、ボアソナード、ロエスレルを初めとする多くのお雇い外国人に対して問議を出さなければいけなかったわけですし、それから原田先生がおっしゃいましたように、日本に来なくてもシュタインでありますとか、それからブルンチュリ、それからモーリス・ブロック、あるいはイェーリングといったさまざまな人の著作翻訳をしていったわけです。これらの翻訳は「梧陰文庫」にもちろんたくさんありますが、「内閣文庫」の中にも「翻訳彙編」として膨大な量のヨーロッパの法制についての翻訳が残されています。こうした翻訳を通じて初めてウエスタン・プリンシプルズ、泰西主義の立法というものが進んでいくということになります。

しかし私はそのことを前提にしたうえで、あえてここでは井上の明治国家への寄与ということを、それと全く逆の面に見てみたいと思います。実はこの点こそ井上が当時の世界ないし国際関係をどのようにみてたか、そしてその中で日本をどのように位置付けようとしたかという問題に、密接に関わってると思われるからであります。

井上は若き日、二十二歳のとき、沼山津に閑居しておりました横井小楠を訪ねています。その中で二人は、国家がどうあるべきかについて問答を交わしています。ご存じのように横井小楠という人は儒教に基づくユニバーサリズムといいますか、人類の普遍性を主張した人です。つまり仁義、道徳が通っていれば、世界というものは天下一家になるとして、「万国一体、四海兄弟」説を唱えたわけですが、それに対しまして井上は、激しく反発しています。そこで井上は、「国土の区別格別にて、各々その風俗・人質も同じからず、言語・礼法も同じからず、教法・宗旨も同じからず、立国の基本も同じからず」という、いわば「四不同説」とでも名づけるべき説を唱えるわけです。現代日本の思想史学界で評価されている小楠の、普遍的なあり方がいいのだという主張に対しまして、逆に井上はそうではなく、国家や社会というものはそれぞれの固有の特性があり、それに基づかなければ国際社会というのはむしろ成りゆかないのだというのを、若い日から井上は強調していたということになります。

もちろんこれはどちらが正しいか否かというレベルの問題ではないと私は思いますが、ともかく井上は、それぞれの個性をもった国家、あるいはそれぞれの個性をもった民族や社会というものが存立することによって、世界というものの、つまり文明というものは豊かになるという国際認識をもっていたのだと思います。こうした認識は、陸羯南や志賀重昂などの考え方に近いように思われますが、それはともかくとして、そうした認識があればこそ、明治七年、ヨーロッパから帰った直後に、『欧州模倣ヲ非トスル説』を書き、その中でジェレミー・ベンサムの言葉を引きながら、「国家の法制は善良なりとて、これを他邦に移すべからず。みなその人民のためにその幸福を与えるものにあらず」と述べ、ヨーロッパの法制がいかに優れているとしても、それをどんな国に与えてもいいというわけではなく、それは決して国民の幸福にはつながらないという自説を展開しています。さらに「ああ、僅々たる法制の一部、尚且然り、いわんや我邦を挙て彼が為すところに倣ふをや。豈危ふからざらんや」として、法制のみならず文明の摂取においても、その主体的な選択を重視すべきことを切言していました。私は井上の思考の中にある、この「主体的思考」ないし「選択的思考」というは、先程原田先生もおっしゃいましたけれども、彼の立法者としての非常に重要な特徴の一部だろうというように考えております。

彼はその後も、「各国の長を斟酌するも、而も我国の国体の美を失わず」ということを力説しますし、それから「法を議する者、まさに務めて国俗・習慣を考へ、慎重してもって参酌すべし。俄に他国に仮り、固有の旧制を紛更すべからず」というような法形成の基準について論じ続けています。こうした思考方法は、ドイツの歴史法学派の思想、ゲルマニステンの思考に近いと思われます。先程原田先生が、シュタインの法的思考について論じられましたが、まさにそれはドイツの歴史法学派が抱いていたような、法的な思考のあり方であったといえるでしょう。井上がドイツ学に出会ったときに、欣喜雀躍したという逸話が伝えられておりますが、それはおそらく若い日から抱いてきた自らの夢にめぐり逢ったということではなかったでしょうか。井上はそうした原理に従って、その後明治憲法をつくっていったわけです。

もちろん先に述べましたように、条約改正を進めるに当たっては、固有性を主張するだけでは不可能です。事実井上はボアソナードの自然法的な発想法にも非常に強くひかれておりますし、例えば、拷問廃止を推進したり、五爵位の設定や華族制の創設に対しましては一貫して反対しております。人間の平等に反するということを主張して、反対していくわけであります。

そして、考えてみますと、普遍性といい、固有性といい、必ずしも自明なものではないはずです。そうした中で井上が、日本の固有性として国体というものに傾斜していったことも、ある意味では致し方なかったのかもしれません。彼自身はもともと普遍性に従うとした刑法においても後になりますと、「刑法は国法中の最も重要なる者にして、憲法に次ぎ、また憲法を左右する者なり。故に刑法は必ず建国の体と相合することを要すべし」として、国体の毀損が最も重科とされる刑法草案を起草していくことになります。

また、帝国憲法の第一条に対しましては、「万世一系」という規定に対しまして、ロエスレルはそれは将来の事にも係わるものであり、必ずしも正確を期しがたいということで難色を示しましたが、井上や伊藤がそれを押し切っていくわけであります。そして自ら起草しました憲法について、明治二十三年に著わした「古言」において——これは後に『梧陰存稿』に「言霊」と改題されて入れられるわけですが——、その中で「我が国の憲法は、ヨーロッパの憲法の写しにあらずして、即ち遠つ御祖の不文憲法の今日に発達したるなり」と記していました。

この議論に対しまして、かつて同じ時期、フランスに留学しておりました西園寺公望は、現在立命館大学の「西園寺文庫」に収められております『梧陰存稿』に対する書き入れ本の中で「人を欺き己を欺くの語」と書き、さらに井上の議論を「野狐禅」あるいは「幼稚」と評しております。そしてさらに「通例特性と名づくるものは、一国に在ても、一人に在ても、大抵はその短処なり、その僻処なり。殊に今日教育家の吾邦の特性など喋々する所は、多くは識者をして眉に皺せしむ、これ思はざるべからず」と記し、末尾に「余この書（梧陰存稿）を読んで甚だ失望す。梧陰徹底の見解なく、学問なきを自白せり、梧陰遂に一種の偽君子たるを免れず」との酷評を下しているわけです。

この、いわば一国の特性は短所でもあるというのは、国粋保存主義運動というのが起こり、その思想が中国に入って国故整理運動などが進められた際、魯迅が発した批判と同軌のものでもあります。実は魯迅も最初はその運動に加わっていたわけですが、次第に一国の特性というものは短所でもあり、それに固執することは不毛だと考えるに至ったわけです。

確かにその通りだとも思います。しかし、他方でこうも思うわけであります。それは、国民国家というものがナショナリティの固有性に基づくという要請をもって発生し、発展してきた、その出自そのものに実は起因しているものであって、固有性の尊重ということを唱えること自体、決して井上毅一人が責めを負うべきものではないのではないか、ということです。先程木野先生がおっしゃいましたように、井上はその後半生において、日本の固有性を求めまして日本の古典研究に入っていきます。それから、先程原田先生が採りあげられたシュタインやグナイストを日本に招聘するということが予定される中で、岩倉具視のもとで『大政紀要』という日本の歴史書の編纂が企てられます。これには西周らが参画しまして、現在天理大学にその草稿が残されておりますが、そうした歴史書をもとに日本の固有性に従った憲法をつくっていきたいという課題を追究していくわけであります。

そうした固有性といいますか、それぞれの社会のもっている歴史的な伝統というものを、はたして立法がどの程度反映できるのかという問題につきましては、私自身、若いときには井上の議論に対して反発を感じる点がありましたが、二十世紀の終りを迎えた現在、多少井上に同意する気持ちがでてきています。つまりグローバリゼーションが進む中で、急激に社会の平準化が進んでいき、結局そこにいる人間がのっぺらぼうになっていき、社会がのっぺらぼうになっていくということを考えますと、はたして、ユーロセントリックな国家のあり方や生活様式のアメリカ化ということだけが、世界を覆ってしまっていいのだろうかという疑問も生じます。二十世紀の初め、世界の三分の一以上の人々は国家をもっていませんでしたけれども、それ以後国民国家という形でしか、非ヨーロッパの世界の人々は自らの国家をもつことができなかったわけです。その中で自らの固有性を出そうとするならば、それは歴史であり言葉であり、文化的固有性といったものに求めざるを得なかったのではないかという気もいたします。國學院大學はまさにそういうような意識をもって創られたわけでありますし、それから山田顕義は日本法律学校（現在の日本大学）を設立して日本の法律を研究していこうとし、井上もそれに協力していったわけであります。

さて、もう一度本題に戻りまして、国民国家形成の問題を考えてみますと、井上も当初は固有性よりは普遍性を重視せざるをえませんでした。憲法というものは決して聖徳太子の十七条のようなものでも、貞永式目のようなものでも、それから律令格式のようなものでもないということを、岩倉を初めとする顕官たちに説いて、「憲法というものは権力者が自ら縛られる法である」ということを理解させ、その憲法思想の普及と制定への気運を進めたのも井上でありました。ですから主権国家を形成するための法的な、立憲主義的な問題につきましては、井上は当然のことながら普遍的なものに従っていましたが、同時にすべて欧米の立法が十全であるとも思っていませんでした。それはロエスレルなどお雇い外国人にとっても同じでありまして、ロエスレルは、例えば、「日本民法編纂方法ニ関スル意見書」の中で、民法というものは泰西原理に従わなければならないとしても、それにすべて従う必要はなく、自らの社会の基準を生かさない限りは、法に遵うこともなければ、幸福にならない旨、説いています。

こうした意見が、立法政策をめぐっていかなる方向に向かっていくかといえば、いうまでもなくボアソナードが編纂した民法典への批判となっていくわけです。ボアソナードがつくりました「民法典」はご存じのように、井上がその将来を嘱目してドイツに送った穂積八束らの反対を受けて、民法典論争を喚び起こします。穂積はそこでボアソナード民法典を「忠孝出でて民法亡ぶ」という有名なスローガンで攻撃します。結局、ボアソナードの民法典は施行されず、ボアソナードは失意のうちに日本を去っていくということになるわけです。まことに人事というものはあざなえる縄のごとく錯雑としております。すなわち、一方のロエスレルの考え方は、他方でボアソナードの立法事業をいわば台無しにするというようなことにもなっていき、さらにはロエスレル編纂の商法典も同様の非難にさらされます。

ボアソナードの帰国に当たって井上は病床にありましたが、「ボアソナード君の帰国を送る詞」をしたためて、その中でこう呼び掛けています。

余は君が曾て我が国を呼びて第二の本国と云へりしことを記憶す。余輩は将来に遠く君を海のあなたに慕ひ望むと同時に、君もまた長く第二の本国を忘れざることを知る。ボアソナード君よ、君の第二の本国が立法上及び諸般の事業に於いて、如何に発達するかを見て、幸いに余輩のために必要なる注意と勧告とを怠ることなかれ。

そう、まさしく井上がいみじくものべたごとくに、このたび完結をみました二十巻の『近代日本法制史料集』こそ、こうして日本を第二の故国と見、そして自らはリビング・レファレンスとして、決してその決定に立ち入らず、あくまでも助言に徹するということをした人々の、ときに激しい理論的応酬の中から、あるいは、ときに相互に啓発し合う学問的な議論の中から生まれたものでありますし、その結果として生まれたのが日本の近代の法制でした。その軌跡を示す史料をこうした史料集として残すことは、いうまでもなく日本のために心血を注いでくれましたお雇い外国人の先人たちに対する何よりの報恩の事業でありますし、本来なら一大学の責任に委ねるのでなくて、日本国家が実は総力をかけてやるべきような事業であるとさえ私は思っております。

いずれにしましても、ボアソナードが去った明治二十八年三月八日から一週間後に、井上はその五十三歳の生涯を終えました。彼は自らがその形成に全精力を注いだ国家が命運を賭して闘っている日清戦争の結末を知ることなく、「国家多事の日に際して蒲団の上に死す。かかる不埒者には黒葬礼こそ相当なれ」という激語を残して、逝きます。徳富蘇峰はその死の模様につきまして、「彼の死後一日、その屍体に皮下注射をなすや、医師矍《かく》然として曰く、如何にも衰弱したるものかな、全身殆んど一滴の血をすら剰さずと。彼はまことに国家のためにその汗血を絞り尽したる也」と記しています。そしてその職責を尽くした証しが、ほかならぬ「梧陰文庫」の膨大な史料集として、ここに遺されているのであります。

時間が過ぎましたけど、もう一言だけ最後に付け加えさせていただきたいと思います。

それでは井上毅がなした近代への貢献は、それに尽きたのでしょうか。実は井上が死んだあとに、井上の東アジアにおける貢献は始まるのであります。日清戦争に敗れた中国は、日本の国民国家の形成をモデルにして、自らの近代国家を創り出すために留学生を送ってまいります。最初の年は十数人でありましたけれども、ピーク時の一九〇五年段階では一万八千人を超える人々が日本に渡ってきたといわれています。そしてそのほとんどの人々が、日本の教育や法制を学ぶためにやってくるわけです。そして日本法制に従って、清末のいわゆる新政改革が進められていきました。井上が条約改正交渉における外国人法官採用案に反対して著わした『内外臣民公私権考』なども中国語に訳されます。それから現在残っているもので、最も大部なものは、全八十一巻、日本の法制のすべてを中国語に翻訳したものがあります。

さらに日本からはお雇い外国人として、今度は日本から中国にまいります。雲南や貴州といった内陸部にまでも、日本の井上らがつくった法律を持って、日本人の教習、日人教習と呼ばれましたけれども、そういう人々が入っていきます。そうした人々の中から、さらに新しい中国の法制を担う人々が出てまいります。そして中華文明世界の中心であった中国がそのように日本に学び始めたということは、当然のことながらベトナムや朝鮮などの知識人を刺激し、留学生がやってまいりまして、日本の法制を学んでいくことになります。不幸、朝鮮との間では植民地統治という問題がありまして、顕在的には残りませんでしたが、現在、中国の法制の言葉の多くが、実は明治期につくられました、日本のミンテッド・ワード、日本でつくりました鋳造語であります。その法制は一方で中華民国に入り、それから満州国にも入っていきます。

井上の生涯は五十三歳で終わりました。しかし、井上がつくった明治国家はそれから半世紀、東アジア世界の近代化、法制の近代化の模範ともなり、各々の国民国家形成において大いなる寄与をしたのではないか、と私はいま考えております。そしてその歴史を調べることを、自分のライフワークとしたいというふうに思っているわけです。雑駁な話でお聴き苦しかったと思います。また、貴重なお時間を盗みましたことに対しまして、深くお詫びを申し上げます。しかしながらこの記念すべき講演会で、この場に立たせていただきましたことは、私自身の一生にとりましても、最大の記念すべきことであったと衷心より感謝いたしております。本当にありがとうございました。

第二部　井上毅と「梧陰文庫」をめぐる研究余滴

井上 毅――「明治国家の設計者」の実像――

柴田紳一

一　井上毅への評価

現在、高等学校で使用されている日本史教科書にも、井上毅の名前は出ている。ただしそれは、明治憲法の制定に際して伊藤博文を補佐した三人（井上・伊東巳代治・金子堅太郎）の一人としてであって、あたかもその三人は同等の寄与をなしたかのように書かれることが多い。三人のうち井上一人が明治半ばに死去し、あとの二人は昭和初年まで長生きして憲法制定への自らの貢献を著作等で誇示し、一方の井上は「死人に口なし」という状態に加えて家族に対して遺文書の公開を戒めたこともあり、伊東・金子の存在が実態以上に見られた。大まかにいって戦前には井上の働きは一種の「秘史」に属し、戦後は近代史への硬直した解釈が横行し井上に対する評価にも単純な「レッテル貼り」が行なわれ、その実像を捉えることがなかなか困難であった。

しかし、井上が残した厖大な文書群「梧陰文庫」が國學院大學において公開・公刊され、実証的研究が進むにつれて、学界では井上への公平・妥当な評価が定着しつつある。

また、作家の司馬遼太郎は、井上のことを「漢学の造詣がふかく、その上西洋事情に通じ、法律にあかるく、官僚としては古今稀といったほどに有能な男」と簡潔・的確に評価している（文春文庫『翔ぶが如く』五、八四頁）。

ところが、井上の有能と活躍した範囲の広さから、井上があたかも明治政府の「黒幕」とか「明治国家の設計者」といった極端な理解をする向きも少なくないのではないか。

たしかに井上を重用した伊藤博文がいうように「[井上は]忠実無二の人物にて、殊に国家有用の学識を有し、明治八年以来岩倉[具視]、大久保[利通]二老の信任を受けしのみならず、枢機の事務ほとんど与からざるなく、十有余年間軍国の大計に関する機密の文案十中七八、同人の起草にこれあり、二老薨去後その後博文その遺図を継ぎわずかにその職を守るを得候も同人の助力を受候事蹟枚挙すべからずと存候、就中立憲組織の計画及び憲章立案の重事、字々句々その満腔熱血をそそぎ候と申候も過言には無之候」という様であった（明治二十三年七月徳大寺侍従長宛伊藤書翰、『伊藤公全集』第一巻）。

だが、井上の足跡を丹念に辿れば、井上とも同郷の徳富蘇峰がいうような「[井上は]明治政府の廟謨に浅からぬ関係を有せり。彼は自から動かざるも、その高官、大僚を動かして、自個の意見を貫けり。[中略]黒幕宰相にして、一種の大江広元たるの看なき能はず」といった評価はあまりに過大というべきなのである（徳富蘇峰「井上梧陰」、明治三十一年刊『世間と人物』所収）。

二　井上毅の足跡

詳しい履歴は省略するとして、まず井上と深く関わった人物たちと井上との年齢関係を見てみよう。天保十四年（一八四三）に熊本藩家老の家臣の子として生まれた井上にとって、岩倉具視は十八歳年上、大久保利通は十三歳年上、伊藤博文は二歳年上となり、また中江兆民は四歳年下、明治天皇は九歳年下となる。

その後井上は、明治三年に政府に入り、司法省・太政官勤務を経て明治二十一年には法制局長官兼枢密院書記官長となり、明治憲法・皇室典範・教育勅語の制定に深く関与し、以後、枢密顧問官・文部大臣を歴任し、明治二十八年に子爵を授けられ五十三歳で逝去する。

在官中に井上が手懸けた問題は、憲法・行政・宮中・議会・司法・地方自治・外交・経済・教育・軍事等々万般にわたるが、井上の主張が無修正で実現した事例は、実はほとんど存在しない。

井上の苦闘を知る史料として、國學院大學図書館編『梧陰文庫目録』(昭和三十八年)、國學院大學日本文化研究所編『梧陰文庫総目録』(平成十七年)、井上毅伝記編纂委員会編『井上毅伝 史料篇』第一～六(昭和四十一年～五十二年)、國學院大學日本文化研究所編『井上毅伝 史料篇補遺』第一(平成六年)、同編『井上毅伝外篇 近代日本法制史料集』第一～二十(昭和五十四年～平成十一年)がある。井上を直接対象とする研究には、坂井雄吉『井上毅と明治国家』(昭和五十八年)、梧陰文庫研究会編『明治国家形成と井上毅』(平成四年)、木野主計『井上毅研究』(平成七年)がある。伝記としては、梧陰文庫研究会編『古城貞吉稿 井上毅先生伝』(平成八年)があり、井上家の史料等を縦横に駆使し、恰好の手引書となっている。

三　井上毅の実像

井上が国家運営の柱と考え頼みとしたのは、天皇・側近(元勲・重臣)・官僚・教育者、それに政党・新聞を含む健全な世論であったかと思われる。

そして井上が最も苦慮したのは、党派の弊害すなわち「党弊」であった。井上を育んだ熊本の地は党派の対立が激しかった。井上が窮めた漢学は、特に宋学であり、「党弊」が亡国を導いた歴史を井上は熟知していた。加えて徳川三百年の秩序が崩壊した流れを井上は目撃していた。「時代の子」として井上は、弱肉強食の世界における日本の滅亡を切実に怖れていた。世論が強く開設を求めた議会とは、党派そのものである。対する政府は、藩閥に主導されている。井上の憂慮は深かった。

果たして「党弊」を回避する方策はあるのか。すでに井上は二十一歳の時、同藩の先覚者横井小楠を訪ね、その答えを求めている（「横井沼山問答書留」、『井上毅伝 史料篇』第三所収）。井上いわく、「方今諸藩大抵分党の憂ある様に見え候、歴史上にて見候に国に分党あるは禍の本づく処に候、分党の憂を消し候は何の術を用べく候哉」。横井の答えは「是は上たる人の明の一字に在る事に候」というものであった。

明治政府にあって井上は「上たる人」天皇の「明」に最も望みを託す。明治二十五年六月、政府と議会が予算を巡って激しく対立していた折柄、井上は時局を痛斥して明治天皇に意見書をたてまつる。いわく、近時政府の措置は当を失し、これがため人心離散して、党争は村里に及び、官民は仇敵の観を成している、今において政府の措置に宜しきを得なければ、恐らく国家を危うくするであろう、ここ十年来政府の措置を見るに、あるいは外観を粧飾するに過ぎ、儀文宴饗の盛んなこと、官衙建築の壮んなこと、実に民の耳目と相懸隔するものあり、是においてか、経費を減じ地租を軽くするの説は間に投じて起り、民心を欺瞞することを得たり、おもうに陛下はつとに倹徳をたっとび、宮殿内の衣服・車・馬等、一つも嗜好する所なし、ただし謙譲の余り、側近の奉仕に任せたまい、未だ一号令を発して政治に施したまわず、故に人心を聳動するの美あるを見ず、今宜しく聖断に由り大号を発し、率先の意を示し、天下をして靡然として聖意の在る所を知らしむべし、人民あるいは目前の小康に安んじ、宇内の変局に通ぜずして、国防の何物たるを忘れ、海軍拡張の問題をもって官民争議の一となすに至る、これ実に痛嘆に堪えず、すなわち聖断に由り大詔を発し、今より二十年を期し、毎年宮廷費の十分の一を減じてもって海軍拡張の用を資け、国家雄大の気象を警策し、人心をして奮然有為の方向を知らしむべく、また命令を下して海軍当局を督励し務めて実務を挙げ内部の整理を怠らざらしむべし、またいわく、時に北海道に巡幸して開拓の業を振興せしむべし、おもうに十年の後、国家多事の端を啓くもの、西、対馬においてせずば、必ず東、北海道においてせん、と日露戦争を見通したかのごとく意見を奏したのであった（『明治天皇紀』第八）。この井上の提議は翌年二月のいわゆる「和衷協同の詔」として実現する。明治天皇はこの詔勅により、六年間にわたり毎年宮廷費三十万円・文武官俸給一割を削減し海軍充実の費用に充て、議会をして予算通過に同意させた。

明治天皇は「直言の臣」井上を非常に信任していた。憲法案その他が枢密院で審議された際、書記官長として議案の説明を適切にこなした井上の姿は明治天皇の目に留まった。右詔勅渙発から間もなく井上が文部大臣に就任した時、天皇は特に命じて引続き詔勅文案の起草に当たるよう、井上に求めるのであった。

日清戦争が勝利に終わり、講和会議が進んでいる最中、井上はすでに文相の職を辞し、幽明境を異にしたのであるが、その時彼が世を去ったのは、あるいは彼にとっては幸福であったかも知れない。「勝者の奢り」も見受けられ、急速な経済発展が始まろうとしていた。井上の死後五年目には、はやくも政党内閣が出現する。井上が苦心した帝国憲法の下、昭和二十年の敗戦に至るまで、日本は「藩閥」「党閥」「軍閥」に主導され、様々な政治運営を経験する。井上が期待を繋いだ「聖断」によって日本が降伏した時、もし井上が生きていたならば百三歳である。

「党弊」を深刻に憂いつつ、近代日本にとって一つの重大な転換点であった明治二十八年に死去した井上の心事を想うとき、次に掲げる文章は、最も良く井上の実像を捉えたものとして理解されるのである。執筆者は陸羯南、ジャーナリストとして知られるが、井上が篤く信頼した数少ない人物の一人である。

悼梧陰先生

今上御宇以来、名臣固より少しと為さず、而かも其の卿相の位に登る人にして心事行跡の美に学識文章の優を兼ぬる者は、前文部大臣井上毅の卿に如くは莫し、長材の文勲、薩材の武功、或は機智を以て称せられ或は胆勇を以て目せらる丶者何ぞ限らん、然れども若し二十有余年一日の如く忠厚誠実以て其の職を奉じ文物典章に大功績ある人を求むれば誰か故井上梧陰先生の右に出づる者乎、先生の官歴勲業は内史之を詳にせん、先生の私伝行状は門人之を悉さん、惟だ世人は先生の学識文章の優を知り而して其の心事行跡の最も美なるを知らず、余れ先生の知を辱うす、庶幾くは其の公徳の一斑を語るを得ん。

先生昔し大久保内務卿の秘書にして後又今の伊藤伯の幕賓たるが故に、世人或は先生を視て薩長権家の忠僕と做すことなきにあらず、然れども先生の心事を知る者は其の別に自ら地歩を占むるあるを知らん、先生は実に政府の忠友なり、先生人と為り多憂毎に明治政府の或は朋党に誤られんことを憂ひ、民間の党焔を憂ひ官界の朋毒を憂ひ、益々憂ひて益々病み、遂に憂病を以て逝く、先生は政府の忠友なり。

先生毎に政府を視て　天皇陛下の政府と做し、故三条公故岩倉公を視て政府の柱石と做し而して政府の必ず信威を民に有せんことを期す、思ふに眼中復た他の物なきなり、余れ先生と語る毎に屢々三条岩倉二公の事を云ふを聞く、三条公の薨ずるや先生暗涙を垂れて曰く、『公逝く国家復た社稷の臣なし』と、昨臘先生の病を逗子に問ふ、語次岩倉公の事に及ぶ、先生坐側の一軸を展示す、公の色紙あり、

さりともとかきやる浦の藻塩艸

誰か手にとりて担きあくらむ

此の詠は公終に臨み其の意見書に添えて先生に遺す所のもの、蓋し後事を先生に托すなり、後に先生之れを乙

夜の覧に供し遂に献納して其の写を坐側に置き以て公に私淑す、先生の政府に忠なる所以のもの亦た推知するに足らん。

先生官に在る二十余年、未だ曾て一たびも冠を掛けたることあらずと雖ども亦た失意の時なきにあらずといふ、而るに恋々去る能はざるの状あるは官位を愛むにあらずして一片の孤忠然るなり、先生固より藩閥なし又た狷潔自ら持す、前年始めて内閣に入れらる、是れ異数にあらずして蓋し変体なり、先生文部の局に当るや備員伴食を以て屑とせず、断じて教育の政を改めんと欲し施設する所往々積弊に中る、其の病を以て退くや尽く官累を卸し客を謝して閑養す、而して一日も念を君国に絶つこと無し、遂に去る十七日を以て溘然長逝す、年五十有三、可惜哉。

先生能く己を虚うして人に聴き私を忘れて公に徇ひ最も心を人材登庸に用ゆ、凡そ学問才識の聞ある者若くは熱心国事を言ふ者あれば乃ち人を介して引見し、或は躬自ら訪ひて之と談し、毫も辺幅を修むることなし、但だ事苟も政府の機密に渉れば親友と雖ども口を緘して語らず、致仕の後に至る亦た斯の如しといふ、今ま政府中顕達の士は先生の推挙に出づる者頗る多し、然れども曾て私恩を市り私朋を樹つるの事あるを見ざるなり、故に一たび冠を掛くれば門前忽ち雀羅を張る、逗子の寓居は是れ漁村蜒落の一艸廬のみ、先生清貧自ら楽む、誰か認めて前大臣の別墅と倣す。

夫れ敏達機巧は先生人に及ばじ、驚天動地の業は蓋し先生自ら企てざる也、然れども其の国務に任じて心事行跡の美なるは当世希れに見るところ、洵に聖代の名臣たるに耻ぢず、先生逝く余れ聖代の為に哀み国家の為に傷み而して又た政府の為に惜む。

一代人文安在哉。泰山梁木使吾哀。江湖臥病猶憂国。廊廟勤王能薦材。楚客衣冠新沐浴。周家鼎鼐旧塵埃。翰林従此誰相継。太息典章帰艸莱。

（『陸羯南全集』第九巻、初出は新聞『日本』明治二十八年三月二十日号）

この記事を読み、井上毅の像を描いて、初めて中江兆民による左の有名な井上評も了解されるのではないだろうか。

今や我邦中産以上の人物は、皆横着の標本也、ヅウ〴〵しき小人の模範也、余近時に於て真面目なる人物、横着ならざる人物、ヅウ〴〵しからざる人物唯両人を見たり、曰く井上毅、曰く白根専一、今や則ち亡し、古今東西の歴史を見よ、興国の人は皆真面目也、衰国の人、亡国の人は皆不真面目也、

我邦人は利害に明にして理義に暗らし、事に従ふことを好みて考ふることを好まず、［中略］今後に要する所は、豪傑的偉人よりも哲学的偉人を得るに在り、近時我邦政事家井上毅君較や考ふることを知れり、今や則ち亡し、

（中江兆民『一年有半』明治三十四年刊）

井上毅の肖像画と肖像写真

高塩　博

一

明治二十八年（一八九五）三月十五日、井上毅は静養先の葉山の別邸にて五十三歳（満年齢五十一年一箇月）の生涯を閉じた。最後の公職は第二次伊藤内閣の文部大臣（二十六年三月～二十七年八月）である。それ以前、図書頭、法制局長官、枢密院書記官長、枢密顧問官等を歴任した。

容貌を知るには写真が有効だが、この時期の政府顕官としては写真が少ないように思う。集合写真に収まる井上毅の姿を私は寡聞にして知らない（熊本市の冨重写真館に集合写真が伝えられていると聞き及び、かつて同写真館を訪ねたが当てが外れた）。しかし、肖像写真と称すべきもの四種、肖像画一種が諸書に掲載されているのを確認したので紹介する。

二

年齢の若い順に肖像写真を示すならば、第一は『画譜憲政五十年史』（昭和十四年、国政協会刊）に掲載されたもの

（**写真①**）

である（**写真①**）。撮影年、撮影者とも未詳。蝶ネクタイを締め、口髭は蓄えられていない。右『五十年史』の「憲法発布の思出」の箇所に掲載されているのだが、憲法発布時の年齢（四十七歳）よりも若い頃のものと思われる。この写真は柴田紳一氏に見い出され、展示解説『國學院大學所蔵法制史料展――梧陰文庫を中心として――』（國學院大學日本文化研究所編刊、平成十一年）に転載されたことがある。

第二は多くの人の知る肖像写真である（**写真②**）。それは惜しくも没後の刊行となった『梧陰存稿』（小中村義象編、明治二十八年九月、六合館書店）巻一「国文の部」の口絵に、「正三位勲一等子爵／井上毅君肖像」と題して掲げられたものである。この写真は、右『画譜 憲政五十年史』、『憲政秘録』（国立国会図書館憲政資料室編、昭和三十五年、産業経済新聞社出版局）、『国史大辞典』第一巻（昭和五十四年、吉川弘文館）など多くの書物に掲載されたので、井上毅と言えばすぐさまこの写真を思い浮かべる程である。

第三は、『大日本教育会雑誌』一六六号（明治二十八年六月）に掲載のものである（**写真③**）。これは、小中村義象執筆の追悼記事「故井上子爵小伝」の口絵として掲載された。この写真は近年、木野主計氏がその著『井上毅研究』（平成七年、続群書類従完成会）に新発見として口絵に採用したのと同じものであり、木野氏はこの写真が明治二十四年一月初め頃の撮影であること、撮影者は当時を代表する写真師の一人丸《まる》木《き》利陽《りよう》であること等を明らかにされた。すなわち、**写真③**は井上毅四十九歳、枢密顧問官時代の肖像なのである。

（写真②）

（写真③）

三

第四の肖像写真は、井芹経平・小早川秀雄『元田井上両先生事蹟講演録』（平田信治編、大正二年、元田井上両先生頌徳会刊〔熊本市〕）の口絵として載せられたものである（写真④）。同書の口絵には書幅、扁額、書簡など井上の筆跡も採録されていて貴重であり、それにも増して小早川氏の講演録「井上梧陰先生」は、井上の人となりに関する記事を多く載せていて有益である。肖像写真との関連で見れば、次の記事が参考になる。

　先生は幼少の頃より身体極て虚弱顔色蒼白にして肉落ち一見病身の如くなりき、併も身の丈は高く骨格は小ならず、殊に著しく感ぜらる、は其頭顱の大なりし事なり、顔は長く、窪みたる眼光は炯々人を射りて冒す可らざる精悍の気を現し、中年以後には散髪にして鬚を蓄へず、容

（油絵）

（写真④）

儀を修むるに心を用ひられざりしも、端然たる威容覚えず襟を正さしむる者ありき、（読点引用者、三八～一三九頁）

写真④は、この記事の如く「中年以後には散髪にして鬚を蓄へず」というものであって、晩年頃の撮影と推察される。

次に油絵の肖像画を紹介しよう（**油絵**）。これは『採釣園のほまれ』（森本米一編、昭和七年、熊本市立高等女学校刊）の口絵に見えるものである。同書はしがきによれば、宮崎弥太郎氏が井上の生前に実写したもので、これを同校に寄贈したという（井上生誕の地が市立高等女学校の敷地内に存する。同校後身の熊本市立必由館高校に、この油絵はもはや現存しない。戦災の折に焼失した可能性が高いとの由）。絵の右下を子細にながめると、作者の署名が「明治廿八年一月／宮崎彌太郎謹写」とかろうじて判読できる。油絵の肖像は髭が蓄えられてはいるが、頭髪をはじめ身体の角度など、**写真④**によく似ている。頭髪の伸び具合から判断すると、**写真④**の方がやや早い時期に撮影されたと考えられる。

なお油絵肖像画は、田中惣五郎「井上毅」（『日本人物史大系』第五巻、昭和三十五年、朝倉書店）に転載されている。

四

ところで、最も知られた**写真②**について、撮影日と撮影者が判明したので報告しておこう。明治二十二年三月六日、小川一真《おがわかずまさ》の撮影である。この日、井上は明治天皇から勲一等瑞宝章を親授されるという栄誉に浴した。『明治天皇紀』同日条は、「皇室典範及び帝国憲法制定に与かりし功労を嘉し、法制局長官兼枢密院書記官長井上毅を勲一等に叙し瑞宝章を賜ひ、鳳凰間に於て親授式を行はせたまふ」と記す（第七、二三四頁）。同日、同じく法典編纂に尽力した伊東巳代治には勲三等瑞宝章、金子堅太郎には勲五等瑞宝章が授与された。前年十一月十六日公布の「勲章佩用式」に則り、勲章を右胸に、大綬を右肩より左脇へ垂らし、副章を左肋に佩いた姿をもって、この栄誉を記念写真に収めたのである。

写真②は楕円形にトリミングされているが、富島末雄著『井上毅先生』（昭和九年、熊本地歴研究会刊）は、いくぶん不鮮明ながらもトリミングを施さない全体写真を口絵として載せ、本文中に「巻頭のお写真は其の勲章拝受の日に、記念に撮られたものであります」と記す（五五頁）。本書は郷土熊本の「児童生徒の読物として編輯した」小冊子で（B六判、本文六六頁）、著者が前記油絵の制作者宮崎弥太郎氏、井上の長兄騏七郎の息飯田章氏、未亡人鶴子夫人（昭和八年当時八十五歳）の各人から直接に聞きとり調査をした上で執筆した（著者小序）。それ故、勲章拝受の日の撮影という記述に、間違いはないと思う。

（**写真**⑤）

さて、**写真**②の原画であるが、今日、「梧陰文庫」と共に國學院大學図書館に襲蔵されている（**写真**⑤）。大四ツ切の大きさで（縦二八・〇糎、横一八・八糎）、台紙の右下に「*K. Ogawa*／TOKIO」との刻印が見られ、台紙背面に「故子爵井上毅真影」との墨書が存する。この刻印は、明治時代後半から大正時代にかけて活躍した小川一真（万延元年〔一八六〇〕～昭和二年〔一九二七〕）のものである。井上を撮影した時、小川は二十九歳、アメリカで写真技術を学んできた新進気鋭の写真師である。明治二十年、東宮御用掛を拝命し、皇族方の撮影も担当したようである。（小澤清『写真界の先覚 小川一眞の生涯』平成六年、近代文藝社等参照）。

一方、**写真**③の撮影者丸木利陽（嘉永七年〔一八五四〕～大正十二年〔一九二三〕）もまた盟友小川一真とともに明治大正期を代表する写真界の大物で、とくに明治大正二代の御真影の写真師として著名である。政治家・軍人の撮影も多く手掛けているという（光山香至『丸木利陽伝』昭和五十二年、著者刊）。

五

写真⑤は、精根を傾けた「憲法」「皇室典範」の発布後一箇月足らずの勲章親授式当日の撮影である。眼光鋭く充足感に溢れている。それに引き換え、**写真④**は生気にとぼしく、「炯々人を射りて冐す可らざる」眼の輝きはもはや失せている。死期の迫った頃の撮影ではなかろうか。

前述の如く、逝去の前月には油絵による肖像画が制作されている。こちらは勲章を着けた礼服に身を包み、口元には髭を蓄え、視線は絵筆の方角に向いている。肖像画とよぶに応しい身支度であり、出来映えである。作者の宮崎弥太郎は、「井上先生の御存命中、久しく先生の宅に寄寓」していた人物で（『井上毅先生』小序）、その彼が「梧陰先生の生前に実写」（『採釣園のほまれ』はしがき）したのがこの肖像画なのである。

そこで想像を逞しくするに、油絵制作の時期は病勢が進んで井上にモデルをつとめる体力はもはや残されていなかったから、**写真④**を撮影し、宮崎はこれをモデルとして肖像画を描いたのではなかろうか。もちろん宮崎は井上に近侍する人物であり（書生の一人か、昭和八年には埼玉県浦和町にて存命）、これだけの絵を描く力量の持主であるから、井上の容貌については細部にわたって熟知していたであろうし、疑問が生じれば井上本人を目の当たりにすることができたのだと思う。その意味で「実写」であり「謹写」であったのだと思う。

この肖像画は、宮崎が市立高等女学校に寄贈したというから、井上家に伝えられた訳ではなく、作者の手元に残されたと理解するべきである。してみると、肖像画制作の意向は、井上本人にではなく、宮崎をはじめとする周囲の人々に存したのであろうか。ともあれ、肖像画制作を認めた井上の心境はいかばかりであったろうか。

井上毅の遺言と「梧陰文庫」

齊藤智朗

はじめに

井上毅の遺文書「梧陰文庫」は、文書六六〇三点・図書八七二の全七四七五点に及ぶ膨大なものであるとともに、大日本帝国憲法や明治皇室典範をはじめとする数々の諸法規の成立過程や、明治日本の政治史・外交史を探求する上で必須な重要文書を網羅している。それゆえ明治史研究の発展に多大な寄与をなしてきた。

「梧陰文庫」は昭和三十二年十一月、井上毅の養継嗣で当時の井上家当主・匡四郎と、その友人で当時の國學院大學学長・石川岩吉との協議により同大学へ永久寄託された。「梧陰文庫」の名称は井上毅の号に因んで、この時付けられた。この後「梧陰文庫」は、昭和五十八年に寄託から寄贈となり、井上家に残されていた文書も追加して寄贈された。平成十七年三月、追加寄贈分も含めた「梧陰文庫」全体の目録である『梧陰文庫総目録』が刊行された（國學院大學日本文化研究所編・東京大学出版会刊）。これにより「梧陰文庫」の史料は今後さらに学界に貢献していくものと考えられる。

しかしながら、「梧陰文庫」の史料が大いに活用される一方で、「梧陰文庫」全体の性格やどのようにして今日伝えられたかについてはほとんど知られていない。だが、文書全体がいかなる性格を有するかを理解することは、その文書を構成する個々の史料を検証する上でも重要な示唆を与えてくれるだろうし、あるいは文書全体がどのような過程を経て今日まで残されてきたかを知ることは、その文書を扱う上での心構えも学ぶことになろう。そこで、ここでは「梧陰文庫」自体が今日に伝わるまでにいかなる歴史を辿ったのかを追うこととしたい。

一

井上毅は死に臨んで、家族に宛てて三通の遺書を認めた。「家範附録」・「文書之事」・「葬祭之事」と題するものである。「家範附録」は後嗣者が服膺すべき事柄について、「文書之事」は自身が関与した国家の政策・法制度にまつわる諸文書や所蔵書籍の管理保存について、「葬祭之事」は自分の葬儀に関する内容のものである（柴田紳一「井上毅の死」、本書第二部所収参照）。これら遺書は現在、「梧陰文庫」に収められている（文書番号Ⅱ―四九四～四九六）。「梧陰文庫」は井上毅の遺志によって今日に伝えられたと言って良い。その遺志を示す遺書「文書之事」（Ⅱ―四九五）の全文を翻刻する。

文書之事

一　秘庫ニ蔵置したる文書ハ、当主并当主代理ニ相当する人之外、開披及閲覧するを許さず、

二　但左之人々ハ、特ニ閲覧を許す、

木下広次

飯田章
市野良雄
岡松参太郎
乍然、其都度当主又ハ当主代理ニ相当する人ニ掛合、閲覧終る上ニ而封鎖之上、鍵を右之人ニ返却スへし、
三　如何なる場合ニも、当主又ハ当主代理ニ相当する人之特別之許可なくして、他人ニ貸与する事を得ず、
四　第二項ニ掲けたる人々たりとも、他所へ携出し閲覧するを許さす、
五　秘庫之鍵ハ、当主又当主之代理ニ相当する人管掌ス、
六　一年四度（二月一日、五月一日、八月一日、十一月一日）目録と引合せ実在を検閲スへし、一度虫晒を行ふへし、
七　普通書籍ハ、目録ヲ製し、書棚及書箱ニ別而、可成部門を分ち蔵貯スへし、
八　普通書籍ハ、当分市野良雄、斎士継雄両人之管理を嘱託ス、
九　凡書籍ハ、当主又当主之代理ニ相当スル人之許可を経ずして他借を許さず、又書生等之他へ持出スことを許さず、

明治廿八年二月十五日
井上毅

追加

特志なる修史家有て、秘庫之文書之書室中ニおける閲覧を請ふときハ、第二項ニ掲けたる人之叶議之上、木下広次氏之裁決する后ニ任せ、特ニ許可を与ふることあるへし、

木下広次（花押）

二

右の「文書之事」は、井上毅の死のちょうど一ヶ月前、明治二十八年二月十五日に記されたものである。全九項のうち第一項から六項までは文書、第七項から九項は書籍（図書）に関することで、いずれも当主或は当主代理に相当する者が管理して、その立会いや許可なしの閲覧・借用は許されないことが決められている（第一、三、四、九項）。特に文書は、当主を含めごく限られた人物のみが閲覧を許され（第二項）、秘庫の鍵は当主或は当主代理が管掌するとある（第五項）。文書については年に四度（二月・五月・八月・十一月の各一日）、目録と引き合わせてその実在を検閲し、一度虫干・曝書すべしと、文書の管理保存に関する規定も盛り込まれている（第六項）。一方、書籍に関しても、目録を作製して部門別に分けて書棚と書箱に貯蔵すべしと、整理と保管方法の規定が設けられている（第七項）。

そもそも井上毅は生前に自らの文書を整理しており、現在の「梧陰文庫」の配列も井上自身の整理順に基づく。井上毅による文書整理の特徴の一つは、原則として、内容が同じ種類の文書を項目別に分類した封筒に一緒に入れておくことである。小林宏・高塩博両氏によると、井上の郷里である熊本藩においても、各役所が書類を丹念に整理しており、その気風が井上にも伝わっているのであろうという（「「梧陰文庫」の寄贈経緯について」、「山下重一・小林宏両先生に聞く」、本書第三部所収参照）。さらに封筒の多くは、「一日の中にも文の往来の数へ難きまでなりしに書類など入る、

大形なる文袋は再ひ用ひたまふも多かりければ、傍に侍りし者、文袋裏がへして糊つくるに忙はしきばかりなりき」との井上毅の妻鶴子の述懐に示されるように、井上宛に送られてきた封筒の裏側の糊付部分を開き、折り返して再び糊付したものであった（「忍ぶ草」（『國學院雑誌』二五―三　明治四十二年））。

また「文書之事」は、文書・書籍の保管や保存に関係する者らを具体的に指名している。これら人物のうち、第二項中の岡松参太郎は、井上毅と同門の幕末・明治の儒学者岡松甕谷の三男にして、井上の養子となって井上家当主を引き継いだ匡四郎の実兄である。参太郎は民法・国際私法を修め、東京専門学校や京都帝国大学で教鞭を取り、後年は台湾・満州で活躍した。参太郎の旧蔵資料は現在早稲田大学図書館が所蔵しており、そのなかに井上毅の書翰も数点含まれている。

また第八項に名前が挙がる斎土継雄は熊本の出身で、井上毅が図書頭であった時代から属官を務め、後に井上家の執事となった人物である。斎土は井上毅の死後も長く井上家に仕え、大正七年に井上毅の伝記編輯に関する私案を提示し（Ⅱ―七一九）、実際の古城貞吉による井上毅伝記編纂では史料収集やその筆写を担った（梧陰文庫研究会編『古城貞吉稿　井上毅先生伝』木鐸社　平成八年所収の木野主計「解題」、参照）。なお、井上毅に関する新聞記事などを斎土がまとめた「儼然起敬」（Ⅱ―五一四）や「新聞抜粋」（Ⅱ―八四三）が「梧陰文庫」に残されている。

遺書の末尾に署名した木下広次は、井上の葬儀に際して委員長を務めた人物である。木下は井上の妻鶴子の弟であり、かつ井上が師事した木下犀潭の四男である。それゆえ遺書第二項の文書保管人にも名前を連ねているのである。木下は井上毅の遺文書について「子爵病革にして自ら起たざるを知るや、秘密の書類は封して之を知人に托し、若しくは焼き棄てて跡を遺さざりき。子爵平生の労苦は大方是等の書類に籠り居れり。若し之を公にせば定めて世人を驚倒するものあらん」との談話を残している（木野主計「井上家文書」（『日本近代思想大系』別巻　岩波書店　平成四年）、参照)。

なお、木下は後に京都帝国大学の創立とともに総長に就任し、それゆえ木下自身の旧蔵資料は現在京都大学大学文書館に所蔵され、そこには井上毅の書翰や関係資料も十数点収められている。

三

ところで、井上毅の場合と同様、遺言により史料の管理保存を命じた近代日本の政治家に原敬がいる。原は首相在任中の大正十年、東京駅で暗殺されたが、自らの身辺に不穏な動きがあることを早くに察して遺書を認めていた。それは「死亡せば即刻開披すべし」というものと、葬式後に家族立会いの下で「開披すべし」というものの二通であり、そのうち後書にて日記に関する次の指示がなされている(『原敬日記』第六巻　福村出版　昭和四十二年)。

余の日記は数十年後は兎に角なれども当分世間に出すべからず、余の遺物中此日記は最も大切なるものとして永く保存すべし。

原の日記(『原敬日記』)は存命中樟木《くすのき》製の本箱に収められ、書斎の一隅に据えられていたが、原の死後、遺族は遺言に従って直ちに本箱ごと家郷の盛岡に送り、邸内の鉄筋コンクリート倉庫二階の奥深くに収容した。原の子息・圭一郎氏は、日記の存在を聞知する人々から公開を薦められたことは再三にわたるが、片鱗と言うべき一部分のみを発表しただけで、門外不出として厳に謝絶し続けたと述べている(『原敬日記』第一巻緒言　乾元社　昭和二十五年)。遺言に従っての管理と「秘匿」とが功を奏し、関東大震災や戦争末期の空襲にも一切被害を受けることなかった。戦後になってようやく公開され、明治・大正政治史の第一級史料と評価されるに至ったのである。

井上毅の遺文書も、現在の井上家当主・井上匡一氏によると、戦前までは当時の井上邸の半地下に置かれた大きな二つの金庫に入れて保管されていたという（前掲「「梧陰文庫」の寄贈経緯について」本書第三部所収）。また戦前でも井上毅の遺文書は一部の政治家にその存在が知られ、かつ研究者の間でも多大な関心を集めた。しかし、井上家当主の匡四郎が親交を有する政治家にのみほんの一部を閲覧させたに過ぎず、そのほかには国史の編纂・国家の記念事業時の書写や展示など、その利用はごく限られた範囲であり、遺言に従って「秘匿」されたのだった（柴田紳一「没後の井上毅――明治史研究進展との関わり――」（梧陰文庫研究会編『井上毅とその周辺』木鐸社　平成十二年）、参照）。

昭和二十年二月、戦火が激しくなると、匡四郎は貴族院書記官長の小林次郎に依頼して遺文書を長野善光寺に疎開させた。この時、長野で文書疎開の任に当たった宮下友雄なる人物が小林に宛てた書翰には、文書の容積の非常な大きさと重さにより十数人で積雪の中を運送した模様などが記されている（冨塚一彦「「井上匡四郎文書」にみる政治家井上匡四郎」（『國學院大學図書館紀要』四　平成四年）、参照）。

こうした『原敬日記』や井上毅の遺文書の事例が示すように、本人の遺言は勿論、その遺言を厳守して文書を「秘匿」し、また罹災せぬよう努めた遺族の努力があればこそ、それら文書が戦後まで伝わり、近代日本政治史研究の発展の助となったのである。

おわりに

「梧陰文庫」が今日に伝存するのは井上毅自身の遺言によるものであるが、それのみならず、遺言に従って数多くの人々がその伝存に労苦を惜しまなかったからであり、史料を保存し伝えていくこと自体にも歴史的な重みがあることに気付かされよう。

こうした史料の伝存に心身を捧げ続けてきた先人たちの努力を踏まえつつ、史料を活用し、なおかつ後世にも伝えていかなければならない。このことを「梧陰文庫」の存在は教えてもくれるのである。

井上毅の死

柴田紳一

明治憲法・皇室典範・教育勅語等々の起草に参画し、明治政府の智嚢として活躍した井上毅は、明治二十六年三月、第二次伊藤博文内閣に文部大臣として入閣、初めて国務大臣として台閣に列し、その豊富な経綸を教育の方面に展開することになった。多くの業績を残し、とりわけ実業教育には顕著なものがあった。

しかし、年来の病魔は永くその職に止まることを許さず、翌二十七年七月十八日、井上は伊藤首相に書面で辞意を表明している。

（上略）近来ハ宿患益々烈布胸膈常ニ痛苦ヲ覚候テ、為ニ神経モイクラカ麻痺ト過敏トヲ発シ、全身ハ疲労甚布到底不用ノ身ニ落チ入リ候ハ、医師ノ言ヲ待タス、自ラ感覚致候、（下略）

（『井上毅伝 史料篇』第四、二五一頁）

ただし、この時は、井上の辞職は許されなかった。伊藤首相の返書に曰く、

（上略）不図今夕御辞表落手、驚愕之外無之候、貴恙之事ハ兼ゝ熟知之事ニ付、御病気之故ヲ以御辞表ヲ上奏スルハ到底難相叶候故、兎も角も一応及御還付候間御落手可被下候、且明朝ハ閣議相開候筈ニ而、大蔵大臣ゟ及御通知候筈ニ付、是非共御参閣被下度、此段懇願之為参趨候処、御不在ニ付、呈一封併御辞表及返却置候、早々頓

首、

七月十八日夜九時　博文

梧陰老閣

（同前書第五、五八頁）

ちなみに、この十日程前の七月七日、井上は國學院の第二回の卒業式に出席、次の祝辞を遺している（卒業生は三十一名）。

國學院ハ、故山田（顕義）伯ノ熱心ニ誘導セラレタル建設ナリ、余ハ山田伯ノ心事ノ在ル所ヲ知ル故ニ、國學院ノ卒業式ニ当リ、聊カ祝辞ヲ表シ、同時ニ伯ノ遺志ヲ敬重スルノ意ヲ致ス、国学ハ教育ノ範囲ニ於テ一隅ニ偏処スベキニ非ズ、余ハ此ノ貴重ナル国語及国史国典ヲ修メタル卒業ノ諸子カ、更ニ教育ノ規準ヲ講究シ、国運ノ進行ト相調和シテ文化ノ源流ニ立タンコトヲ望ム、

（同前書第五、四七七頁）

井上の辞意申出の前々日、二十七年七月十六日には、日英通商航海条約が調印され、明治日本の悲願であった条約改正の第一歩が実現し、また八月一日には、清国に対する宣戦の詔勅が渙発され、日清戦争が始まっている。このように明治日本は一つの転換点を迎えていた。

八月二十三日、井上は再度辞表を提出。二十九日、「依願免本官」。前日の二十八日に伊藤首相に宛てた書翰に、次の一節がある。

若万一幸ニして意外ノ朽敗ヲ扶ケ而再タヒ官務ニ堪ふるニ至リ候ハヽ、無限之天恩ヲ懇請シ、先日御内諭之通枢員之末列ニ具ハリ（文事秘書局ヲ兼ヌルモ可ナリ）、是を以而小生終焉之地と相心得尽瘁いたし度、

（同前書第四、二五四頁）

こうして井上は、以後相州三浦・逗子・葉山等に療養の日々を送ることになった。この間の心境を伊藤首相宛に次のように認めている（十一月十九日付書翰）。

文武振興、二千年来曠古異常之時運ニ遭遇シなから、ヨクヨク仏神ニ見限られ候ものと見え、気息奄々草間ニ活ヲ偸ミ候事、実ニ安カラヌ次第ニ而、日本第一之不幸男児ハ小生ニ限ると沈ムバカリニ悔恨スル事、日ニ幾度なるも知らず、最早読書病も抛却いたし、毎日時計ト寒暖計ヲ相手ニし、三次之食を貪るニ過キズ、ハカナキ有様御憐察可被給候、

（同前書第四、二五五頁）

この二十七年の冬、井上が「政府の柱石」とした故右大臣岩倉具視の書翰（同前書第五、九一頁所収、岩倉は十六年死去）と、同じく故太政大臣三条実美の書翰（同右一四一頁所収、三条は二十四年死去）との二通を一本の巻物に仕立て、「巌公遺書」と題し、次のような由緒書を附している（梧陰文庫Ⅱ－五〇四）。

巌公の手簡ハ薨去の前の冬送られしなり此時公はなほ健全にて病徴も見え給わさりしカハ此書暗に訣別の意を含めりしを其折に心付カさりしハ今更いと哀しくぞ覚ゆる二十四年
聖覧ニ供へ奉りかしこくも侍臣に仰せて写し置けよとの旨ありしよしを承りて本書の献上を願ひしに恭くも容納したまひて更ニ其写を賜はりたり其道の能者契絢にて写したりしカハ本書と見まかふほとなり
公今ハの際ニ井上やあると問ひたまひしよしにて折ふし候ひぬる香川敬三ぬしより急ニつけこしかは己取るものもとりあへす館へ伺ひたりしニ近く召して手をさし出し握らしめ微かなる声して後の事力を尽してよと仰せあり己は涙ニ咽ひて其のまゝ退りぬるカ一時間計過きて登されさせたまひぬ

二十七年冬　毅敬記

明けて二十八年一月四日、井上は同郷（肥後）の漢学者岡松甕谷の次男を養子に迎えている。同八日、特旨を以て華族に列せられ、子爵を授けられた。

この直後、家族に対して「家範附録」・「文書之事」・「葬祭之事」の三通の遺書を認めている（梧陰文庫Ⅱ―四九四～六）。

「家範附録」には、まず「余カ後嗣たる者の服膺スへき所」として、「必真理之中点ニおいて安心立命の地を得至誠以て己レを処し物ニ応し利害の為ニ回らず死生を以て易へざるものあり」とし、さらに「華族タル之義務として平戦時を問はず率先して国に尽すの志なかるへからす」、「余一書生より進ミて重職ニ居リ漸ク報効の機を得たるハ全く巌倉大久保伊藤山縣諸大人の誘掖ニ倚る余カ子孫たるもの此諸家ニ対して交誼を忘るへからず」として、前記の「巌公遺書」を特に伝える等々、記している。

「文書之事」は、井上が政府在官中に関与した重要事項にまつわる諸文書の管理に関する遺書である。また「葬祭之事」には、初めに「葬式ハ薄葬主義を断行スへし世ノ謗ヲ冒スモ可ナリ」とあり、以下葬儀委員の人撰、葬儀に関するこまかい注意事項、墓碑のこと等が列記されている。

一月末、かねて井上の文集『梧陰存稿』の出版について相談をうけていた小中村義象が井上を訪問した。しかし本書の刊行は、井上の死後のこととなった（同前書第三、所収）。

三月十五日、井上は三浦郡葉山で薨去した。行年五十三。

小中村義象は、『梧陰存稿』の「奥に書きつく」に、井上危篤のしらせを聞いて、井上の別墅にかけつけた時の模様を、その一流の美文を以て綴っている。

流る、かことき雨を犯して至りつけは人こそあまた出入すれ御家のさまいとしめやか也袖のなみたをしほりもあへす玄関にはひ上れは目も泣きはらして人ゝまとへりおくれたる罪なと打佗るもふるひ声なりやうやうおくにすゝめは先生の夫人先生の御子たち先生の親族たち先生の朋友たちあるは御まくらへにあるは御あとへに侍らひて泣きあひたまへり目おしぬくひ鼻うちかみつゝ進みよりて拝みまつるにいまた寝たまひし時のまゝなり年ころの御病にいと、おとろへさせ給ひつれは御からたはいとさゝやかになりたまひて御家の紋つきたる羽織のきせられたるなとたゝ夢のやうなり一間を退きて今はのときの御ありさまなと承るに涙やうやういてきて今は初て現こゝろつきぬるなからむ

十九日、明治天皇より特旨を以て祭資金二千円を賜わり、二十二日の葬儀には、侍従片岡利和を勅使として遣わされ、白絹二匹を賜わった。

最後に、長文に亙るが井上の葬儀に関して紹介しておきたい記事がある。

それは、神惟徳輯録「前文部大臣正三位勲一等子爵井上毅君略伝」（明治二十八年四月発行文武叢誌第十八号所載）という記事である。本記事は、和田喜八郎『故文部大臣井上子爵　国民教育に関する意見及略伝』（昭和七年刊　非売品　國學院大學図書館調査室所蔵）に転載されたものである。筆者は、神惟徳なる人の経歴を知らないが、内容は前記の井上の遺書に照らして相当正確である。以て井上の為人がうかがわれよう。

（上略）薨スルノ前数日、已ニ其起ツ能ハザルヲ知リ、平生述作スル所ノ文書ヲ整理シ、其公私秘要ヲ区別シ、且身後ノ家計雑事ニ至ルマデ、之ヲ処分シテ細大遺ス所無シト云フ、最モ心ヲ葬祭ニ用ユ、一日家族ヲ集メ枕上遺誡シテ曰ク、余死セバ、葬儀ハ極メテ質素ヲ旨トセヨ、或ハ世人之ヲ議スルモノ有ラン、固ヨリ辞スル所ニ非ズ、思フニ近時ノ葬式ハ、方外ナル奢侈荘麗ヲ以テ厚徳栄名ト誤認シ、自他共ニ棺輦又ハ生花造花鳥篭等ノ寄贈

品ヲ以テ、華美ナル行列ヲ為シ家産ヲ傾ケ盛大ナル儀式ヲ営メドモ、斯ノ如キハ反テ礼ヲ欠キ道ヲ失ヒ、後日ノ繁雑ヲ生スル限リ無シ、故ニ虚飾ハ一切之ヲ廃セヨ、然レドモ習俗ノ久シキ猶ホ此類ノ寄贈品アランモ保シ難ケレバ、前以テ広告シ堅ク之ヲ謝絶ス可シ、余生キテ大臣ノ官ヲ辱ウシ勲一等ニ敍セラル、サレバ葬式ニ臨ミ、或ハ儀仗兵ヲ賜ル如キコト有ラン、今ヤ軍国多事ノ際ナリ、若シモサル事アラバ、謹ミ畏ミテ辞謝シ奉ル可シ、又我ガ一族中、婦人ノ会葬ハ無用タリ、唯々子女ハ親ヲ送ル大礼ナレバ必捻香セシム可シ、仏式ニ依ルト雖モ法号ノ如キハ不用ナリ、唯「井上毅之墓」ト記セバ可ナリ、且ツ石碑ハ決シテ両親ヨリ大ナル可カラズ、又近来碑銘ノ流行甚キモ、余ハ此挙アルヲ欲セズ、会葬ノ客ニ菓子ノ美ナルヲ供シテ奢侈ヲ誇ル如キノ風アルモ、固ヨリ我カ望マザル所、只慇懃ニ接待シテ其礼ヲ欠ザルニ注意ス可シ云々、嗚呼君ノ如キハ、廉潔卓偉ノ君子ト謂フ可シ、遺骸ハ十七日ヲ以テ牛込区市ヶ谷薬王寺前町ナル居邸ニ入ル、廿一（ママ）日、片岡侍従ヲ勅使トシテ其ノ居邸ニ就キ、白絹二匹、祭粢金二千円ヲ恩賜セラル、同日仏式ヲ以テ谷中瑞輪寺ニ葬ル、其儀ハ悉ク君ノ遺言ニ拠リ、非常ナル質素ヲ以テ行ハル、故ニ其送葬ノ行列タル、四対ノ提灯ニ名旗一旒、当日ノ導師トシテ瑞輪寺ノ住職馬車ニテ独行シ、次ニ香爐、其後ニ位牌ヲ捧持シテ徐歩ス、位牌ハ長サ二尺ノ方柱ニシテ、単ニ「正三位勲一等子爵井上毅之墓」ト記サレシノミニテ釈号ヲ用ヒズ、一、二、三、等ノ各勲章及造花ノ蓮華之ニ次キ、霊柩亦極メテ質素ナル白棺ニシテ、毫モ金銀ノ壮飾ナク、其紋章ノ如キハ、悉ク黒ノ色紙ヲ剪貼セシノミ、会葬者ハ黒田枢密院議長、榎本農商務大臣等ヲ初メトシテ、貴顕碩学ノ雲集スルモ、之ニ対シテ善美ヲ尽セル飲食物ハ無カリシモ、接待ハ慇懃ヲ尽セリトゾ、造花等寄贈品ノ如キ一切謝絶セラレシモ、世人ハ君ヲ欽慕スルノ情ニ堪ヘズシテ、供薦セシ香奠等モ少カラザリシ由ナルガ、遺族ハ飽クマデモ遺命ヲ守リ其集マレル金員ハ、悉ク慈善教育費ニ寄附スル趣ナリ、又君ハ兼テ贈答廃止論ヲ執リシ人ナレバ、此旨義ヲ守リ、一切返礼等ノ虚礼ヲ行ハザルニ定メタリト伝聞ス、此挙ヤ実ニ因習セル浮靡ノ汚俗ヲ一洗シテ、軽浮自誇スル者ノ頂上ノ一針砭ヲ下ス者カ、而シテ最モ感服ス可キハ、遺族ノ克ク世議ヲ排斥シテ遺誡ヲ確守シ、忠愛ナル君ノ素懐ヲ達行セシナリ、亦タ以テ家庭ノ訓誨素アルヲ窺ヒ知ル可シ、（下略）

「井上毅」掃苔

益井邦夫

新聞報道の内容

井上毅が明治二十八年に病没した時、新聞は次のように報道した。

まず「中外商業新報」（「日本経済新聞」の前身）は三月十七日に「号外」を発行した。当日が日曜日で、通常号が休刊だったからである。その「号外」記事は二日後の十九日に、黒枠付で再度掲載された。（振り仮名、読点引用者）

●井上子爵逝く

前文部大臣井上毅氏は久しく肺患に悩まれ、相州逗子の別邸に於て療養を加へ居されしも、薬石其効を奏せす、終に去十六日を以て溘焉易簀《こうえんえきさく》せされりたり、因に記す、子爵の遺骸は近親付添の上一昨十七日午後牛込薬王寺前町なる自邸に護送したりと、（十七日号外再録）（明治二十八年三月十九日 火曜日）

次に「東京朝日新聞」は三月十九日付で報じた。

●井上子爵逝去

久しく肺病の為め悩み居たる、前文部大臣正三位勲一等子爵井上毅氏ハ、医薬其効を奏せず、一昨十七日湘南の別墅《べっしょ》に於て竟に逝去せり、享年五十有三、子爵が満腔の熱血を灑ぎて国家の為めに竭せし経歴ハ世の知る所、

而して今や忽ち不帰の人となる、洵に痛惜すべし、子爵在官履歴ハ乃ち左の如し、（略。一〇七二字で概説）

井上毅の嗣子及び親戚は三月十九日から二十一日にかけて、「東京日々新聞」（「毎日新聞」）等を通じて、訃報と葬儀日時・場所を告知した。

正三位勲一等子爵井上毅儀、久々病気の処、養生不相叶、昨十七日逝去致候に付、此段辱知諸君へ御報知申上候、但し葬儀は来る廿二日午後一時、市ケ谷薬王寺前町八十番地自邸出棺、谷中瑞輪寺に於て仏葬致候、遺志に依り、造花生花放鳥其他の寄贈品は一切御断り致候、

明治廿八年三月十八日

嗣子　井上匡四郎

親戚　飯田麒（ママ騏）七郎

同　市野　良樹

同　木下　広次

その「東京日々新聞」は翌三月二十日になって報じた。

●子爵井上毅氏薨す

前文部大臣子爵井上毅氏は予て肺患に罹り、爾来相州逗子の別荘に於て専ら療養中にて、一時は稍や軽快の由に聞えしが、数日前以来病勢頓に加はり、遂に去る十七日溘然薨去せられたり、享年五十有三、将来有為の身を以て遂に起たざるを致す、国家の為めに悼惜に堪へず、尚葬儀は来る廿三日午後一時、牛込山吹町の自邸出棺、谷中瑞輪寺に於て執行せらる、

そこでこれらの記事の内容を確かめると、井上毅の亡くなった日を「中外商業新報」は「十六日」、「東京朝日新聞」

と「東京日々新聞」は「十七日」、また『明治過去帳』（物故人名辞典）も「十七日」としている。更に遺族の告知も「昨十七日」である。この亡くなった日については後述する。なお、遺族の告知に「葬儀は来る廿二日」とあり、新聞報道は「廿三日」となっているが、二十二日に執り行われた。

次に自宅所在地を見ると「中外商業新報」は「牛込薬王寺前町」、「東京日々新聞」は「牛込山吹町」、遺族の告知には「市ケ谷薬王寺前町八十番地」とある。「東京日々新聞」は遺族の告知を載せながら「牛込山吹町」としている。ここは遺族の告知の方を取るべきだろう。

この「市ケ谷薬王寺前町八十番地」は現在「新宿区市谷薬王寺町」である。新宿区でもご多分に漏れず、ひと頃、町名変更の嵐が吹き荒れた。幸い良識ある区民の強い反対運動もあって、区の東側の由緒ある町名が僅かではあるが残った。この町も「ケ」と「前」が削除されたが今に残り、八十番地の屋敷跡にはビルが建っている。町の中央を南北に「外苑東通り」が通り、町を東西に二分している。南側には防衛庁及び陸上自衛隊市谷駐屯地（東京鎮台砲兵営と陸軍士官学校跡）があるが、往時の地図を見ると、人家はまばらで、見晴るかす風光明媚な市谷台地であったことを窺わせる。

「教育紀念金」の醵集

ところで「東京日々新聞」は三月二十三日付の号に次の記事を載せている。

前文部大臣正三位勲一等子爵井上毅君薨去に付、有志の諸君と相謀り教育紀念金を醵集し、聊追悼の意を表し、兼て君が生前熱心措画せられたる事業の遺緒を補はんとす、同感の諸君は教育に関係あると否とを問はず、来る四月十五日迄に文部省会計課永井久一郎君に宛御送金あらんことを望む、但金額は特別寄贈の外五円以下とし、使用の目途方法に就ては令嗣の指定を請ふべし、

明治廿八年三月十九日

（姓名イロハ順）

濱尾新　岡倉覚三　渡部董之助　嘉納治五郎　川上彦治　田中稲城　永井久一郎　久原躬弦　久留正道　牧野伸顕　牧瀬五一郎　木場貞長　小山健三　小西信人　寺田勇吉　手島精一　青木保　秋月新太郎　秋月左都夫　由布武三郎

永井久一郎は小説家永井荷風の実父であり、当時、東京帝国大学書記官を経て文部省秘書官（のち横浜正金銀行支店長）の任にあった人物である。

因みに浜尾新は東京開成学校校長（のち東京帝国大学総長）、岡倉覚三は美術行政家・思想家の岡倉天心、渡部董之助（介）は参事官兼文部省図書審査官であり、のち國學院講師、嘉納治五郎は講道館柔道創始者で東京高等師範学校（筑波大学）校長、川上彦治は文部省視学官、田中稲城は東京帝国大学文科大学教授、久原躬弦は京都帝国大学総長、久留正道は建築家で金沢第四高等学校（金沢大学）物理学教室を主宰、牧野伸顕は政治家・外交官、牧瀬五一郎は文部省参事官、木場貞長は森有礼秘書官を経て文部次官、小山健三は三十四銀行頭取、小西信人は点字教育の普及に努めた訓盲唖院（東京盲唖学校）教員（大正四年、日本聾唖教会創立に際し初代会長）、寺田勇吉は東京外国語学校（東京外国語大学）教諭、手島精一は東京工業学校・東京高等工業学校（東京工業大学）校長、青木保は文部省文事課長を経て東京帝国大学工科大学教授、秋月新太郎は東京女子高等師範学校（お茶の水女子大学）校長、秋月左都夫は読売新聞社長、由布武三郎は東京商業学校（一橋大学）校長である。

このような錚々たる人物が発起人に名を連ねていたが、この「教育紀念金」の行方については詳らかではない。こういうことも深く関わりの有った方々の間で進められていたようである。

瑞輪寺の墓域

井上毅の葬儀は三月二十二日、谷中（台東区）で最も大きい寺の日蓮宗滋雲山瑞輪寺で行われた。政府要人であったから、さしもの広い境内も大勢の弔問客で埋まったことだろう。

井上毅がこの寺と親交を持ち、菩提寺と定めた時期や理由については定かではないが、先妻の常子夫人が明治十七年に逝き、この時に墓地五坪を買って埋葬したことを思えば、それ以前と考えられる。夫人の墓の竿石表面には「従四位井上毅室二宮氏之墓」、裏面には「明治十七年十一月二十日没」とある。

そこは本堂に向かって左側。寺から見れば一等の地である。井上毅もその墓域に葬られた。

墓石の材質は、わずかに緑褐色した色合いが感ぜられるので「小松石」と思われる。金田一京助名誉教授や佐佐木信綱講師の墓も同種である。

俗に天・人・地と称される三段の台座に乗った竿石表面には「正三位勲一等子爵井上毅墓」、裏面には「明治二十八年三月十五日　薨年五十三」と刻まれている。表裏両面の文字の揮毫者は不明である（写真1）。因に井上毅の戒名は、「厳光院殿梧陰大居士」である。

再度、没日に戻るが、墓石には「三月十五日」とある。霞会館発行の『旧華族家系大成』もこの日としている。新聞報道と異なるのはどういう理由からなのだろうか。新聞報道の「三月十七日」が案外信じられ、更に孫引きされて、実際の「三月十五日」が霞む場合が得てしてある。「人物誌」を扱う場合、必ず掃苔して墓石を確認することは基本である。墓石は真実を記録した貴重な宝庫である。

拝石上の花立てや香炉等には家紋「隅切り角に三つ並び杵」が四か所に刻まれている（図１）。遺著『梧陰存稿』（明治二十八年九月刊）は、押型をもってこの紋を表紙にあしらっている。

両側には燈籠が立ち、柱の裏面に「献燈　明治廿八年五月二日建　有志中」とある。

瑞輪寺境内の井上毅墓（写真１）

同上拝石部分

井上毅家紋（図１）

燈籠の笠に刻まれた紋（図２）

近藤家の家紋（図３）

甲斐宗治建立の燈籠（写真２）

墓域入口左側にも珍しい笠を被った燈籠が立っている（写真２）。笠の中央には「半裏菊に七五の半桐」の紋が施されている（図２）。殆ど知られていない紋である。井上毅が皇室と国家に貢献したことを意識してのものだろうか。柱の正面には「献燈」、裏面には風化が進んで判読しがたいが「明治二十九年三月十五日建之　甲斐宗治」と見える。この人物についても詳らかではないが、「甲斐」の姓のみが『梧陰文庫総目録』（B－二五四八）に見え、ひょっとしてこの人物ではとも考えられる。

墓域には他に、

●子爵井上毅継室鶴子
故時習館訓導木下真太郎長女
昭和十年七月十三日没　享年八十七

●井上家之墓　昭和二十五年九月建之
匡四郎室井上冨士（毅長女）
明治十九年七月六日生

昭和十九年八月二十五日没

従二位勲一等井上匡四郎

明治九年四月三十日生

昭和三十四年三月十八日没

井上哉子

明治三十六年八月一日生

平成六年三月二十一日没

井上家の墓域には、

●近藤家之墓（刻まれた文字は判読不能）

●先祖代々精霊

柳翠微光信女

嘉永六丑年四月廿五日

玉光禅子

嘉永三戌年五月十七日

の二基のこじんまりした墓が寄り添っている。近藤家は井上毅の養女某が嫁いだ家と言う。家紋も摩滅しているが、「丸輪に抱き角」のように見える。嘉永三年から数えて一四五年の歳月が流れれば風化もやむを得ない（図3）。

大修復された寺院

瑞輪寺の歴史によれば、天正十九年（一五九一）、徳川家康の開基により日本橋馬喰町に創建され、慶長元年（一五九六）に類焼して同六年に神田に移り、また慶安二年（一六四九）に類焼して現在地（台東区谷中四―二―五）に移転して再建されたが、安政三年（一八五六）八月二十五日の大風雨で大半が壊れた。この時の江戸の被害は前年十月二日の「安政大地震」の倍と言われる。そして明治元年（一八六八）の「上野戦争」で烏有に帰した。

井上毅揮毫の額（**写真3**）

同上書（**写真4**　井上一志氏蔵）

明治・大正・昭和と順次、復興再建されたが、年々随所に傷みが生じ、平成十五年（二〇〇三）、江戸開府四百年（慶長八年〔一六〇三〕二月開府）に合せて、本堂、山門、鐘楼堂、山道、諸堂の大改修が行われ、位牌堂も新築された。そして昨年五月十五日午後二時から「本堂修復落慶大法要」が盛大に営まれた。この大改修の折、井上毅が揮毫した山門の額も修復され、文字の部分には金箔が施されて往時の姿に蘇らせた。

龍の彫刻を四囲に施した額は、中央に寺名、左に

「正三位勲一等井上毅」、落款には「井上毅」と号の「梧陰」、右上の遊印には「心鏡如水」（心の鏡、水の如し）とある。井上毅が揮毫した作品の中で、これほど大きい文字のものは極めて珍しい（写真3）。

この額用に書いた書の一枚が残存している（写真4）。扁額の文字には「寺」の文字が落ちているが、これは額装する際、「寺」の文字を入れるのは好ましくないとの意見があったためで、それを裏付ける切断面が扁額上に見られる。更に扁額には「正三位」の次に「勲一等」の文字が入っているが、この書には見当らない。これを揮毫したのは『梧陰文庫総目録』所収の「瑞輪寺揮毫感謝状」（Ⅱ－六九五）の日付が「明治二十三年（一八九〇）三月一日」とあるから、この年の春ごろと思われ、第一次山県内閣の法制局長官時代である。

因に「感謝状」には、

一龍縁額面　壹個

并ニ瑞輪寺ノ御揮毫

右ハ當寺江御寄附被成下、謹テ拝受、其厚志ヲ深ク感謝シ、墓地拾坪ノ御使用ヲ承認仕候也、

瑞輪寺住職　功刀日慈（朱印）

明治廿三年三月一日

井上毅殿

とあり、墓地使用を謝礼としている。

額を囲む龍は本堂正面の龍と共に、これからも寺を様々な厄から守ってゆくことだろう。

この大修復工事は安藤建設（株）第二建築事業部が請負い、額は重要文化財の修理や宮内庁工事に従事している（有）齋藤漆工芸が担当した。

岩倉具視と井上毅

齊藤智朗

明治十四年の岩倉具視による「大綱領」・「綱領」・「意見」は、明治憲政史上、重要な意見書である。それは、これら一連の意見書により、欽定憲法の体裁をとることや漸進主義を採用すること、憲法と皇位継承法とを分離することなど、帝国憲法・皇室典範制定の基礎が確立したためである。そして、その起草に井上毅が関与したことは広く知られる。これは、当時の立憲政体樹立への過程で、元老院国憲按を「我カ国体ト相符ハサル所アル」ものと否定した岩倉が、諸参議から憲法意見を徴したものの、いまだ明確な方針を立てられないままでいたところに、井上から具体的な進言を受けて作成したもので、この「大綱領」以下の意見書が出された後、明治十四年の政変、さらに「国会開設の勅諭」渙発という一連の動きが生じたのである。

このように岩倉と井上との結び付きが、憲法・典範成立の歴史を大きく規定したと見ることができるが、岩倉と井上との間には、政治的にだけではなく、個人的にも親交浅からぬものがあった。筆者は現在（平成十六年）、『梧陰文庫総目録』の編纂事業に参加しており、後に追加寄贈された文書のなかにも、岩倉と井上との親交を示す史料が数点収められている。ここでは、未発表史料の紹介を含め、岩倉と井上との関係について概括的に述べてみよう。

一

岩倉と井上との出会いは定かでないが、『井上毅伝史料篇』所収の史料から推察すると、書翰のやりとりは明治九年より始まる。明治九年、秩禄処分により華士族が困窮することが予想されたので、岩倉は華族の資産を保護するために第十五国立銀行の設立に着手した。井上もまた官僚として立案に関与したことが『井上毅伝 史料篇』の史料から窺える。また、井上は「力食社」の設立に尽力して、西南の役により荒廃した郷里熊本の救済措置としたが、その蔭には岩倉からの援助があった。ついで、岩倉は明治天皇から「勤倹ノ旨ヲ専務」することの内諭を受け、同時に「勤倹ノ政」を敷くべきことを主張する井上との協力により、明治十二年、「勤倹の勅書案」を作成している。こうした華士族の救済や勤倹をめぐる問題が、岩倉・井上の両者を特に引き付けたものと捉えることができる。

このような岩倉と井上との協力関係が、十四年における憲法・典範制定の基礎の確立を導いたのだが、岩倉はこの時すでに健康を害しており、それゆえ十六年になると、七月十八日、辞表を提出した。この辞表は「岩倉右府乞骸骨表案」の表題で『井上毅伝史料篇』第六に収められている。つまり、井上がこの辞表を代草したのである。岩倉の死は、辞表提出のわずか二日後のことであった。

岩倉逝去の時、伊藤博文らは洋行して憲法調査をしていたにもかかわらず、井上は随行しなかった。その理由の一つは「日本に留つて憲法政事を国体上に適合させる研究を委嘱」されたためで、それは「岩倉右大臣・伊藤参議の深い考慮」によるものであったと言われている（藤井新一『帝国憲法と金子伯』講談社　昭和十七年）。

井上はこの岩倉の死と重なる時期から、国典研究に乗り出した。その一因に、井上が『大政紀要』修成の依頼を受けたことがある。『大政紀要』とは、井上自身が「岩公之精神より起候事業、小生ハ敬而御受申度候」と述べるように、岩倉が晩年に編纂を主宰した官撰の史書であった。

明治十七年、井上は宮内省に設置された図書寮の初代図書頭に就任した。井上はここで、皇室の制度典礼、および古典や伝統的な法制度を調査・研究し、後に憲法・典範を起草するに当たって、この時の調査・研究を大いに参照した。典範の起草について、岩倉が井上に大きな期待を寄せていたことは、井上の妻の鶴子が次のように伝えている（「忍ぶ草」『國學院雑誌』二五巻三号　明治四十二年）。

憲法の条章全くとゝのひければ、故岩倉右府が今はのきはに、卿（井上毅）の手を取りて言遺し置きたまひし、皇室典範と共に、めでたく天覧に供へまつりぬ、

二

さて、岩倉は死の五日前の明治十六年七月十五日、岩倉家の家範とその附録とを自ら起草した。家範の末尾には、岩倉の言葉として、「世態変遷家道モ亦随テ変セザルヲ得ズ、依テ窃カニ往ヲ想ヒ来ヲ察スルニ、永遠ノ謀ヲ定ムルハ家範ヲ明カニスルニ在リ、故ニ今条目ヲ掲ケ署名捺印以テ列祖ノ神霊ニ告ケ此家範ヲ製定シ誓テ之ヲ確守スルヲ約ス、他年本殿及ヒ同家戸主相続スル毎ニ必ラス此家範ニ署名捺印相冒シ相悖ル事勿レ」とあり、具綱・具定・具経三子は署名を以って、その「確守」を誓っている。

この「岩倉家範」と同附録の写しが、「梧陰文庫」の追加寄贈分中に収められている。「岩倉家範」の写しが井上の

手元にあったのは、明治二十二年六月、岩倉具定より「自今家政特別相談人ニ及御依頼候也」と、岩倉家の「特別相談人」の依頼を井上が受けたためと考えられる。岩倉家の「特別相談人」とは、家長が家政をおこなう上で相談する「家政相談人」の一種であり、その資格として、「節操着実ニシテ且ツ理財ニ長シ信頼スベキ人」と「岩倉家範」では規定されている。

井上は「岩倉家範」について、後年発表した「岩倉公逸事」（『梧陰存稿』所収）のなかで、次のように説明している。

公（岩倉）は勤倹の二字を大政の本として輔弼に心を尽させたまふ、又家を治むるにも倹約を旨とせられ台鼎の高き位に上りたまひし後も、巌倉村の蟄居の時をな忘れそとて常に公達を戒め給ひけり、薨去の前家範を作り後の世まで守り文にせよとて子孫に遺し給ひしが、其附録一篇は専ら奢侈と遊惰とを戒め給ひ重き病の床にまし〳〵つゝ親しく旨を授けて、侍ふ人に筆執らせ給ひし条にそある、一門の人々が案文に調印せしは七月十五日にして薨去の前五日なりけり、

この中で井上は岩倉が幕末に幽居隠棲した京都府愛宕郡岩倉村についても触れているが、岩倉は生前にこの岩倉村を含めて、東京奠都以降、荒廃した京都の復興に多大に尽力した。特に晩年の明治十六年一月に提出した「京都保存ニ関スル建議」では、即位礼・大嘗祭・立后の三大礼を以後京都でおこなうべきことなどを唱えている。この建議を受けて同年五月、即位礼・大嘗祭を今後京都において施行あらせられたき旨の上奏文が勅許された。この上奏文の起草も、岩倉の命を受けて井上がおこなったものであった。

そして、岩倉の死から二年後の明治十八年七月、岩倉に正一位が追贈されるにおよんで、岩倉村に岩倉の遺髪が埋

められることとなり、その際建てられた碑文もまた井上が撰している。そこで井上は岩倉と京都・岩倉村について、次のように記している。

大賀東駐し、公躬ら台寄の重を荷ふ。暇時、談ずるに前日の時に及び、未だ嘗て岩倉村を以て言を為さずんばあらず、其の山川風物、宛然として眼目に往来する者の如し。事を以て西京に往く毎に、乃ち岩倉村に至り、父老を集めて飲宴して旧を叙す。父老往往にして涕を流す者有り。晩年、子弟と世故を論じ、権勢の怙み易く、名節の全くし難きを以て戒と為し、浩然として躬を以て人臣進退の標準と為さんと欲す。病革まるに及び、上奏して官を解かれんことを乞ひ、心に誓ひ節を執り、進退を以て臣子の義に弐かざるの語有り。天子、其の至誠を愍み、姑く請ふ所を允す。公、感泣して恩に謝すこと、病、頓に已める者の如し。而れども遂に其の明日を以て逝けり。朝廷、特に史臣に命じて、公の勲徳を撰叙せしめ、将に其の墓に勒石せんとす。男具綱等、岩倉村の父老と謀り、更に遺髪を前日幽棲の地に瘞し、碑を建てて記と為し、公の此の土を眷恋し、終始忘れざるの意を表し、又以て元功偉勲、実に屯困の時より始まるを識る。嗚呼、後の公を慕ふ者、以て此の碑を観るべし。（『梧陰存稿』所収、原漢文）

三

明治二十七年、すなわち岩倉の遺志を継いで憲法・典範の制定を成し遂げてから五年後のこと、井上は第二次伊藤内閣の文部大臣となるが、この頃には井上も病勢が募り、大臣職の激務とともに、容体悪化の徴候が出始めることとなる。

死期が近づいたことを悟った井上は、同年の冬に、岩倉と三条実美の書翰を合わせた「巌公遺書」を仕立て、特に岩倉の書翰に関しては「巌公の手簡ハ薨去の前の冬送られしなり、此時公はなほ健全にて病徴も見え給わさりしカハ、此書暗に訣別の意を含めりしを其折に心付カさりしハ、今更いと哀しくぞ覚ゆる」との由緒書を筆している。また翌二十八年一月、今度は井上が自家の家範を認めた。その附録では、子孫に「余一書生より進ミて重職ニ居リ、漸ク報効の機を得たるハ、全く巌倉大久保伊藤山縣諸大人の誘掖ニ倚る、余カ子孫たるもの此諸家ニ対して交誼を忘るへからず」と書き遺している。（柴田紳一「井上毅の死」本書第二部所収参照）。

岩倉と井上との関係については、上記以外にも、「子爵（井上毅）は深く故岩倉公を慕はれ、公も亦子爵を重んせられたり」（小中村義象「故井上子爵小伝」『大日本教育会雑誌』一六六号　明治二十八年）、「井上先生の如きは、岩倉公の為めには記室の労をも辞せなかつた位」（徳富蘇峰『東西史論』民友社　昭和八年）など、井上と交流を持った人物たちによって語られている。また、井上が父を亡くした時（明治十四年）のこととして、次のようなエピソードも伝えられている（小早川秀雄「井上梧陰先生」平田信治編『元田井上両先生事蹟講演録』元田井上両先生頌徳会　大正二年）。

岩倉公は先生（井上毅）の至孝を識れる者から、公の家に伝来せる名香を割て之を先生に贈られ、且曰く、忠臣は孝子の門に出づ井上の君に忠なるは其父母に孝なりしに由る井上の喪真に同情に堪へずと、先生は此意味あり、且貴重なる名香の贈り物を受けて公の盛意に感戴し、後日まで涙を流して此事を語り居られたりと、

そして、井上の自宅に掲げられていた肖像のうち、同時代の日本人としては「岩倉右府」が唯一であったことを、

井上の書生であった木下蔭高が記している（『木下蔭高遺詠集』木下良香発行　昭和十九年）。このように井上は、岩倉から受けた恩を忘れず、岩倉を欽慕し続けたのである。

井上毅と読書

城﨑陽子

一　はじめに

「為の読書」とは言うが、書籍を読むことの意義はさまざまである。井上毅はどのような読書を心がけた人物であったろうか。

井上の若き日の読書歴については、木野主計氏が「井上毅の読書事歴」（『国史学』一一五号、昭和五十六年十二月）と題する論考の中で、漢籍の中でも、思想や歴史を学ぶ上で基本となる十三経や宋・元史、通鑑の類も二十代前半のうちに読了していたことを指摘している。井上は漢籍の素養充分に時習館を退寮するのであった。こうした青年期の井上の読書は、いわば、「素養を積む為の読書」であり、木野氏が指摘するように、それは常に体系化された読書でもあった。

二　壮年期の読書――試考する為の読書――

木野氏の著書『井上毅研究』（続群書類聚完成会、平成七年）には井上の詳細な年譜が掲げられている（以下「年譜」とする）。井上の経歴の上で大きな転機となったのは、明治五年九月、三十歳の時に、司法卿江藤新平の随行員として、渡欧を命ぜられたことである。

およそ一年間の渡欧後、法制官僚として立法実務にあたることとなるが、その間の明治十一年には『秘本玉くしげ』に目を通している。

『秘本玉くしげ』は、天明七年本居宣長が、紀伊和歌山藩主徳川治貞の求めに応じ、古道説の立場から政治経済に関する意見を記して奉じたものである。封建社会の病幣をあげ、批判的な意見を記す。明治十五年の憲法草案作成に先立つ時期に井上がこうした書物に目を通していることは、自国の行く末を見通すために、「試考する為の読書」を励行したことを示すといえよう。ここには、青年期とは異なる井上の読書姿勢がうかがえる。

三　和歌と読書

ところで、井上は明治十七年の宮内省図書頭就任を機に和歌を作るようになったと推察される。このことは、井上の読書にどのような影響を与えたであろうか。

梧陰文庫の蔵書には法制関係の書籍だけではなく、文学に分類される和歌関係の書籍や言語分野の書籍等も相当数ある。例えば、万葉集、古今集を中心とする和歌関係では、テキストは言うまでもなく、加藤千蔭の『万葉集略解』など、当時最も流布していたとされる注釈書もセットになって収められている。

「富士詣の歌」「總常紀行」「奈良に行し時の歌」等の自作の紀行文（『井上毅伝史料篇』第六、昭和五十二年、所収）には小中村清矩や高崎正風の記した附箋や評が施されており、かつ、右書には高崎に歌の添削を頼んだ書翰も収められていることから、かなり本格的に和歌の勉強をした様子がうかがえる。小中村義象らが明治二十年には『国学和歌改良論』を出版している風潮を考え合わせると、井上の実作も、人間関係を契機に趣味と実益を兼ねる一面があったのかも知れない。

一方、言語に関する蔵書は、教育勅語作成直後の明治二十四年から、晩年の文部大臣就任時ごろまでに集中して読んだ形跡がある。言文一致運動に関するものや、仮名遣い、国字に関するものなど、広範囲、かつ体系的に収められている。和歌関係の読書を「たしなむ為の読書」とするなら、言語関係の読書は「試考する為の読書」であったことがわかる。

四　随想類の読書

井上が図書頭就任を機に和歌関係書籍にまでその読書の幅を広げたことには、一つには個人の置かれた職場環境とそこに派生する人間関係に拠るところが大きい。しかし、同時期の読書でも、随想類に関しては、その目的がどうであったかを著者や書籍の歴史的位置付けだけで判断することができない。

例えば、明治十七年に読んだと「年譜」にある太宰春台の『独語』と、「年譜」には登場しないが、井上自身の手によって、「明治十三秊一月三日閲訖」「十七年五月再閲」と記される多田義俊の『南嶺子』とではその目的が大きく異なっている。

太宰春台は江戸中期の儒学者で、荻生徂徠の門でも、経学の後継者として名高い。『独語』は春台晩年の著述とされており、和歌・茶道・俳諧、音楽、浄瑠璃・芝居、服装、髪形その他多岐にわたる習俗教養についての変遷をたどる。この随筆は、「古」を称揚する春台の思想と、和歌と漢詩を同質とみる文学論にある。ところが、この随筆における井上の注目点はおよそ春台の思想や文学論にあるのではなく、様々な習俗や音曲の歴史にあったことが井上の施した圏点等からうかがえる。

井上と内務省時代から親交のあった小中村清矩が明治二十一年に『歌舞音楽略史』（上・下）を刊行しており、梧陰文庫にも収められている（図書番号五〇九）ことを考え合わせると、和歌関係書籍同様、これは井上が人間関係の中で幅を広げた読書であったといえよう。

『南嶺子』は井上の圏点が初度でつけられたものか、あるいは、再閲の際なのか、判断はつかない。けれども、元来、様々な事物の由来を記した内容の中で井上が注目するのは天皇や神代・人代、婚姻や結髪といった、所謂物事のしきたりについてであり、例えば、「桃花ノ事」の文中「然るに我が国に住みて外域の風をにせんとせば、悉礼にそむくべし」に合点が付けられている事などを考え合わせると、『南嶺子』は「試考する為の読書」対象であったといえるのではなかろうか。

五　おわりに

井上の読書姿勢は総じて「為の読書」であった。しかし、一口に「為の読書」とはいっても、それが何に由来するものであったかは、蔵書のジャンルによっても様々である。ただ、人間関係に拠って、その幅が大きく広がったことに、井上の読書と人間性との相関関係が垣間見えるのである。

井上毅の集書の一齣

高塩　博

一

『梧陰文庫目録』（昭和三十八年、國學院大學図書館編刊）に未登載の零細な資料の中に、左に示す通り、半紙二枚に毛筆で十五の書目を列記した資料を見出した〔補注1〕（(1)〜(15)は引用者の与えた番号）。

記

(1)　一刑法部分銘書、　壱冊
(2)　一刑憲問録、　三冊
(3)　一御触留書抜、　壱冊
(4)　一寺社奉行所問合挨拶留、　壱冊
(5)　一訴状紮、　壱冊
(6)　一検法秘鑑、　壱冊
(7)　一検使一件、　壱冊

(8)　一同取計伺済類留、　壱冊
(9)　一公事方聞書、　壱冊
(10)　一同伺済其外留、　壱冊
(11)　一同例書、　壱冊
(12)　一同取計留、　二冊
(13)　一憲法部類、　二十一冊
(14)　一服忌令撰註分釈、　三冊
(15)　一貞観儀式、　五冊

〆

右之通候事

十八年九月

右の書目十五部四十四冊のうち、(12)「同（公事方）取計留」二冊、(15)「貞観儀式」五冊を除いた十二部三十七冊が梧陰文庫に現存する。すべて筆写本である。(1)は前掲『目録』和書之部三八三がそれに該当する。以下、(2)は七七八、(3)は三七一、(4)は三七二、(5)は三八六、(6)は三七六、(7)は七七九、(8)は三七七、(9)は三七三、(10)は三七四、(11)は三七五、(13)は四〇四、(14)は二九四にそれぞれ該当する。

どうやら、右の資料は古書肆の納品書であるらしい。書名の下の「、」は、その書が間違いなく納品されたことを確認した印であろう。従って、(12)(15)もその時納品された筈だが、梧陰文庫が昭和三十二年（一九五七）に國學院大學に寄託されたときには、この二つの書は含まれていなかったのである。

二

現蔵の十三部三十七冊は、三グループに分類できる。第一グループは、岡本弥一郎なる人物の旧蔵本で、(3)(4)(7)(8)(9)(10)(11)の七部七冊である。そのうち(9)は自筆本である。おそらく、失われた(12)もこのグループに含めることができるであろう。(3)(4)(7)(8)の巻末に「岡本」「岡本蔵」の署名が存し、(9)の巻末には「天保九戌年十二月写之、岡本（朱花押）」という奥書が見られる。また(7)の表紙に「岡本弥一郎」の署名が見られ、これらが同一人の筆跡なのである。その他、(7)を除く六部六冊には、表紙の表題の肩と小口とにイロハの符号が付されている（(10)がヲ、(11)がワ、(9)がカ、(8)がネ、(3)がマ、(4)がサ）。これらの徴証により、(3)(4)(7)(8)(9)(10)(11)の七部七冊が、岡本弥一郎の旧蔵本であったことが知られるのである。

岡本旧蔵本はいずれも幕府法に関するものであり、(9)「公事方聞書」、(10)「公事方伺済其外留」、(11)「公事方例書」は勘定奉行所関係の記録であろう。岡本弥一郎の伝は未詳だが、所持本の内容から類推するに、幕府代官の下僚ででもあったろうか。記して後考を俟つ〔補注2〕。

第二グループは、「不羈齋図書記」の蔵書印の捺してある(1)(6)の二部二冊である。(6)には他に「秋山」「心酔亭」の蔵書印も見られる（各印影は口絵「井上毅蔵書の旧蔵者印影」(13)(14)(15)参照）。『蔵書名印譜』（朝倉治彦編、昭和五十二年改訂新版、臨川書店）によると、「不羈齋図書記」は東京師範学校（明治五年創立）の第三代校長秋山不羈斎の蔵書印である〔補注3〕。第三代校長（明治十年二月～十一年十月）は、秋山恒太郎《こうたろう》という人である（『創立六十年』昭和六年、東京文理科大学編刊）。秋山は天保年間に越後国長岡藩に生まれた教育家で全国各地の中学校長を歴任した（『ふるさと長岡の人びと』二〇七頁、平成十年、長岡市編刊）。

(1)「刑法部分銘書」は、幕府刑法の摘録と見るべき書である。横帳仕立で、奥書・識語等は存しない。(6)「検法秘鑑」は、人殺疵附之部、変死・行倒・同煩人之部、宿村継送病人之部、相対死之事、捨子之事、迷子之事、出火之部、雑之部上下を五巻に配した書で、天保五年（一八三四）の成立であり、検死等に関する幕府法と見られる。

第三グループは、(2)(5)⒀⒁の四部二十八冊である。これらは旧蔵者が同一人ということではなく、それぞれ別々の伝来である。井上毅が古書肆の販売品目の中から選びとったものと思われる。(2)「刑憲問録」は、幕府の訴訟・行刑手続等を記した書であって、「弘化四未年春、於北越新居写之」という奥書を存する。(5)「訴状糺」は、幕府の訴訟手続に関し、目安裏書之事から雑之部までの二十一項目を著録した書である。内題・奥書等は存せず、「訴状糺」という書名は後補の題簽に依るものである。

⒀「憲法部類」二十一冊は、幕府法令を分類・編集した書で、石野広道の編である。正編十巻十一冊には享保元年（一七一六）より安永九年（一七八〇）、続編十巻十冊には安永十年より文化十年（一八一三）までの法令を収める。本書は今日、内閣文庫本を影印版によって見ることができる（『内閣文庫所蔵史籍叢刊』第八十巻、汲古書院）。⑽「服忌令撰註分釈」は、服忌令の註釈書「服忌令撰註」を増補改訂した書であって、文化八年（一八一一）八月に武蔵国忍藩の加藤瀬左衛門次章が著した。梧陰文庫本は三冊からなり、上州高崎藩の八木弾右衛門義政が文化九年六月に筆写した旨の奥書が存する（「服忌令撰註分釈」についての詳細は林由紀子『近世服忌令の研究』（平成十年、清文堂出版）参照）。

明治十八年（一八八五）九月、井上毅がまとめて購入した古書十五部は、「貞観儀式」を除くと、いずれも江戸幕府法に関する写本であったのである。この時、井上の明治政府における官職は、参事院議官にして宮内省の図書頭と制度取調局御用掛とを兼ねていた。

三

ところで、井上毅が右の写本を購入したのは何処の古書肆であったろうか。その手懸りが(1)「刑法部分銘書」に存する。同書の最終丁裏の右下に、「東京浅倉」の黒丸印が捺されているのである。この丸印は日本最古の古書肆といわれる浅倉屋のものと思われる（現在は、浅倉屋書店の名で、練馬区小竹町の地において和書専門店として営業を続けている）。現御当主の談によれば、浅倉屋は江戸時代の貞享年間（一六八四〜八七）の創業で、明治時代は創業の地である浅草広小路で営業していたという。当時の主人は中興の祖と呼ばれた八代目吉田久兵衛で、彼の手腕によって「古書数万巻、汗牛充棟もただならず、大朝倉屋として古書業界の最高峰に位置」していた（『東京古書組合五十年史』一九頁、昭和四十九年）。

井上毅はまた、——時期は不明であるが——水野尚山なる人物の旧蔵本六部七冊を朝倉屋を通じて一括購入している。その書目は左の通り（上段の数字は梧陰文庫和書之部の架号）。

三六六　三奉行手箱鑑　一冊
三九二　人扱心得記　二冊
三九三　異変即日論　一冊
三八九　御城内外往来心懸記　一冊
三九〇　奉行所定式録　一冊
三九一　異変取扱再帙　一冊

右の六部七冊は筆跡、装幀がすべて同じ筆写本であり、巻末には「東肥　水野尚山」の記名がもれなく存する。また各冊に小口書が施され、順に「御条目　壱」「人扱　弐」「人扱　三」「異変即日　四」「御城内往来心得　五」「奉行所定式　六」「異変再帙　七」とある。したがって、これらの書は水野尚山という人物の所持した一連の写本であったことが知られるのである。そしてこの最終冊「異変取扱再帙」の裏表紙の裏に「東京浅倉」の黒丸印が認められるのである。

右の書目中、「異変即日論」は書名からは想像もつかないが、内容は「公事方御定書」上巻である。「三奉行手箱鑑」「奉行所定式録」は、犯罪と刑罰あるいは訴訟・行刑等の手続きなどに関する幕府法を内容とし、同様に、「異変取扱再帙」もまた倒者、手負人、変死人、迷子、捨子などの変異についての幕府法上の取扱いを記した書である。「御城内外往来心懸記」は江戸城への登下城の途次や藩邸内外に発生する様々な出来事――例えば喧嘩口論、欠落者、身投者、無宿者、放馬など――の対処法を記す。

「東肥」が肥後国を意味するならば、水野尚山は江戸藩邸詰の熊本藩士ということになる。水野姓の熊本藩士には、五百石、百五十石、百石の三家があるが（川口恭子編『細川家家臣略系譜』昭和五十八年、熊本藩政史研究会刊）、水野尚山がいずれに該当するか未詳である。水野尚山の伝とその所持本の検討は今後の課題である。

四

前掲『梧陰文庫目録』に著録する図書の総数は八百十六部。ここから漢籍および準漢籍を除いた、いわゆる和書は約六百四十部である。和書の中には、江戸時代に筆写されたとおぼしき写本が百二十部ほど見られ、和書全体の六分の一強を占める。江戸時代写本を内容別に見ると、法律部門の法制史に分類されるのが四十五部で最も多い（明治十八年九月購入の現存する十三部三十七冊、および購入時期不明の水野尚山旧蔵本六部七冊は、すべて法制史に分類される）。ついで多いのが歴史部門の日本史に分類されるもので、二十五部を数える。他の部門に分類されるのは、各々十部以下である。

江戸時代写本の三分の一以上が法制史に分類されるという蔵書構成は、法制官僚の道を歩んだ井上毅の集書として当然といえば当然ではある。しかしながら、前時代の旧法である幕府法の写本を多数入手した意図について、今後検証する必要がある。その入手先の一つが浅草広小路で長らく営業する古書肆朝倉屋だったのである。

〔補注1〕　その後、この資料は「購入古書目一覧」と題して『梧陰文庫総目録』（平成十七年、東京大学出版会）に登載された（架号、E―一三二）。

〔補注2〕　本稿公表後、北陸大学助教授原禎嗣氏より岡本弥一郎についての御教示を得た。それによると、彼は代官川崎平右衛門の手代岡本弥一郎長之のことであるという。彼には天保六年（一八三五）五月の自序を有する「検使楷梯」という著書があり、本書は写本がいくつか伝えられ、『刑罪珍書集』Ⅰ江戸の政刑一斑（昭和五年、武侠社）にも翻刻されている。

〔補注3〕　本稿公表後、「不羈齋図書記」という蔵書印の押捺された写本が、明治大学博物館所蔵の黒川真頼旧蔵本の中にも存することを知った。佐藤邦憲「黒川家旧蔵武家法――中世・近世――関係図書について」（『明治大学刑事博物館年報』一五、昭和五十九年）によると、それらは「当時御法式」一冊、「流人赦免死亡帳」一冊、「牢内深秘録」一冊、「聞伝業書」十一冊、「法令雑録」五冊、「享寛令条」二冊の六部である。明治時代の蔵書家黒川真頼（一八二九～一九〇六）もまた、古書肆朝倉屋を通じてこれらを入手したのであろうか。

井上毅と『萩の戸の月』

齊藤智朗

國學院大學日本文化研究所プロジェクト「『梧陰文庫総合目録』の編纂・刊行」において、同大学図書館所蔵「梧陰文庫」に収められている、井上毅が所有していた膨大な史料群を一点ずつ閲覧して書誌情報を取る作業に従事しているが、ある時その作業の過程で『萩の戸の月』と題する薄冊子が目にとまった。『萩の戸の月』は、『梧陰文庫目録』（昭和三十八年）では原題そのままに「B－八七」に登録され、さらに注記として「日本新聞社編刊　明治24・11・3　印刷12　32P　32cm（日本　第876号附録）」と記されている。このうち「印刷12　32P」は明らかな誤植で、正確には「印刷12P」であるが、それ以外の事柄については概ね注記のとおりである。しかし実物の『萩の戸の月』は、こうした注記の内容からでは想像がつかないほどにしっかりとした厚紙に印刷されたものであり、また華美な表装がなされ、さらにはそれを包む薄紙の袋が付されるなど、新聞の附録とは思えない見事な仕上がりのものとなっている。

一

それはこの『萩の戸の月』が、刊行年にある「明治24・11・3」からもわかるように、明治天皇御年四十の誕生日にあたる、天長節を記念して出されたものであるからで、内扉には「秋の夜のながくなるこそたのしけれ見る巻々の数をつくして」の御製が、元芝神明神宮禰宜で、その後長く博物館に務めた多田親愛の筆により掲げられ、さらに金岡三十八世の孫と称し、東京美術学校（現在の東京芸術大学）教授を務めた巨勢小石による題画も付されている。また本史料の「萩の戸の月」という題名は、文中に引用されている「月不択処」という御題（『新輯明治天皇御集』明治神宮昭和三十九年では「月」）の「萩の戸の露にやどれる月影はしづが垣根もへだてざるらむ」の御製から採ったものと思われ、そこで「一視同仁の御心、いともかしこし」と記されていることから、「萩の戸の月」という題名は、明治天皇の仁慈を象徴的に示してのものと考えられる。

実際、内容も明治天皇の聖徳を仰ぐもので、「立憲政体に御熱心なる事」「政務に御励精あらせられ、厚く国福民利をおほしめさる、事」「宮禁厳粛なる事」の三章で構成され、明治天皇の身辺に関する事柄が詳細に述べられている。例えば「立憲政体に御熱心なる事」の章だけでも、枢密院での憲法草案審議の際に必ず午前十時に臨御され、議官の参集が遅い時などは侍従をもって催促されたことや、第一議会中、特に予算審議の形況を深く宸憂されてその報告を深更まで待たれたこと、そして議会閉会の後には、岩倉具視をはじめ立憲政体樹立に尽力した者たちの墓所に勅使を遣わされたことなど、『明治天皇紀』に見受けられない事柄も記されている。なお、この『萩の戸の月』を、佐藤一伯氏は明治天皇聖徳録の「最初期のもの」と位置付けている（「明治天皇「聖徳録」の誕生」（『明治聖徳記念学会紀要』三九　平成十六年）、参照）。

ただ残念ながらこの『萩の戸の月』の執筆者が誰なのかは、奥付をはじめ本史料のどこにも示されていない。そこで当時の『日本』紙上を調べてみるに、この天長節附録『萩の戸の月』が刊行されることは、明治二十四年十月二十四日（第八六六号）から広告が掲載されているが、同年同月三十一日（第八七三号）ではさらに「教育家諸君に告く」と題した社告で「天長節附録「萩の戸の月」は予て広告仕候通り、今上陛下の聖徳を表すへき御行状の一斑を記し奉りたるものに有之、其文章は有名な和文学者に托し平易にして卑俗ならさる文体を用ひたれは後進者の模範とするに足る」とある。この記述により『萩の戸の月』の執筆者が「有名な和文学者」であることがわかるが、それではこの「有名な和文学者」とは誰か。

二

それは井上毅と同じ熊本の出身で、当時は国学者の小中村清矩の養子となっていた池辺義象であった。著者が池辺であることは次ぎの十月十三日付井上宛池辺書翰から知ることができる。

さて陸実より日本新聞天長節附録事に付、御話申上置候件ありとて、小子に罷出可申様依頼候て、右者至極名誉の事に候間、是非書試申度、付て者明後日の夕六時頃御さし支あらせられす候ハヽ、参上仕度、一応御伺申上候也、（『井上毅伝史料篇』第五）

池辺は当時第一高等中学校の教授を本務としていたが、それ以前は宮内省図書寮の図書属として図書頭であった井上の下で働いていた。その図書属をしていた間の明治十九年末から翌二十年の初頭にかけて、井上に随い安房・上総・相模に旅行した際には、後に大日本帝国憲法第一条の『義解』にあらわされる「シラス」の理念を井上に教示し、また井上主導下の図書寮で編纂された『図書寮記録』の執筆や校正にも携わっている。さらに明治二十八年に井上が逝去した後には、井上の著作をまとめた『梧陰存稿』の刊行に尽力するなど、井上を単に仕事の上司としてではなく、師のように仰いでいたのである。

また池辺は、この『萩の戸の月』を刊行した『日本』新聞の主幹である陸羯南とも親交があり、明治二十二年頃から主に紀行文や和歌などの文学記事を『日本』に寄せていた。さらにこの後の明治三十一年に池辺がフランスへ遊学した際には、当地で見聞した事柄をまとめて記事にし、それを同族の池辺三山が主筆の『東京朝日新聞』とともに、この『日本』に対しても送っている（池辺は帰国後、これらの記事をまとめた『仏国風俗問答』を出版している）。

三

しかし第一高等中学校に勤める池辺では、明治天皇の身辺にまつわる事柄を詳細に知ることはできないであろう。そこで、こうした情報が一体どこからもたらされたのかについて考えるに、前記の書翰で池辺がこの「日本新聞天長節附録」執筆に関して、井上に「参上仕度、一応御伺申上候也」と述べているように、当時枢密顧問官兼文事秘書官長であった井上から提供されたものなのではないだろうか。そしてそれゆえに、この『萩の戸の月』が「梧陰文庫」に収められていると考えられるのである。

しかも井上は実際、この『萩の戸の月』を刊行するときに、陸に対しても直接注意を促している。それは宿疾静養のため三浦村荘におり、天長節までには帰京する旨の十月二十八日付陸宛書翰の追伸で、

天長節の附録ハ申スもオロカなれとも可成美本ニ御拵被成度候、（『陸羯南全集』第十巻）

とあるように、冒頭で紹介した『萩の戸の月』の華美な体裁が、井上からの注意によってなされたものと言えるのである。

そもそも陸は太政官文書局に勤務して『官報』創刊に携わり、その後も宮中制度取調局御用掛や内閣官報局編輯課長を歴任するなどの官僚であった。そしてその間に井上の知遇を得、特に清仏戦争における明治十七年の日本の局外中立をめぐる問題の際には、井上の下で国際法に関する調査に従事し、「梧陰文庫」中の「局外中立雑纂」（C－四五）には、陸訳の国際法に関する言説が数点収められている。また明治十八年に農商務省より出版した井上訳の『奢是吾敵論』の翻訳作業に尽力したのも陸であり、陸はその後も『奢是吾敵論』の完訳を望み、その原著の完本をフランスで購入するに至るも、結局果せずに亡くなったとの逸話が残っているほどである。陸は明治二十一年に官界から退き、雑誌『日本人』や『日本』新聞などを発刊してジャーナリズムの世界に身を置くことになるが、井上との親交はその後も続き、例えばこの『萩の戸の月』が刊行される二ケ月前の明治二十四年九月、井上が『日本』に「病余小言」を寄稿すると、陸も「読病余小言」を著して応え、またこの後の明治二十六年に井上が文相に就任した際にも、陸は「波の上を漕き行く舟はま帆かたほ追風はかりをたのむへしや」との歌を寄せている。そして病気のため井上が文相を辞したときには『日本』紙上で「井上毅君の引退」を発表し、そこで「君（井上毅）は是れ今世多く得がたきの愛国者なり。君が愛国心は人爵の装飾を借らずして早晩必ず光を放たん」との送辞を記している。

さらに『萩の戸の月』の執筆者である池辺と陸との出会いも、元々は井上を通してのものであった。池辺は明治四十年九月、亡くなった陸への追悼文の中で次ぎのように述べている。

思へば我が君（陸羯南）を初て見まつりしは、明治十八九年の頃にやありけむ。君は当時内閣法制局より官報局

に出仕せられ、我は未だ学生時代にて故の井上文相の邸にて相知ることを得たりしなり。（『陸羯南全集』第十巻）

四

このように陸と池辺との交流は井上を軸としてなされ、この『萩の戸の月』の作成もまた、両者への井上の働きかけからも窺われるように、井上を中心になされたものと考えられよう。実際、陸は井上が亡くなった際に寄せた追悼文である「悼梧陰先生」（『陸羯南全集』第九巻）のなかで、

先生（井上毅）毎に政府を視て天皇陛下の政府と做し、故三条公故岩倉公を視て政府の柱石と做し、而して政府の必ず信威を民に有せんことを期す、思ふに眼中復た他の物なきなり、余れ先生と語る毎に屢々三条岩倉二公の事を言ふを聞く、三条公の薨ずるや先生暗涙を垂れて曰く、『公逝く国家復た社稷の臣なし』と、昨臘先生の病を逗子に問ふ、語次岩倉公の事に及ぶ、先生坐側の一軸を展示す、公の色紙あり、

さりともとかきやる浦の藻潮艸
誰か手にとりて担きあくらむ

此の詠は公終に臨み其の意見書に添えて先生に遺す所のもの、蓋し後事を先生に托すなり、後に先生之れを乙夜の覧に供し遂に献納して其の写を坐側に置き以て公に私淑す、先生の政府に忠なる所以のもの亦た推知するに足

らん。

と、明治天皇の輔弼の臣として薩長の上に立ち、政府内を統率した三条実美と岩倉具視の両者を、井上が「政府の柱石」として敬愛したことを述べているが、この『萩の戸の月』も、藩閥や党派の対立によって混乱を来たした第一議会の有様を嘆いた井上が直接指示したとおもわしき文章をもって結ばれている。つまり、

おもふに叡聖仁慈の天皇上にあり、忠良義勇の臣民下にあり、吾国の将来、誰か望みなしとやはいふべき。故三条内大臣の歌に云く、

天雲のむかふすかきり日本の
国のひかりは照りわたるらむ

あはれ陛下の聖徳を奉体して、このしろしめす、大八洲国を、いや栄えに栄え、いや進めに進めて、行く〳〵は、潮の沫の凝りて成れるといふ、世界各国を凌駕するに至らしめんことは、今はたゞ内閣大臣と議院諸氏との責任ならすや、故岩倉右府の歌に云く、

いつこまてうたふをきくも君か代を
千代といはゝぬ里なかりけり

余輩は、こゝに謹て、筆を停めぬ。あなかしこ。

〔附記〕明治天皇御製に関する事柄については、明治神宮教学研究センターの森本ちづる研究員より御教示を頂きました。深く御礼申し上げます。

大津事件発生時の井上毅指示書の紹介

柴田紳一

明治二十四年（一八九一）五月十一日、当時超大国のロシアの皇太子が来日した折、事もあろうに日本の警察官が彼に斬りかかり、重傷を負わせた「大津事件」は朝野を震撼させた。

事件発生五日前の五月六日、首相が山県有朋から松方正義に交代し、それまで法制局長官だった井上毅も内閣退陣に伴い閣外に去り枢密顧問官兼文事秘書官長に転じたが、その井上が前法制局長官として新内閣首脳部や貴族院議長伊藤博文らに事件処理方針を逸早く進言し、早期の事態収拾に貢献したこと、特に五月十三日付の伊藤宛意見書に述べられた事件収拾の基本線と具体策とが決定的であったこと、および事件発生直後に井上が深く信頼する国際法学者・司法省法律顧問パテルノストロ（イタリア人）から諸外国における同種事件の先例につき教示を受け、これが伊藤宛意見書の骨格を形成したことなどが、木野主計氏の精密な研究によって明らかになっている（『井上毅研究』、平成七年、続群書類従完成会刊）。

今回『梧陰文庫総目録』の作成に際し、筆者も改めて「梧陰文庫　文書之部」全点を披見したが、井上研究の第一人者である木野氏の研究をより以上に補う史料は「梧陰文庫」の中からは見出せなかった。

しかし一点、國學院大學以外の機関が所有する史料の中に、井上毅と大津事件に関する極めて貴重な史料が残されている。筆者がこの史料と出会ったのは今から十年以上も前のことでその後発表の機を得ずにいたが、『梧陰文庫総目録』の完成を機会に、またこれが将来『井上毅伝 史料篇補遺』に収録されることを期し、ここでその紹介を行ないたい。

それは、国立公文書館所蔵の「公文別録」と呼ばれる史料群の中の「大津事件　雑」というファイルに綴じ込まれた井上毅自筆の指示書である（井上つる発井上毅宛電報の紙背、内閣朱十三行罫紙に貼付、［　］内は筆者註記）。

パテルノストロ氏へ斎藤浩躬［法制局書記官］ヲヤリ気付ヲ言ハシムルコト

英国ニテ魯帝ヲ暗殺セントシタル暴人処分ノ顚末取シラへ置事

各新聞、殊ニ京坂及田舎新聞ニ不都合ノ記事ナキ様注意并各地知事へ内務ヨリ注意ノ事

事件の一報を得て間もなく井上が認めたものを、後日内閣の係官が記録として綴じたのであろう。ここには木野氏が解明された一連の経緯の出発点が記されており、その後の事態はまさにこの指示書を起点として展開する。またこの指示書には今日所謂「危機管理」に対する井上の傑出した感覚が示されている。

実はこの史料は我部政男・茂野隆晴・須賀昭徳・山内幸雄編『大津事件関係史料集』下巻（平成十一年、成文堂刊）に翻刻されているのだが、同書にはこの無署名の指示書の筆者について言及はなく、また紙背文書であることについても何等注記がない。

改めて歴史上の人物の筆跡を知り置くこと、史料の原本に当たることの重要性を痛感する次第である。

文相井上毅とお雇い外国人ベルツ

齊藤智朗

朝、汽車の中で井上文相にあう。日本における現今の青年教育について自分の考えているところを、文相に説明した。文相はこれに共鳴したらしい。午後さっそく、ドイツ語を話す秘書官をよこしてきた。自分の意見を、文書で出してほしいというのだ。

これは『ベルツの日記』（菅沼竜太郎訳　岩波文庫、以下『日記』）のなかの一節である。この『日記』を著したドイツ人医師エルウィン・ベルツ（Erwin Bälz）は、東京医学校（現在の東京大学医学部）の「お雇い外国人」として明治九年に来日し、今日「近代日本医学の父」と称される。冒頭に引用した『日記』の日付は、明治二十六年十一月二十七日、文中の「井上文相」とは、当時第二次伊藤博文内閣の文相井上毅のことである。

筆者は現在（平成十五年）、國學院大學日本文化研究所の「『梧陰文庫総合目録』の編纂・刊行」プロジェクトにおいて、井上毅旧蔵文書の書誌情報を記録する作業に従事している。その作業中、冒頭の『日記』の記述にある、ベルツが井上に秘書官を通じて提出したとおぼしき文書を見出した（文書番号B－三〇一〇）。文書の表紙には、井上ではない者の手で「大学教授ベルツ氏教育ニ関スル意見」との題名が付され、その右に井上自筆で「次官　専門局長　廻見之事」と記されている。つまり、文相井上が文部次官（牧野伸顕）と専門学務局長（木下広次）とに廻覧することを命じたほど、ベルツの意見書に注目したことがわかる。

そこで、この文書を取り上げたこれまでの研究を調べると、逸早く「梧陰文庫」に着目した海後宗臣氏編集による『井上毅の教育政策』（東京大学出版会　昭和四十三年）において、上記の『日記』にいう文書がすなわち本文書とみられることが指摘されている。また、小関恒雄氏による「ベルツに関する資料若干」（『日本醫史學雜誌』二九－一　昭和五十八年）のなかで、本文書の翻刻もなされている。但し、本文書の内容について詳しく分析した研究は、筆者の調査した限りでは見当たらない。

ここでは「ベルツ氏教育ニ関スル意見」の内容を紹介するとともに、その背景にある思想について考察し、さらに文相時代の井上とベルツとの関わりについても、若干説明したい。

「ベルツ氏教育ニ関スル意見」の概要

まず、「ベルツ氏教育ニ関スル意見」の概要を説明しよう。

はじめにベルツは教育の目的を、徳性を養う「徳育」と、日常生活の上で必要・有益な知識や動作を教える「実用教育」とに大別する。次にベルツは明治維新までの日本では「徳育」のみに注意を払ってきたが、維新後は西洋の技術や外形的な物に熱中するようになり、日本古来の文化の基礎すべてを「放擲」するだけでなく、「蔑視」するまでに至ったことを指摘する。

つまり、維新前の日本人は孔子の五倫の教えに基づいてその秩序を維持していたのに対し、維新後はその儒教主義とは対照的な個人主義を基礎とする西欧思想が流入し、しかも外国の風俗は国内事情に適合するものを細心注意した上で採用すべきところを、何でも採り入れたがために、維新以前に貴重であったものがまったく忘却されるに至ったという。またベルツは、日本人が一方で、西欧技術は採用・施行しながらも、その根本となる「文明開化ノ主要ナルモノ」は結局容易に学び得ないことを知り、西欧の新事物に傾倒していくことに動揺が生じていることも指摘している。そしてベルツはこのような徳性の頽廃および確固たる思想のないことが、日本の少年・生徒の不規律や傲慢を招いており、こうした状況が増長した場合には、最終的に国を危うくする可能性があるとまで述べている。

そこでこうした状況を改善するために、ベルツは幼少の頃から強固にして高尚な徳性を養うこととし、さらにこうした徳性は「道義ノ教」によって得るべきことを主張する。そしてその「道義ノ教」を得るための方法として、ベルツは次ぎの三点を提示している。

第一は歴史教育である。ベルツによると、日本の少年の多くは自国の歴史に暗く、特に歴史上の一つ一つの事件は知っているものの、その事件の原因や結果といった総括的な意見をもっている者がいないという。しかし自国の歴史に不注意な国民は、危急な時期に遭逢した場合に失錯を犯すものであるとして、すべての学校、特に高等の学校において日本歴史を必須科目にすべきことを提言する。

第二は教師の能力向上についてである。学校教師、特に高等の学校の教師は割合に年少の者が多いためか、単に自身の学術的養成に重きを置き、自己の徳性鍛錬には省みない傾向が見受けられる。その結果、教師に必要な確固たる気性が乏しくなり、生徒に対して感化力を及ぼすことができなくなっていると、ベルツは指摘する。

第三は教師と生徒との関係についてである。日本では古くから生徒が教師のもとに寄宿し、老成者の薫陶を受けることによって無意識にも徳性を鍛錬してきた。ところが、今では生徒の教師を見る目はあたかも「精神的動作ヲ為ス雇使機械」のごときもので、多くの生徒が教師に対して何の義務も負わないものと信じている。そこでベルツは教師と生徒との間にある「直接ノ交際」を、教育上最大要務の一つとして促進すべきことを主張する。

以上三つの改善策に基づき、ベルツは自らが勤める帝国大学における具体策も続けて提案し、最後に、もしさらに下問を受ける所があれば、好んでもとめに応じると述べて、本論を終えている。

「ベルツ氏教育ニ関スル意見」の思想的背景

続いて「ベルツ氏教育ニ関スル意見」の思想的背景を考察したい。

まず日本人が従来の文化や歴史を「蔑視」するとの意見は、来日直後にベルツが実感したものであった。ベルツは西欧文化を日本にただ植え付けるのではなく、まず日本文化の所産に属するすべての貴重なものを検討した上で、慎重に適応させることが必要であると考えていた。それなのに当の日本人はこれまでの文化・歴史を忘れようとし、さらに日本の教養人らは、文化や歴史を恥じてさえいる有様であった。こうした現象を、ベルツは次のように説明する。

これら新日本の人々にとっては常に、自己の古い文化の真に合理的なものよりも、どんなに不合理でも新しい制度をほめてもらう方が、はるかに大きい関心事なのです。（『日記』明治九年十月二十五日）

また日本人が「文明開化ノ主要ナルモノ」を学ばずに、西欧の技術のみを採り入れる姿に対して、ベルツは後に「日本では今の科学の「成果」のみをかれら（お雇い外国人）から受取ろうとした……この最新の成果をかれらから引継ぐだけで満足し、この成果をもたらした精神を学ぼうとしない」と痛烈な批判をあびせた（『日記』明治三十四年十一月二十二日）。このような当時日本人の自国の文化・歴史を尊重しない姿や、西欧文明の結果のみを採ろうとする態度に対するベルツの批判が、前節で紹介した意見書における徳性の養成や歴史教育の必要の主張につながるのである。

それでは一方、この「ベルツ氏教育ニ関スル意見」を受け取った井上は、どのような政策を採用したのか。ここでは歴史教育に焦点を当てて考察したい。

明治二十七年三月一日、井上は「尋常中学校ノ学科及其程度」を改正した文部省令を発し、中学校における「歴史及地理」の授業時間を増加させた（その後高等師範学校などでも同様の政策を実施した）。省令説明では「歴史及地理」の時間を増やした理由を「歴史教育ノ精神ハ我国体ノ貴重ナルヲ知ラシメ宇内ノ大勢ヲ詳ニシ古今ノ変ニ通スルノ能力ヲ養成スル」と説明し、歴史教育を「尤中等教育ノ要点ヲ占ムル者」と位置付ける。井上のこの政策は、ベルツの意見に呼応するかのごとくである。

もっとも、井上自身もはやい時期から日本の歴史教育の重要性を認識はしていた。同郷の後輩であった小中村（池辺）義象は、明治十八年、井上に初めて出会うが、その時の井上の言葉として、次のように伝えている。

世の風潮に誘はれす、一向におもふ学科をつとむへし、中にも歴史法制は国の大本なれは、心を入れてまなへよ、今の世の青年は徒に時務策を考究することをのみ知りて、国家既往の歴史を研究することを疎にす、その弊おそるへきものおほし、（『井上毅伝史料篇』第三）

また井上はこの頃、文官任用試験に関して「試験法ニ国史ヲ用ユルノ説」を著し、「一方ニハ飽マテモ欧洲ノ学術ヲ取リツ、、一方ニハ自国固有ノ性質ヲ忘却セサラントスル」ために、「国史」を試験に採り入れるべきことも主張している（『井上毅伝史料篇』第五、また坂本一登「井上毅と官吏任用制度」（『國學院法學』四〇－四　平成十五年）、参照）。

このように井上は歴史の学習を「国の大本」と位置付けるほどに重要性を十分認識しており、井上がベルツの意見に「共鳴」したのは、自らが思う歴史教育の必要を、ベルツもまた説いているところにあると考えられよう。

井上毅とベルツとの関わり

最後に、井上とベルツとの、その他の関わりを説明したい。

「ベルツ氏教育ニ関スル意見」が日本の文化・歴史を重視すべきとしているように、ベルツ自身日本を深く理解しようと、日本人やその文化を実地に研究した。ベルツは日本人を対象に組織的な身体計測をおこない、はじめてその身体的特徴を分析したのである。そのため、ベルツは日本に関する人類学的研究の先駆者と評される（安井広『ベルツの生涯　近代医学導入の父』思文閣出版　平成七年、若林操子編訳『ベルツ日本文化論集』東海大学出版会　平成十三年、参照）。

こうしたベルツの研究に最も注目したのが井上であった。明治二十七年四月二十三日に第一地方部尋常中学校長らを官舎に招いた時の演説において、井上はお雇い外国人教師らの意見を中心に、体育衛生の問題を取り上げている。そのなかで井上は「日本ノ生徒ハ勉強スル割合ニ体育運動ガ足ラヌ、卒業スルト命ヲ殞ス人ガ沢山有ルハ甚タ残念ナリ」とのベルツの言葉も引用し、さらにベルツがおこなった日本人とドイツ人との体重差を比較した調査において、日本人学生の体重が少ないとの結果を提示して、中学校での体育運動の重要性を強調している。

体育を教育行政の根本に据えたのは初代文相の森有礼で、井上も文相就任当初から徳育、知育と並ぶ「教育ノ目的」

の一つとして挙げている（『井上毅伝史料篇』第二）。そのためベルツをはじめ外国人教師らの意見をもって、井上の体育重視をもたらしたとは言えないが、少なくとも統計調査に基づく根拠を与えたことは間違いなかろう。実際に井上は明治二十七年八月二十九日に「小学校ハ……児童ノ体育ニ留意シ教育ノ完成ヲ期セサルヘカラス」として、小学校より体育を充実させ、子供の身体発達を助長させるための具体策を命じた訓令を発している。そしてこの日は同時に、井上が文相を辞任した日でもあり、そのためこれが文相井上の最後の訓令となったのである。

井上はこのおよそ二ヶ月前の六月二十日、病状の悪化により文相辞任の意を伝える書翰を伊藤首相にすでに送っていた（『井上毅伝史料篇』第四）。そこで井上は春以来悪化の兆候があらわれ、医師から清閑するようにとの忠告を受けたと記している。この時井上に清閑の勧告をおこなった医師が橋本綱常と、そしてベルツであった。井上はここで特に橋本のほうから、公務と両立することは難しいと言われていたが、医者の言葉など取るに足らないと意に介さず、文相の職務に尽してきた、しかしそのために最早公務に当たることができないほどに病勢が進んでしまったことを吐露している。

そしてベルツも、井上の容体だけでなく、その性格までも見抜いていた。井上に病状悪化の兆候が出始めた頃の明治二十七年三月十九日、ベルツは『日記』に次ぎのように記している。

夜、ただ一人の客として井上文相のもと。ながい談話。文相は、日本の教育に関する自分の意見をききたいというのだ。これを腹蔵なく述べたところ、文相の意にかなったらしかった。文相があんなに多病でなければよいのだが——。実際にうんと仕事をすることだろう。まれに見る智能と、しかも——これは日本では限りなく貴いことだが——断然清廉な人格の持主である。

井上毅旧蔵の度量衡関係史料について

宮部香織

度量衡とは、長さ、面積、重量の計量のことであり、我が国においては尺《ものさし》、升《ます》、秤《はかり》などの呼称で用いられている。日本における度量衡の歴史は、奈良時代の中国法を母法とした大宝律令に始まる。その雑令一条に度量衡に関する規定が設けられ、律令制定後の大宝二年（七〇二）三月に度量衡制は全国に施行された。徴税や商取引の基準を整え、政治経済の秩序を維持する為には、度量衡はどの時代においても欠かせないものとなる。それは明治期においても例外ではなく、維新当初より度量衡整備のための法令が随時出された。

明治前期の法制史料を中心とする「梧陰文庫」は、その所持者であった井上毅自身の分類をもとにして整理がなされているが、この中にも度量衡に関する史料がいくつか存する。本稿では、B項目（袋入之部）のうち度量衡に関するB－三五六〇からB－三五七一までの史料を取り上げ、井上毅の資料収集の一端を探ってみたいと思う。

一　度量衡関係史料の紹介

まず、「梧陰文庫」中の度量衡に関する史料を順に見ていきたい。

Ｂ―三五六〇は「求古精舎金石図」と題されており、内容は清陳経『求古精舎金石図』から新定周尺の項目を抜書したものである（美濃紙三枚）。

Ｂ―三五六一は「阮元積古斎鐘鼎彝器款識」と題されている（美濃紙三枚）。内容は、清阮元『積古斎鐘鼎彝器款識』からの漢建初銅尺および晋銅尺についての抜書であり、井上毅の筆と推定される訓点、圏点が施されている。圏点は、一尺が何寸何分であるといった寸法に関する箇所に主に附されている。末尾には「丙戌六月廿五鈔」との他筆朱書があり、この文書は明治十九年（一八八六）六月に作成されたことがわかる。

この『積古斎鐘鼎彝器款識』という書物は、「梧陰文庫」の漢籍之部にも収められており（架号六二一六）、本書には井上の書入等は無いが、井上が度量衡関係の資料を収集するに際してもとめたものかもしれない。ちなみに、この表紙には「信天翁」との蔵書印があり（印影は口絵「井上毅蔵書の旧蔵者印影」⒃参照）、旧蔵者は桃生県権知事や登米県知事等（ともに現在の宮城県）を勤めた山中献であった。山中は明治十八年五月に没しており、おそらく山中の死後に井上の手元にこの本が渡ったのであろう。

Ｂ―三五六二は「藤貞幹好古小録」（宮内省朱十三行罫紙三枚）と題されているが、その内容は『好古小録』ではなく、同じ藤貞幹の著作である『好古日録』の方から、周尺、晋前尺、唐大尺、小尺に関する部分を抜書したものである。この文書にも、訓点および一尺の寸法についての箇所に圏点が附されている。なお、天保十一年（一八四〇）に書写された和装本の『好古小録』が、「梧陰文庫」和書之部に収蔵されている（架号八九）。

Ｂ―三五六五の「赤県歴史尺図」は平田篤胤『赤県度制考』（天保五年）附録の和紙一枚の印刷物であり、「赤県度制考附録」と記された封筒に入れられている。内容は、日本の曲尺と殷から清までの中国歴代王朝で用いられていた尺三十種とを並べて図示しており、ひと目でその一尺の寸法の差が見て取れる。

Ｂ－三五六六は「三器攷略　全」と題された美濃紙十枚のもので、表紙には「中村惕斎」との井上自筆の墨書があり、「井上毅蔵」の蔵書印がある。内容は右の通り、中村惕斎の『三器攷略』の書写であり、中国歴代の尺、斗、権について考証を加えた上で、日本で使用されたのは如何なる物であったかを論ずる。また表紙裏に、典拠不明の周尺の寸法と我が国の呉服尺、金尺、鯨尺の寸法とを比較している文章が附記されている。

Ｂ－三五六七は美濃紙六枚からなり、題目は記されていない。『梧陰文庫目録』（昭和三十八年）では「漢土古尺調」との表題が与えられている。内容は中国の漢尺、晋尺、宋尺に刻られた金文についての考証であり、文中には「鵬按」との文言が見える。以上を手がかりに調べたところ、清鵬雲・鵬鶬『金索』からの抜書であることがわかった。ちなみに、この書物には権や量に関する記述も存するが、それらの部分は抜書されておらず、井上が必要としたのは尺に関する部分だけのようである。

Ｂ－三五七一は「法隆寺献上周尺之図」と記された美濃紙一枚のもので、法隆寺所蔵の天平尺の形状が模写されている。

二　史料に施された書入と圏点

右の文書のほか、度量衡に関する書物として、「梧陰文庫」和書之部に清宮秀堅『地方新書　度量権部』（元老院蔵版、明治十九年六月）がある（架号四〇二）。この第一丁表に「明治十九年夏閲　井上毅」との井上自筆の墨書があり、それ故、井上がこの書を読んだのは、出版直後の時期とわかる。

『地方新書　度量権部』の内容は、既存の度量衡に関する国学者等の著作を引用しながら、度、量、衡それぞれの起源および日本と中国とで歴代使用されてきた度量衡について説明している。この書においても、井上は圏点や書入を多く施しているが、圏点については度、すなわち尺に関する部分に多く附されている。書入の多くは誤植等の字句の訂正が大半であるが、その中に「百万塔ニハ大小アリテ証トナシ難シ天平尺ハ現ニ正倉院ニ存スルモノ曲尺ヨリ短キコト二寸ナリ」との朱書がある。これは『地方新書』に「……狩谷望之ハ現存百万塔ハ唐の大尺に合すと云へり（即我曲尺なり）余……色川氏をとひ同氏家蔵の百万塔をはかり見しに今の曲尺と府合せりさるを観古雑帖に天平尺ハ曲尺より二分を短くすと云るハ失考なるへし〔傍点は井上〕」とあるのに対しての書入である。つまり、百万塔と曲尺との大きさの一致を根拠に天平尺の寸法を割り出すのは適当ではない、として井上は『地方新書』における考証法を批判している。天平尺とは、奈良時代の天平年間に用いられていた尺のことであり、現存の天平尺としては正倉院や法隆寺に所蔵されているものが有名である。

井上が何を典拠に右のように書入れたのかはよく分からない。明治三年に制度局によって提出された度量衡改正の原案に、「大尺……略……東大寺所伝ノ天平尺及び唐ノ大尺ノ一尺二寸ニ当ル」との記述があり、井上はこれを参照したのかもしれない。もしくは、井上と親交のあった小中村清矩などの国学者からの助言によったとも考えられる。明治十九年三月に、井上は宮内省図書頭として正倉院の修繕に携わっている。その際に井上は、正倉院所蔵の宝物をおそらく実見しており、その時の記憶ないし記録にもとづいてこの書入を施した可能性も考えられる。

以上、梧陰文庫に収められている度量衡関係の史料について見てきたが、その収集目的は、既述のように度量衡の中でも特に尺について知ることにあったようである。尺は升や秤の規格を設定する際にも基本となるため、まず尺の寸法の確定が重要となってくる。それゆえ尺に関する史料が中心となるのは当然であろう。

これらの史料のうち、収集時期が明記されているものは、Ｂ―三五六一「阮元積古斎鐘鼎彝器款識」と和書四〇二

『地方新書　度量権部』の二点のみである。しかし、これ以外の史料についても、書物からの抜粋箇所やその抜書に対する圏点の施し方などを見ると、右の二点の史料におけるのと同様の関心をもって集められているようである。これらの書類も同時期、すなわち明治十九年頃に作成されたものと推測される。

三　明治十九年のメートル条約加盟

それではなぜ明治十九年であったのか。偶然この時期に井上が単なる学術的関心でもって資料を収集したと捉えることもできよう。しかし、明治十九年といえば、メートル条約に日本が加盟した年なのである。これが大きなきっかけとなっているのではないだろうか。

メートル法については、日本においてその存在は幕末より既に知られており、明治初年の度量衡新制度案などでもメートル法を取り入れようとする動きが見られた。この時の法案は採用には至らなかったが、やがて教育、科学、軍事の分野においてメートル法が導入されるにつれ、従来の度量衡の運用に支障をきたすようになる。そのような状況のもと、日本は明治八年頃より勧誘されていたメートル条約に、明治十九年三月にようやく加盟することとなる。

このメートル条約加盟に伴い、かねてよりの懸案であった度量衡の改正が具体化する。まず明治二十二年に第一次改正草案がつくられ、条約により交付されるメートル原器およびキログラム原器を日本の度量衡原器とし、そこから一尺、一貫を割り出す方法が提示された。この草案は「度量衡法案」として明治二十三年の帝国議会に提出された。議会での審議は国体論等からの反対論が多く出たものの、最終的には多少の訂正のみで明治二十五年に公布された。

この時の関係書類を井上は所有しており、B－三五六八「度量衡法案」、B－三五六九「度量衡説明」、B－三五七

○「度量衡ノ説」が「梧陰文庫」に収められている。この法案の成立過程については井上も注目していたのであろう。明治初年より明治二十四年に至るまでの一連の度量衡に関する法制度整備において、井上毅は直接に関与してはいない。しかし、古来から使用されてきた所謂尺貫法の中に、西欧の単位であるメートル法を取り入れて新たな単位制度が作り出されることは、井上にとって重大な関心事であったのであろう。

新発見の「井上毅ボアソナード両氏対話筆記」（写本）をめぐって

柴田紳一

平成十五年度末のこと、『梧陰文庫総合目録』の編纂・刊行」プロジェクトの資料収集のため高知市に赴いた城崎陽子兼任講師から、出張の成果として、高知市立市民図書館所蔵の「井上毅ボアソナード両氏対話筆記」（写本）を複写してきたものを示された。

この文書自体は、すでに『井上毅伝 史料篇』第五と『井上毅伝外篇 近代日本法制史料集』第九とに、「梧陰文庫」に残された井上自身の旧蔵本が翻刻されている。明治二十年五月十日、明治政府の御雇外国人ボアソナードが、友人で宮内省図書頭の井上毅と交わした対話の記録で、時の伊藤博文内閣が進めた条約改正交渉を危惧憂慮する内容である。これを「筆記トナシテ政府ニ内報」したのは井上自身である（井上毅「ボアソナード宥免意見」、『井上毅伝 史料篇』第二）。「鹿鳴館」に象徴される「欧化政策」に反対する広範な反政府運動が条約改正反対に結集され、その過程でこの対話筆記や同年六月一日付のボアソナード意見書等々が秘密出版として流布した。そのボアソナードの見解について、梅溪昇氏は次のように評価している。「井上馨外相の内地を開放し、かつ法権回復のために外国人司法官を任用するなどの案に対して、日本の利益・面目を損じる条約案であるという反対意見書を政府に提出した。このボアソナード意見を契機に政府内外の井上案に対する反対運動が激化し、井上は引責辞職し、条約改正会議は無期延期となった。

彼が日本人以上に日本の将来を憂えて注意を喚起したことによって、わが国は重大な外交上の失敗を免れた」（『日本外交史辞典』の「ボアソナード」項目）。明治維新からちょうど六十年を経過し、明治回顧の気運が高まった昭和三年、この対話筆記とボアソナード意見書とを、明治二十年当時流布した「禁売買外交秘記と薄赤色の表紙に印刷した秘密出版書」を底本として『明治文化全集』第十一巻に収めた藤井甚太郎氏は同書の解題で、「此等の秘密出版書は幕末維新当時の志士が会沢安の新論、藤田東湖の回天詩史、浅見安正の靖献遺言を懐中して居た如くに、明治廿年頃の憂国の志士が常に耽読したものであって、誠に明治外交史上に永劫の生命を有する貴重な文献である」と述べている。

当時の秘密出版の流行と検挙・弾圧のさまについては『自由党史』に記されているが、同書に「学生亦法網に触る」と評された事態の一斑を、当時ボアソナードが講義を行なっていた明治法律学校（現明治大学）の一学生であった人物の遺稿から摘記しておきたい。というのは、実際ボアソナード意見の秘密出版物を所持していた者による記録はきわめて珍しいからである。「其頃ボアソナード氏が民法編纂事務に従事して居つたが、大いに外人法官説に反対して、其不可なる所以を説いたが、新聞等を通して其説を公けにすることが出来なかつたから、秘密出版物となつて現はれた。時の政府は大いに狼狽して、出版物没収に著手した。さうして其所有者が法律研究の書生間に多い、殊にボアソナードの関係からして明治法律の学生に多いと云ふ見込で盛んに家宅捜索が行はれた。実は自分も一部持つて居つたが、友人に譲つてしまうた。今あれば好記念物であるが、惜いことをしたものである」（山田斂『晩成園随筆』、昭和十七年二月　帝国農会発行　橘書店発売、四六頁）。

さて、今回の高知市立市民図書館所蔵「井上毅ボアソナード両氏対話筆記」（写本）だが、無銘罫紙に墨書されたもので、文章内容としては既知の井上毅旧蔵本や『明治文化全集』所載本と大差はない。ただ両者の本文末尾が「明治二十年五月十日朝」との日付で終っているのに対して、今回の写本は「右明治二十年五月十日朝於井上氏宅談話」

とあるのに続けて最末尾に「井上毅」と書かれている点が異なる。そして対話筆記本文の後に「明治廿年十一月廿六日池内真水氏ノ蔵本ヲ借リ之ヲ謄写ス　笑浦居士」と写者による墨書が記されている。十一月二十六日といえば、九月の井上外相辞任後も一向収まらぬ「三大事件建白運動」（地租軽減・言論集会自由・外交政策挽回を要求）に頭を痛める政府が土佐人を中心とする五百七十名を皇居三里以外に退去させる「保安条例」の施行をちょうど一ヶ月後に控えた時期である。残念ながら「笑浦居士」の実名は不明だが、「池内真水氏」についてはわずかに手掛かりを得た。池内は、明治十六年七月三十日付で同志五十名とともに政府に「御政体之義ニ付建白」を提出している（『明治建白書集成』第七巻、二二四～八頁）。池内は署名者全五十一名のうち三番目に「（高知県土佐国土佐郡）小高坂村西町廿九番屋敷住士族吾川郡書記　池内真水　四十七年一ヶ月」とその名を連ねている（小高坂村は現高知市内）。この建白書は、まさに鹿鳴館の建築中に書かれたことになるが、「国会ヲ開クニ及ンデハ則チ政体全ク変」じ「他年国会開設ノ日ニ至テハ則衆議決セズ各党遂ニ蜂起シテ仏蘭斯ノ乱ノ如クナルハ必然ノ勢ナリ」、天皇は「詔ヲ天下ニ下シ洋制ノ禍害アルヲ諭シ給ヒ祖宗ノ道ニ因リ祖宗ノ制ニ復シ給フベシ」、と欧化政策に真っ向から反対するものである。「三大事件建白運動」の中核をなした土佐の地元の、しかもこうした人物が、この対話筆記を所持していたことは自然なことである。

「末は博士か大臣か」といわれ政治的熱気に満ち溢れた「立身出世」の時代、顕官名士の優れた文章・演述は、競って読まれ写された。筆者の手元にも古書展で購入した明治前期の意見書・建白書の写本がいくつかある。明治二十年には『明治建白沿革史』などという書物も出版されている（戸田十畝著）。公刊された井上毅の著作を所蔵する図書館は多い。また井上の公務上の意見書を有する文書館も少なくない（国立公文書館・外務省外交史料館など）。しかし今回のようないわば無名の個人が所持した井上の史料は、なお多く眠っていることであろう。歴史に遺した井上の巨大な足跡を丹念に辿ろうとする時、こうした隠れた井上の文業を掘り起こすこともやがて大事な作業となるだろう。もしも『国書総目録』の明治篇があるならば……、今は夢のような話である。

梧陰文庫所蔵『関東式目 五十一ヶ条』の紹介

長　又　高　夫

井上毅の遺本の中に『御成敗式目』の写本が一本存する（図書番号三五四号）。現在（平成十六年）、『梧陰文庫総目録』の作成の為に、井上毅の旧蔵図書を調査しているのだが、この『御成敗式目』の写本を通見し驚いた。流布本を書写した江戸後期頃の写本であろうと勝手に想像して当該写本を手にとったのだが、その書風や内容から室町期頃まで遡れる様な善本である可能性が高まったからである。そこでこの『御成敗式目』の写本の概要を紹介し、どの様な性格のものであるのかということを簡単に紹介しておきたい。

一　装幀および書誌情報

本書は縦二六・四㎝×横二〇・〇㎝の冊子本で、表紙は内雲料紙（柿渋染め）、楮紙墨付三十一丁、七つ穴袋綴じとなっている。蔵書印は、巻頭に井上毅の蔵書であることを示す「井上毅蔵」印（朱文方印）、「井上」印（朱文円印）が、巻末に「議太」印（朱文円印）が捺されている。内題には「関東式目　五十一ヶ条」とあり、外題には「御成敗式目」（内題と同筆）とある。本文中には墨筆で傍訓や送り仮名が記され、朱筆で返り点が記されている（また一つ書の横には

「一」「二」と条号が朱書されている）。以上の墨・朱は本文が筆写されてから、さほど時を隔てることなく書き入れられたものであるが（筆写者自身による可能性が高い）、これらとは別にかなり後世になってから墨筆で書き入れられた校異や傍訓（難読な漢字の傍訓、たとえば第二十五条の「雲客」に「うかく」と傍訓）も認められる。また巻頭の遊びに記された「本一色村吉川□左衛門」という墨書（薄墨で記されている。「井上」という毅自身の墨書もある）や巻末の遊びに記された「於小坊」・「元禄六癸酉年一色村吉川小坊」といった墨書等は、井上が本書を入手する以前の旧蔵者を知る手懸かりとなる。本書がどのような経緯で、井上の手に渡ったのかはわからない。しかし本書が本一色村某の所持する写本であったことがこれらの墨書から判明する[1]。

おそらく本書は手習の手本として、江戸期を通じて広く利用されたのであろう。本書全体に手擦れがひどいのも、このことを物語っている様に思われる。後世の書き入れが数箇所認められることを前述したけれども、これらの拙い字の傍訓は手習の際に書きこまれた可能性が高い。

二　御成敗式目の古写本について

大永版、享禄版をはじめとして数多の板本が刊行され、広く普及した『御成敗式目』であったが、貞永元年に制定された原本の姿を我々に示してくれる様な古写本は残念ながら一本も伝わっていない。天正十年以前に書写された古写本だけでも、約二十種を数えるのだが、いずれも全面的に修正が加えられた後の姿を伝える古写本なのである。『御成敗式目』五十一箇条は、貞永元年に制定されるが、立法者（北条泰時）自身によって直ちにその補遺・修正作業が企画され、寛元元年以降に改訂版が編纂された（詳しくは拙稿を参照されたい）。現存する古写本は、すべてその改訂

版の写本なのである。鎌倉・南北朝期の古写本のなかで比較的善本であると考えられているものに、

①菅本（菅孝次郎旧蔵、『大日本史料』底本、鎌倉時代中期の写本カ）

②鶴岡本（相承院旧蔵・尊経閣文庫蔵、『中世法制史料集』底本、鎌倉時代後期～南北朝時代初期の写本カ）[2]

③世尊寺本（国立歴史民俗博物館蔵、鎌倉時代後期～南北朝時代初期の写本カ）

④平林本（平林治徳旧蔵、康永二年書写）

がある。植木直一郎氏、佐藤進一氏、池内義資氏等はこれらの古写本を同一系統のものであると評価されたが、このことは①～④に共通する錯簡が認められることからも首肯出来る。また『御成敗式目』の注釈書も早くから著されており、なかでも六波羅奉行人の家である斎藤氏の家学をまとめた「唯浄裏書」「関東御式目」や明経道の家である清原氏の家学をまとめた「清原業忠貞永式目聞書」「清原宣賢式目抄」等が著名である。[3] これらの式目注釈書には当然のことながら式目本文が引用されており、式目本文の校合の際にも役立つのである。『御成敗式目』の諸写本と諸注釈書との関係を分析された池内氏は、①菅本、②鶴岡本、③世尊寺本、⑤鳳来寺本（鳳来寺法花坊旧蔵、文明八年書写）、⑥御成敗式条（天理図書館蔵、文明十七年書写）、⑦明応五年本（尊経閣文庫蔵、明応五年書写）、⑧山川本（中山元侯爵家旧蔵、文明～永正の書写）といった式目の諸本がいずれも斎藤家相伝の式目本（以下、斎藤家本と略す）と親縁関係にあること、また、この系統の式目本をもとに作られた注釈書が「唯浄裏書」（斎藤唯浄の著作）、「関東御式目」、「関東武家式目」、「御成敗式目栄意注」、「御成敗式目抄　岩崎本」であったことなどを指摘された。この池内説に従えば、鎌倉・南北朝期の古写本は、④平林本を除き、斎藤家本と親縁関係にあることになる。

三　梧陰文庫本の特徴

植木氏は、式目諸伝本には、武家側の伝本と公家側（清原氏）の伝本があることを論じられた。氏は両者を識別する指標として、第四条の「贓物」と「財物」との相違、第十八条の「忠孝」と「志孝」との相違を挙げられ、本来は「贓物」「忠孝」とあったものを、清原家の学者が家説としてこれを「財物」「志孝」に改竄したことを明らかにした。

清原業忠（一四〇九－六七）の所持する相伝本（「外記家本」という）には既に「財物」「志孝」とあったことが確認出来るので、遅くとも十五世紀半ば以降に清原家本を書写したものには「財物」「志孝」とあったことになる。池内氏は、清原家本に特徴のあることを認めながらも、武家本・公家本という曖昧な分類法は適切でないとされ、植木氏が提示された二つの指標に佐藤氏が提示されたもう一つの指標（第六条の「沙汰出来」と「沙汰来」）を加え、原本の形に近い順にA系本、B系本、C系本（清原家本はこれに属す）、D系本という新たな分類を行なった。諸本を校合した結果、現存する写本は清原家本と雖も、①～④の古写本と同じ祖本から生まれたものに違いないという確信を池内氏が持たれたからである。それでは池内氏の分類法に従うと、梧陰文庫本はどの系列に属する写本ということになるのであろうか。池内氏は、A系本である為の必要条件として次の四つを挙げられた。（1）新法不遡及の原則を示した文言がある。（2）第四条は「贓物」である。（3）第十八条は「忠孝」である。（4）第六条は「沙汰出来」である。

梧陰文庫本は、右の四つの条件を満たしており(4)、梧陰文庫本が、①～④の古写本と並ぶA系本の一本であったことがわかる。文字の異同から梧陰文庫本とA系本諸本との関係を考えると、梧陰文庫本は、①菅本、③世尊寺本、⑤鳳来寺本、「御成敗式目抄　岩崎本」（注釈書）等と特に親縁関係がある様に思われる。池内氏が指摘される如くこれらの諸本が斎藤家本と親縁関係にあるとすれば、梧陰文庫本もまた斎藤家本と親縁関係にあることになる。梧陰文庫本が斎藤家本系列の写本であったことは「斎藤兵衛入道浄円草案奉行之則《（時カ）》執筆也」（起請文冒頭）という注記からも確認出来るのである。また梧陰文庫本に見られるこの他の注記としては起請文の署判者「前出羽守藤原朝臣家長」「前駿河守平朝臣義村」両名の右傍にそれぞれ「在□《（国カ）》之間、無判」「禁忌間　無判」と墨書されていることも併せて指摘しておく。梧陰文庫本には、墨筆で校異が記されているのであるが、第六条の「沙汰出来」の「出」を抹消している様に、C系本・D系本といった質の余りよくない写本で校合を行なった様である。末尾に文暦元年閏六月二十一日付の「起請文失条々」（追加法73条）が書き加えられていることも梧陰文庫本の特徴の一つである。

注

（1）「本一色村」は、葛西郡東葛西領（現江戸川区）の村であった可能性が高い（『角川日本地名大辞典13東京都』）。

（2）『中世法制史料集第一巻』が底本としたのは鶴岡本である。体裁が整っており、文字の誤脱が少ないことが鶴岡本が底本に選ばれた理由であるが、式目本条の間に追加法（嘉禎三年《（一二三七）》法～延応二年《（一二四〇）》法）が挿記されているなど問題もあり（④の平林本にも追加法が追記されている）、式目原本を復元する為の底本として②鶴岡本が相応しいのかどうか検討する余地がある。

（3）「御講釈聞書」は、式目注釈学を伝える式目三家として、斎藤家・飯尾家・清原家を挙げている。

（4）梧陰文庫本では第四条に「賊」と記されているが、「贓」の誤写であろう。

参考文献

『中世法制史料集　第一巻鎌倉幕府法』（岩波書店、一九五五年）
植木直一郎氏『御成敗式目研究』（岩波書店、一九三〇年）

佐藤進一氏「御成敗式目の原形について」（同氏『日本中世史論集』岩波書店、一九九〇年）
同氏「御成敗式目第六条「出」字の有無について」（同氏『鎌倉幕府訴訟制度の研究』岩波書店、一九九三年）
拙稿「『御成敗式目』の条文構成について」（『國學院大學日本文化研究所紀要』第九四輯、二〇〇四年）

梧陰文庫所蔵「伝谷川士清書入校正本『日本書紀』」愚見

西岡和彦

はじめに

國學院大學図書館梧陰文庫に、「谷川士清校本」と表紙に墨書された慶長十五年板の『日本書紀』全五冊（本書はそれの寛文九年板）が収められている（これを以下、梧陰本と略記する、図書番号一三三二）。本書は、近世神道思想史を垣間見るに興味深い書なので、愚見を述べてみたい。

本書には、谷川士清《たにがわことすが》の書き入れがある、と『梧陰文庫目録』（昭和三十八年）に注記している。ところが、それが士清自筆の書き入れか否かはわからない。おそらく当時の編者は、表紙の墨書や本書第五冊にある「士清」明記の二つの奥書から、そのように判断されたのであろう。そこでその真偽を確認するために、二つの奥書を検討してみよう。

奥書は、まず墨書で左の通り記されている（引用は常用漢字に統一し、読点を付した。以下、同様）。

朱点拠下御霊社所蔵垂加翁本、以五十鰭翁本謄写之、又以埴鈴翁本校之、
墨書据僧契仲《ママ》所考、再以畿内志及予所見聞記之、　寛保元辛酉十月廿六日記、
谷川士清

次に、朱書で左の通り記されている。

同第三癸亥臘月、以五條天神社司所蔵活板卜氏点本及松下氏所伝自卜兼魚之本校正、并以臆見改訓点加標注云、

士清

そして、その左肩上に、墨書で、

延享二年二月校畢、

と、付け加えられている。

この二つの谷川士清明記の奥書があることから、本書は「谷川士清校本」の『日本書紀』とされ、かの有名な『日本書紀通証』の稿本にあたる書と考えられたのであろう。ところが、この奥書にはいささか問題がある。そこで次にその点を検討してみよう。

一　奥書の問題

戦前、国民精神文化研究所から発行された翻刻本『日本書紀通証』（昭和十二年）には、『国学者谷川士清の研究』の著者で医学博士の加藤竹男氏による詳細な凡例が載せられている。それによると、寛文九年板『日本書紀』の士清自筆書き入れ本は、東京の白石正邦氏が所蔵（これを以下、白石本と略記する）していた。それは全十三冊本だが、その内の神代巻の二冊は欠本であったという（梧陰本には欠本は無い）。

白石本と梧陰本の奥書を比較してみると、少々異同のあることがわかる。たとえば、前述の墨書奥書の箇所では、梧陰本には、「墨書、据僧契仲《ママ》所考、再以畿内志及予所見聞記之、」と、契沖の説や「畿内志」などを参考にしたとあっ

たが、白石本にはその部分がない。次に朱書奥書の箇所では、白石本には「延享二年二月十八日校畢、」とあって、梧陰本には見えない日付が書かれてあった。もちろん、これだけでは真偽の判断は出来ないが、白石本には頭書に「清按」、すなわち士清が思案するところ、といった書き入れが見られる（前掲書図版参照）が、梧陰本にはそれが全くなかったのである。

ならば、梧陰本は白石本から転写された一本なのであろうか。だが、前述の墨書奥書の記事があるだけに、断定は控えたい。ただ、梧陰本には、白石本にはない非常に興味深い書き入れが見られる。そこで次にその書き入れについて検討してみよう。

二　書き入れについて――書写人物の特定――

梧陰本特有の書き入れ箇所は、左の通りである。

宝暦庚辰秋七月、徳、再遊京、訪混成翁、会翁講説之章、予亦陪下風、

この書き入れは、『日本書紀』巻一「一書ニ曰ク天神謂二伊奘諾尊……」（五丁表）の箇所に朱書されている。また、同巻「一書曰、伊奘諾尊欲レ見……」（十七丁裏）の横にも同じく朱筆で、「十月十三日松翁云、」とある。これらの書き入れは、白石本には無い梧陰本の特徴である。

朱筆で記された「徳」とは、同巻二の頭書にある「信徳按……」（三十二丁表）から、「信徳」という名であることがわかる。また、同巻六の頭書には、「信通云、潮翁之写本除与字衍也、」（四丁表）とあって、「信通」という名が出てくる。

この「信通」「信徳」という二人の名前と本書の性格とを合わせ考えれば、自ずとこの二人が谷川士清の弟子で、安芸国竹原（現、広島県竹原市）に鎮座する磯宮八幡宮祠官の唐崎父子であったことはすぐに特定できよう。

唐崎信通は、号を辛斎とし、松岡雄淵や谷川士清に師事した垂加神道家であった。前述の頭書にあった「潮翁」とは、玉木正英または谷川士清を指すのであろう（垂加神道では、天孫に良い道を教えた塩土老翁に因んで、師を「潮翁」と敬称したのである）。信通は志半ばで、十一歳の嫡子を残して、延享四年（一七四七）五月に世を去った。享年五十。

その嫡子が信徳こと唐崎士愛で、赤斎と号した。彼は叔父の彦明や母方の吉井家庇護のもと、幼少より才能を発揮し、寛延四年（一七五一）十五歳の時に初めて上京、垂加神道家の松岡雄淵に面会を乞い、竹内式部にも会った。前述の書き入れにあった「混成翁」や「松翁」とは、松岡雄淵のことである。なお、彼は上京する前に、神宮へ参拝し、その足で津の谷川士清の許へ行き入門の許可を得ていた（以上は、金本正孝氏「世に知られざる唐崎士愛の生涯——特に山崎闇斎百年祭の実行について——」『芸林』四五―二参照）。問題の『日本書紀通証』は、その年の十二月に脱稿されたのである。

信徳の人となりは、気概の人であり、赤心正直（ますぐ）な人であった。ある日、彼は本居宣長宅を訪ね、一晩中「道」について語り合ったという。宣長は、その時の印象を弟子に次のように伝えている。信徳は古学者にない気概をもった「真ノ学者」であったと（安永五年〔一七七六〕七月三日付、蓬莱尚賢宛宣長書簡〔筑摩版『本居宣長全集』第十七巻〕）。

士愛の師谷川士清もまたそのような人物であった。士清の兄弟子にあたる吉見幸和は、神道五部書を批判的に研究した『五部書説弁』を著した事で有名である。そもそも学問が進歩すれば、前代の学説が批判されていくのは当然であるが、彼はそれだけに留まらず師の玉木正英を愚弄し非難するまでに及んだ。士清は、兄弟子のそうした態度に、人道から外れた行為である、として厳しく批判したのである（『五部書弁批』）。

信徳は、長く士清に親近し、「士」の一字を頂いて士愛《ことちか》と称すほど士清からの信頼を得た人物であった。したがって、彼は士清の書入校正本『日本書紀』を見る機会ばかりか、写す許可も得られたことと思われる。

ならば梧陰本は、信徳こと唐崎士愛書き入れ本と考えられよう。だが、結論を出す前にもう少し詰めておきたい。

というのは、そもそも士清の書き入れ本を書写したのは、信徳ではなく、父の信通ではなかったか、とも考えられるからである。

信通は、享保年中に下鴨神社祠官で垂加神道家の梨木祐之に師事し、その後松岡雄淵や谷川士清に入門して、そこで得た学問を郷里で講義した。彼の母の実家吉井家には、信通の『神代巻』の講義筆録が伝わっているというから（前掲金本氏論文参照）、『日本書紀』研究に研鑽していたことがわかる。

さらに、前述した墨書奥書の、士清が「垂加翁」こと山崎闇斎の加点本などから『日本書紀』を校正したのは、寛保元年（一七四一）十月二十六日であったが、信通が士清に師事して、彼から「神道許状」を受けたのは、その二ヶ月余り後の寛保二年正月であった。また、同じく朱書奥書の、士清が「松下氏」こと松下見林の所蔵本などからさらに『日本書紀』を校正したのが、その翌年臘月（十二月）であった。こうしたことから、信通は、士清の側にいて、その当時の様子を目の当たりにすることができた有力な人物であったのである。とすれば、梧陰本に、白石本にはなかった奥書の箇所があることも、何ら不思議はなかろう。

かくて、梧陰本は、唐崎信通が谷川士清に師事していた時に書写したもの、と考えるのが妥当と思われる。

三　書き入れの内容

次に、前述の朱筆書き入れについて、簡単な説明を加えておこう。

「宝暦庚辰」とは、宝暦十年（一七六〇）のことである。信徳が士清の塾を終えたのが宝暦八年で、その翌年、京都では宝暦事件が起こり、竹内式部は京都を追放され、神宮の神官蓬莱家に身を寄せた。前述の宣長書翰は、その蓬莱家に宛てたものである。この事件以後、垂加神道家や崎門学派の儒者は、息をひそめて活動するようになり、松岡雄淵もその事件後、吉田家の学頭を退いた。そうした空気の中、信徳は宝暦十年七月、再び上京し、「混成翁」こと松岡雄淵に面会し、『日本書紀』の講義を受けたのである。

それを示す朱書が、前述の如く「一書ニ曰ク天神謂二伊弉諾尊……」の箇所にあった。なお、その「天神」の右横に「指天高神三神」と墨書されている。つまり、「天神」とは天御中主尊・高皇産霊尊・神皇産霊尊の三神を指す、との説明である。この墨書は、士清説か、それとも信通または信徳の書き入れであろうか。さらにその墨書の右横に朱筆で、「翁云、コノ天神ニ紛々ノ説アリ、恐不当、」と、松岡雄淵の柔軟な説が記されている。

信徳は、その年の十月、松岡雄淵に正式に入門した（吉崎久氏「松岡仲良の門人簿――京都大学蔵『渾成堂門人簿』――」『神道史研究』二一―六参照）。このことから、信徳は正式に入門が許される前に『日本書紀』のこうした講義を受けて、学力や志などを試されたのかもしれない。梧陰本の朱筆書き入れは、そうした貴重な記事を垣間見せてくれるのである。そして、信徳は、引き続き十月十三日にも受講したことを、本書は伝えている。

それ以降も松岡雄淵の講義を受講したか否かは、梧陰本では確認できないが、それから十五年後の安永四年（一七七五）、信徳は老師雄淵（当時七十五歳）を竹原に招いて『日本書紀』の講義を受けたという（前掲金本論文参照）。その時も、信徳は、この梧陰本を座右に、老師の講義を受けたのであろうか。

おわりに

以上を簡単に纏めておこう。

梧陰文庫所蔵の書入校正本『日本書紀』は、竹原の磯宮八幡宮祠官唐崎信通が谷川士清に師事していた時（寛保年間）に、『日本書紀通証』の下書きにあたる書入校正本『日本書紀』（寛文九年板）を書写したものであった。信通亡き（延享四年）後は、子の信徳が、士清に師事した時（宝暦元年〜八年）に得た事項をそれに書き加え、さらに上京しては、その書き入れ本をもって松岡雄淵の講義を受けた（宝暦十年）のであった。つまり本書は、谷川士清の自筆書入校正本ではなく、唐崎信通がそれを転写し、かつそれに信通・信徳父子が独自に書き入れた本であったといえよう。

以上のことから、本書は当時の神道家の研究足跡を知りうる点で貴重な図書といえよう。

『井上毅伝外篇近代日本法制史料集』について

柴田紳一

第一～七（ロエスレル氏答議一～七）

昭和五十四年より刊行の開始された國學院大學日本文化研究所編『井上毅伝外篇近代日本法制史料集』も、昨年（昭和六十年）刊行の第七巻を以て「梧陰文庫」（國學院大學図書館架蔵の井上毅文書）及び「井上家文書」（当時井上家所蔵、「梧陰文庫」以外の井上毅文書）所収の「ロエスレル氏答議」（約四〇〇点）の翻刻を了し、今年（昭和六十一年）四月刊行の第八巻より同じく「梧陰文庫」、「井上家文書」所収の「ボアソナード氏答議」の翻刻に着手し、現在は第九巻（「ボアソナード氏答議二」）を編纂中である。

本稿は、右第一巻より第七巻に亙る「ロエスレル氏答議」の簡単な解説を行なうものである。

○

ここで『近代日本法制史料集』第一～第七（ロエスレル氏答議一～七）の構成について述べることとする。

本史料集は、当初の計画では全二十巻としてその内容は次のようにされていた。すなわちA・B・C・D及び図書

の五類よりなる「梧陰文庫」（詳しい内容については『梧陰文庫目録』昭和三十八年刊参照）のうち、

一、まずC類（「御雇外国人答議資料」全一七六冊）のうち、C－一～二五の「ロエスレル氏答議」（二五冊）を全四巻に収録する（これらは井上毅が「ロエスレル氏答議」「ロエスレル氏憲法質疑」等の題名のもとにロエスレルの答議を各冊に仕訳整理したもので、答議を求めた問題によってはロエスレル以外にモッセ・ボアソナード・パテルノストロ等の答議が合綴されている）。

また、第四巻の巻頭には特に東大法学部「吉野（作造）文庫」所蔵の「ロスレル氏答議第一号」（一冊、井上毅旧蔵、『明治文化全集』第二二巻「雑史篇」所収の原本）を収録する。

二、第五巻に、C－二六～二九及びC－五〇の「ボアソナード氏答議」（五冊）を収録する。

三、第六巻以下に、C類の残りの一四六冊（これらは井上が「外交参照」「帰化法参照」等、件名別に整理したもので、中には御雇外国人答議資料以外の資料も多く含まれている）の中から御雇外国人答議資料を各冊の番号順に編纂し、これを全五巻に収録する。

四、ついでA類（「秘庫之部」）、B類（「袋入之部」）の中から御雇外国人答議資料を人別・編年順に編纂し、これを全十巻に収録する。

しかし、この計画を第五巻のところで変更したのである。第一巻より第五巻前半（一一六頁まで）には、前記一、のC－一～二五及び「吉野文庫」のロエスレル答議を次のように順次収録した（各巻の本文中には各冊の表紙・目次を掲げてある）。

第一巻　C－一～六（前半）

第二巻　C－六（後半）～一〇

第三巻　C－一一～一六
第四巻　「吉野文庫」本、C－一七～二二
第五巻　C－二三～二五

そして、第五巻後半（一一七頁以下）には、「梧陰文庫」A・B類所収のロエスレル答議のうち第一巻より本巻前半までに既出のものと重複しない未出のものを編年順に収録することとした（明治十五～十八年）。

また第六巻には、前巻に続けてA・B類及び「井上家文書」（前述）所収のロエスレル答議のうち前巻までに未出のものを編年順に収録した（十九年～二十四年、「井上家文書」所収のものは、三二七号文書の出典でこれを「梧陰文庫H－62－4」と、また三二八号文書の編者註記ではこれを同「H－66－2」と表記してある）。

そして第七巻には、三八頁まではA・B類所収のロエスレル答議のうち前巻までに未出のものを編年順に収録し（二十四～五年）、三九頁以下には既出のC－一～二五以外のC類、及び「梧陰文庫」図書の部に所収のロエスレル答議のうち前巻までに未出のものと、同じく未出のA・B類所収のロエスレル答議とを編年順に収録した（十四～二十五年）。

この第七巻を以て「ロエスレル氏答議」は完結し、本巻巻末には第一巻から第七巻までに収録された全答議の編年目録を附した。

○

なお、ここで若干の補足と訂正をしておきたい。

第一巻より第五巻前半に収録した答議の中には、相互に重複する、つまり同文のものが何点かあり、それらについては後出の方の答議の編者註記に同文既出の旨を記すこととした。

また本史料集に収録した答議で「梧陰文庫」の中に、他に同文或いは草稿本・浄写本等のある場合には、各答議の編者註記にその旨を記すこととしたが、これにはかなりの脱漏が出たので、ここでそれを一覧表として掲げることとする（上段は本史料集の文書番号で、下段は「梧陰文庫」の整理番号である。下段の資料が上段の文書の同文等であることを示す）。

〔第一巻〕

四　B—三九一八
一一　B—二七四
一三　B—三九二四
一六　B—三九一四
一八　B—四五五
二四　B—四六二・三九三七
二五　B—四六二
三三　B—四六二
三四　B—一五六七・一五六八
四一　B—三八九三
四五　A—六七八

〔第二巻〕

五三　B—三八六七
六二　B—三九二三
六六　B—三九二九・三九三二
六九　A—三一五
八九　B—三九二二
一〇五　B—三九二八
一一二　A—三四八
一二四　B—四〇四〇

〔第三巻〕

一二五　B—三八七〇
一三三　B—四五九
一三六　A—一〇二六
一四二　B—三八三〇
一四三　B—三八三二
一四四　B—三八三三
一四五　B—三八三四
一四六　B—三八三六
一四七　B—三八三七
一四八　B—三八三八・三九二七
一四九　B—三九二五
一五二　B—三九三五
一五三　B—一七八〇
一五四　B—三九二一
一六五　B—三八七六
一六八　B—一四五七
一七〇　B—三八七七・三八七八
一七三　B—五五六
一八三　C—九一
一八四　B—一〇二八・C—七〇・

九一
一八五　C―七〇・九一
一八七　B―三八六四
一九二　図書の部四一〇
〔第四巻〕
一九六　C―一二九
二〇四　B―三八六五
二〇五　C―一一八
二一〇　C―三七
二一二　C―八一
二一七　B―三八五九
二二三　B―一九二三（仏文）・一九二四（英文）・一九三三・一九四二
二二四　B―一〇八一
二三四　図書の部二九七
二三五　同右
二四三　同右
二四五　B―三八六三
二四六　B―一四六〇・三八六一
二四七　B―三八六〇
二四八　B―三八五五
二五〇　B―一六〇九・三八五七・C―八一
二五一　B―三八六二
二五四　B―三八六三
二六二　C―一七三
二六四　B―六〇二・二二八五
二六五　C―一三〇
二六八　C―一〇一
〔第五巻〕
二七二　B―三九〇二
二七三　A―一五
二八四　B―三八二七
二八五　B―三八二八
二九六　B―三九二四
三一四　C―一〇一
〔第七巻〕
四〇五　B―三九〇八

このうち、一九二・二〇四・二四六号文書の三点は、いずれも各巻の目次・本文と、第七巻の「編年目録」とにおいてはロエスレルの答議と推定するに止めたが、それぞれ下段の資料によりロエスレルの答議に間違いないことが判明した。

これは右の表とは関係ないが、第六巻の三六〇号文書は同文の「梧陰文庫」B―二八四によりロエスレルの答議ではなく、モッセの答議であることが判明した。

また、第七巻の三八八号文書二点のうちの一点は、第四巻の二五九号文書と同文であり、重複した。

○

なお、「梧陰文庫」（図書の部）三二〇にロエスレル著『社会行政法論第一号』があるが、これはロエスレル来朝以前の著作であり、また特に日本を対象に書かれたものではないので、本史料集には収録しなかった。

○

本史料集は書名にあるように『井上毅伝』の「外篇」である。そこで次に参考のために、『井上毅伝史料篇』第一～第六の中で、ロエスレルの名前の見える箇処（巻数・頁数）を挙げておくことにする。

〔第一巻〕 283、284、297、302、317、318、320、394、454、510、523、524、568、569、573、579、580、582、588、590、591、595、597、598、604、607、

〔第二巻〕 2、5、21、23、113、117、120、122、249、289、354、356、

〔第三巻〕 なし

〔第四巻〕 62、64、65、71、73、102、103、104、105、112、124、130、132、143、145、150、153、155、156、160、161、162、165、169、171、172、173、181、185、256、257、273、278、279、280、295、307、309、323、324、325、370、390、439、440、446、447、464、487、537、607、608、609、624、625、626、629、633、634、635、636、637、647、653、660、662、679、

〔第五巻〕 35、38、74、86、227、259、260、278、279、284、288、646、

〔第六巻〕 本文中には、なし

○

ここで、ロエスレルについて記しておきたい。

ロエスレルは一八三四年十二月バイエルンに生まれた。

明治十一年十二月、外務省顧問として来朝。その際、ロエスレルと駐独公使青木周蔵との間に交された雇入契約書（期限六年間）にはロエスレルの「位置」は、「議員（施行権ナキモノ）」であり、「敢テ公権ヲ有スル官吏ニ非ス唯日本政府ト ノ際ニ専ラ私法上ノ権限即チ此條約書ノ本旨及ヒ一般私法上ノ原則ニ基キタル権利ヲ有スルニ過キス然レ共各官吏ニ等シク分務上ノ事ヲ密蔵セスンハアルヘカラス」と規定されている。

その後、明治十七年十二月には参議兼宮内卿伊藤博文との間に更に六年間の雇入契約が結ばれ、二十三年十一月には内閣総理大臣山県有朋・内閣書記官長周布公平との間に二十六年三月までの契約を行なった。

ちなみにこの二十三年の契約ではロエスレルの俸給は、「毎月」一三〇〇円とされている。当時、総理大臣の「年俸」が九六〇〇円、各省大臣のそれは六〇〇〇円であった。

二十六年四月、契約が満期となり、その職責を終えたロエスレルは、帰国の途についた。

帰国に際し首相伊藤博文の主催した送別宴の席上、井上毅（当時文部大臣）は「起つて邦語もて博士が多年力を我国に致したることを叙述し殊に憲法政治の培養に与つて大功あるを称へ尚ほ今後とも身故国に在つて益々憲法政治の培養に助力あらんことを望むと演述」した。

帰国前にすでに健康を害していたロエスレルは、翌二十七年十二月オーストリアに歿した。享年六十歳であった。

（以上は、鈴木安蔵著『憲法制定とロエスレル』昭和十七年刊、J・ジーメス著本間長世訳『日本国家の近代化とロエスラー』昭和四十五年刊の両書による。ちなみに、ジーメス教授はロエスレルの著作及び伝記資料からなる「H・ロエスレル関係資料」を国立国会図書館の憲政資料室に寄贈されている〈同室架蔵の「憲政資料室収集文書目録」一一七二の1～32及び番外〉。）

なお、ロエスレルは第一回帝国議会が無事閉会して約一ヶ月後の明治二十四年四月十四日、「宿痾」のため日本政府宛に辞表を提出しているが（国立公文書館所蔵「公文別録 未決竝廃棄書類一」）、この時には彼の辞職は実現しなかった。

第八〜十（ボアソナード答議一〜三・モッセ答議）

全二十巻を予定している『近代日本法制史料集』は、今回（昭和六十三年）刊行の第十巻を以て、明治政府の御雇外国人の中でも最も著名なロエスレル・ボアソナード・モッセの三人の答議資料（「梧陰文庫」及び「井上家文書」所収分）の全ての翻刻を終了した。

第一から第十までの各巻の内容・刊行年月は次の通りである。

第一	ロエスレル答議一	昭和五十四年三月
第二	ロエスレル答議二	昭和五十五年三月
第三	ロエスレル答議三	昭和五十五年十月
第四	ロエスレル答議四	昭和五十六年七月
第五	ロエスレル答議五	昭和五十七年八月
第六	ロエスレル答議六	昭和五十八年十二月
第七	ロエスレル答議七	昭和五十九年十二月
第八	ボアソナード答議一	昭和六十一年三月
第九	ボアソナード答議二	昭和六十二年三月
第十	ボアソナード答議三モッセ答議	昭和六十三年三月

右のうち、第一〜第七の「ロエスレル答議」については、前段に紹介した通りであるが、ここでは以下第八〜第十（ボアソナード答議一〜三・モッセ答議）に関して、その詳細については扨置き、ボアソナードとモッセの両人について、

また両人と井上毅との関係について述べてみたいと思う。

○

まずボアソナードについてであるが、ボアソナードの出自、経歴、及びその日本に残した足跡等については大久保泰甫氏の著書『日本近代法の父ボワソナアド』（昭和五十二年、岩波新書）に詳しい。

この仏国人ボアソナード（一八二五年生）と、井上毅（一八四三年生）のこの両者の関係は、他の多くの御雇外国人と井上とのそれとは、大いに趣きを異にし、極めて濃密なものがあったように思われる。

明治五年十一月に渡仏した八名の司法省官員の一人であった井上は、滞仏中ボアソナードから憲法及び刑法等の講義をうけている。同七年三月、ボアソナードは司法省法律専門教師として来日。同八月井上は、台湾生蕃問題処理の為に全権弁理大臣として清国に派遣された大久保利通の随員となった。井上は、同じく随員となったボアソナードと共に対清交渉に参画した。ボアソナードはその国際法理論を以て、また井上はボアソナード伝授の法理と、得意の漢学の素養を以て（対清外交文書の起案・翻訳を担当）、共に良く大久保全権を補佐し、その期待に十二分に応えた。

その後、両人の関係は益々深まり、やがて明治二十年の条約改正問題を迎える。「我が国を呼ひて第二の本国」としたというボアソナードは、我が要路に対する痛憤の極、五月十日、当時宮内省図書頭であった井上に向かって「此事若シ実行セラレナハ、日本国民ハ再タヒ二十年前ノ変動ヲ起スナルヘシト想像ス」と前提して三点の問題点を挙げ、「今日ノ結局ニ至リタルハ、日本ノ為ニ哀ムベク、痛ムベク、嘆クベキノ極度ナリ」と切言し、更に井上に対し「足下ハ高等ノ地位ニ在リ、且平生ノ志操ハ予ノ信用スル所ナリ。本国ノ為ニ古今未曾有ノ危急ニ際シ、何等ノ尽力モナサ、ルカ」と「顔色勃然トシテ憤怒ノ色」をあらわに詰め寄った（本『史料集』第九、一五二～五頁）。ついで六月一日、ボアソナードは内閣に一篇の「意見書」を提出した。
これをうけてかのように井上も大いに動き、ついに八月二日、外務大臣井上馨は天皇に改正会議中止の顚末を奏聞する。
当時、改正条約反対派の一人であった宮中顧問官佐佐木高行が、同志・元田永孚に送った書翰には次のように端的に記されている。

此度改正延期之事は、最初ボアソナードの意見差出候得共、内閣大臣にはさのみ感動無之場合、井上毅君之賛成尽力に依り、愛国之向々大に感動、遂に延期之運相成候事、其功勲井上君第一と被存候得共、井上君他に漏洩を憚り、吾が功を不顕候誠信、尤感心仕候（中略）此度井上君之勲功は、百年後に泯滅不致段、老台御手許に於て御記し置候義、希望此事に御坐候。

（沼田哲・元田竹彦編『元田永孚関係文書』昭和六十年、山川出版社、三二七頁）

八年後の明治二十八年三月八日、ボアソナードは帰国した。
井上は「ボアソナード君の帰国をおくる詞」（『井上毅伝 史料篇』第五、六七一頁）の中で、

余は実にボアソナード君と二十年来の友なり場合に依りては我か師なり（中略）余は君か曾て我か国を呼ひて第二の本国と云へりしことを記臆す

といい、そして、

ボアソナード君よ君の第二の本国か立法上及ひ諸般の事業に於て如何に発達するかを見て幸に余輩の為に必要なる注意と勧告とを怠ることなかれ

と結んでいる。

ボアソナードの帰国から一週間後の三月十五日、井上は死去。

帰国後、ボアソナードは南仏アンチーブに余生を過ごし、一九一〇年（明治四十三年）六月二十七日、満八十五歳の高齢を以て逝去した。

参考までに次に『井上毅伝史料篇』第一〜第六の各巻の中でボアソナードの名前の見える頁数を掲げておく。

〔第一巻〕37、38、40、156、191、312、550、551、
〔第二巻〕なし
〔第三巻〕81、85、87、91、92、110、141、274、278、279、298、299、302、303、304、307、308、309、312、316、323、327、329、331、336、341、342、346、347、350、351、352、508、589、598、639、671、372、
〔第四巻〕65、69、70、71、103、104、123、131、299、323、324、351、352、366、464、483、612、634、635、637、639、644、645、661、
〔第五巻〕33、72、231、265、625、628、630、696、697、698、699、700、730、
〔第六巻〕69、70、135、137、160、161、270、272、

○

次にモッセについてであるが、一八四六年生まれ（井上より三歳年下）、独逸公法学の大家・グナイストの高弟であり、駐独日本公使館の顧問を経て、明治十九年五月に内閣法律顧問として来日、主に地方制度の立案に参画したこの独逸人については、『明治地方制度成立史』の著者・亀掛川浩氏の「人物素描　モッセ」（『日本歴史』二五一号　昭和四十四年四月）に詳しい。

本史料集にみえるモッセの答議の数は、ロエスレル・ボアソナードのそれと較べてはるかに少ない（ロエスレル約四百点、ボアソナード約二百二十点、モッセ約六十点）。

しかし、井上がモッセの答議を相当重視していたことは間違いない。井上が彼ら御雇外国人に問議を発するとき、重要な問題に関して多くの場合、二人以上の答議を求めている。その際、特にロエスレルに対する質問はモッセに対しても発せられ、両人の答議資料が井上によって一件ごとに合綴・整理されていることが多い。

明治二十二年夏、モッセが故国に送った書翰の一節には、次のように記されているという。

井上毅氏が憲法のことでまた考えられる限りのあらゆる疑問点を並べたてて私を攻めつけてきた。

（『朝日新聞』昭和五十三年七月三日夕刊記事「朝日学術奨励金の人びと① アルベルト・モッセの資料的研究　東大法学部教授石井紫郎氏・同助教授坂井雄吉氏」より）

また当時、独逸語に長じ、井上の下僚としてロエスレル・モッセ等の答議の翻訳を行なっていた渡辺廉吉（のちに行政裁判所評定官）の伝記によれば、

当時諸大官は、かかる法制上の取調又は外人顧問の答申書の翻訳を先生に依頼する為に、先生の自宅に迄、頻繁に使者を遣はしたものであるが、殊に井上毅氏よりの使者は、多い時には一日に三四度に及んだと云ふことである。

（『渡辺廉吉伝』昭和九年刊、六四頁）

もとより井上は、彼ら御雇外国人一人一人の学問・思想の傾向については知悉しており、その意見を取捨選択し、以て施策の起案・国務への寄与に遺憾なきを期していたのである。

モッセは明治二十三年四月、帰国の途に着き、いくつかの公職を歴任したのち、一九二五年（大正十四年）五月三十日、七十九年の生涯を閉じた。

最後に、『井上毅伝 史料篇』第一～第六の各巻の中でモッセの名前の見える頁数を掲げておく。

〔第一巻〕568、569、589、

〔第二巻〕112、113、117、120、121、

〔第三巻〕なし

〔第四巻〕101、104、130、145、150、151、153、154、155、156、166、169、391、440、516、542、547、574、634、635、639、669、

〔第五巻〕33、386、

〔第六巻〕なし

○

なお、本『史料集』第十一には、伊太利人パテルノストロの答議資料を収録する予定である。

〔附記〕その後、以下の内容で第十一～第二十が刊行された。

第十一　パテルノストロ答議一　平成元年五月

第十二　パテルノストロ答議二　平成二年九月

第十三　ルードルフ答議　平成四年三月

第十四　マイエット答議一　平成五年三月

第十五　マイエット答議二　平成六年三月
第十六　マイエット答議三　平成七年三月
第十七　ピゴット答議他　平成八年三月
第十八　スタイン答議　平成九年三月
第十九　諸氏雑纂一　平成十年三月
第二十　諸氏雑纂二　平成十一年三月

なお、第二十巻には附録として「御雇外国人答議編年目録（第一巻～第二十巻）」、「『井上毅伝外篇 近代日本法制史料集』第一～第二十　全巻構成一覧」を収録した。

梧陰文庫に見る蔵書印

其の一

長又高夫

現在（平成十六年）、我々は梧陰文庫総目録の作成の為に、井上毅旧蔵図書（和書六七三点二一四八冊、漢籍二〇一点一七三七冊）を一冊一冊調査している。井上毅旧蔵図書の大半には井上毅自身の蔵書印「井上／毅蔵」（朱文方印）が捺されているが、井上毅以外の蔵書印も散見する。これらの蔵書印は、井上毅以前の旧蔵者の存在を明示するものであり、井上毅旧蔵図書の来歴を考察する上で有力な手懸かりとなることはいうまでもない。そこで、我々は井上毅旧蔵図書に捺されている様々な蔵書印の中から、著名なものを選んで順次紹介してゆくこととしたい。本稿では、三人の林大学頭、述斎・復斎・学斎の印四顆と小中村清矩の印一顆を紹介する。

（1）「林氏蔵書」

『資治通鑑綱目』（五十九巻前編二十五巻首一巻続編二十七巻末一巻）嘉慶十三年重刊忠信堂蔵板百二十冊（図書番号六三五―一）の毎冊首右上部に押捺されている。掲出印は三・四㎝×三・四㎝の朱文方印で、蔵印主は林述斎である。寛政九年（一七九七）に昌平坂学問所を開校する際に、林羅山以来収集された家蔵書のすべてにこの「林氏蔵書」印が捺され、移管されたという（改訂増補『内閣文庫蔵書印譜』）。また殆どすべての場合、当該印と共に昌平黌の印を確認出来るという。しかし本書には「林氏蔵書」印のみが捺されている。林述斎は、美濃国岩村藩主松平乗薀の第三子。幕府の命で林錦峰の養嗣子となり、諸大夫・大学頭となる。寛政改革に際し、林家の家塾を幕府直轄の学問所として整備する。大塩竃渚・服部仲山に従学、のち渋井太室に学ぶ。名は乗衡《のりひら》、のちに衡《たいら》。字は徳詮・叔紞・公鑑。称大内記。号は述斎・蕉隠・蕉軒・天瀑・楽園逸文・墨水漁翁。天保十二年没。七十四歳。

（2）「梧月楼弁」　（3）「梧南林氏蔵書」

「梧月楼弁」印は、李翺撰『李文』（十四巻）江戸昌平坂学問所刊本三冊（図書番号七一五）の毎冊前表紙右下部に、「梧南林氏蔵書」印は、『同書』毎冊首右上部に押捺されている（当該印は、井上毅自筆朱書で抹消されている）。「梧月楼

（1）「林氏蔵書」（原寸、以下同じ）

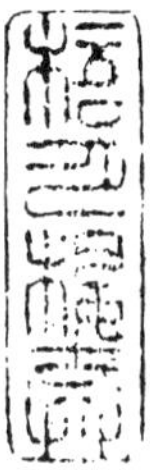

（2）「梧月楼弁」

（3）「梧南林氏蔵書」

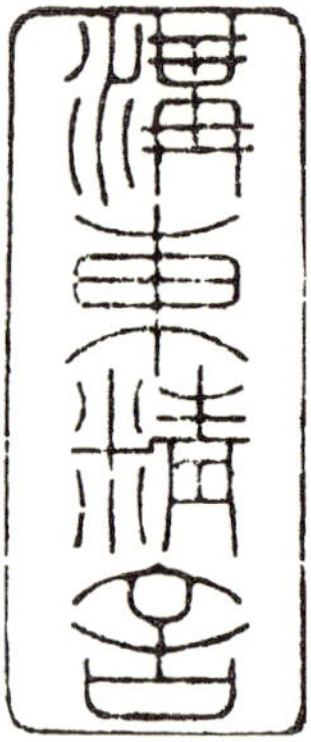
（4）「溝東精舎」

（5）「陽春廬記」

弁」印は三・〇㎝×一・〇㎝の朱文長方印、「梧南林氏蔵書」は三・四㎝×三・四㎝の朱文方印であり、共に蔵印主は林復斎である。復斎は、述斎の四男。文化五年林家支族信隆の家を嗣ぎ、書物奉行、二丸留守居、先手鉄砲頭、西丸留守居、学問所御用等を歴任する。しかし嘉永六年宗家の林大学頭健（壮軒、述斎孫）が夭折した為に、宗家に復し大学頭となる。安政元年、米国使節ペリーとの交渉にあたり、日米和親条約の締結に尽力した。松崎慊堂に従学。名は韑《あきら》。字は弸中。号は復斎・梧南・藕濱。安政六年九月十七日没。六十歳。

（4）「溝東精舎」

『欽定大清会典』（一〇〇巻）乾隆二十九年勅撰、清江南省撫部英殿聚珍版重刊二十冊（図書番号六六六―一）の毎冊前表紙右上部と首右下部に押捺されている。掲出印は四・八㎝×二・一㎝の朱文長方印で蔵印主は林学斎である。本書には他に小中村清矩の朱文長方印（5）「陽春廬記」（三・〇㎝×二・四㎝）も毎冊首右上部に捺されている（当該印は図書番号六九六―二一―一の『日知録』三十二巻餘四巻十二冊にも捺されている）。本書第一冊目の巻頭には「此四帙は我が歿後、井上子爵家へ贈ルベシ」との小中村清矩自筆の紙片が夾み込まれており、この学斎旧蔵本が小中村清矩の手を経て井上家の架蔵する所となったことが知られる（井上毅の子爵敍爵が、薨去直前の明治二十八年一月七日の事であり、小中村清矩の病没するのが同年十月十八日であるので、この紙片はこの間に記されたものであろう）。旧蔵者の林学斎は、復斎の四男。安政六年大学頭を襲ぎ、後に寺社奉行も兼任する。維新後は、司法省明法権大属、群馬県師範学校教諭、同女学校校長等を歴任。名は昇。字は平仲。号は学斎。明治三十九年没。七十四歳。

其の二

宮部香織

本稿では井上毅旧蔵図書に見られる蔵書印の中から、狩谷棭斎の印三顆と、渋江抽斎、岡松甕谷の印各一顆を紹介したい。

（6）「棭斎」　（7）「狩谷望之」　（8）「湯島狩谷氏求古楼図書記」

「棭斎」印および「狩谷望之」印は、張廷玉等奉勅撰『明史』（巻九十六～九十九）日本鈔本二冊（図書番号六二二二）の第一冊巻首右下部に順に押捺されている（当刻印は、井上毅自筆茶鉛筆書で抹消されている）。「湯島狩谷氏求古楼図書記」印は、同書第二冊巻末左下部に押捺されている。「棭斎」印は一・八cm×一・二cmの朱文長方印、「狩谷望之」印は一・八cm×一・九cmの白文方印、「湯島狩谷氏求古楼図書記」印は三・〇cm×三・〇cmの朱文方印であり、いずれも蔵印主は狩谷棭斎である。狩谷棭斎は、江戸時代後期の国学および漢学者、考証学者で、安永四年（一七七五）に江戸の書肆青裳堂を営む高橋高敏の子として生まれ、寛政十一年（一七九九）に弘前藩用達の津軽屋狩谷保古の養嗣子となる。狩谷家を嗣ぐ以前より上代制度の研究を志し、屋代弘賢に学ぶ。また、漢籍古典の本文校定のために善本蒐集と官庫・社寺の書庫の採訪に努め、豊富な蔵書を築いた。名は真末・真秀、のちに望之、字は卿雲、通称は三右衛門、

（8）「湯島狩谷氏求古楼図書記」

（7）「狩谷望之」

（6）「棭斎」

（原寸、以下同じ）

号は生家の屋号「青裳（ねむのき）」にちなむ棭斎・ねむのやの他に、譚翁・六漢老人・求古楼・超花亭・常関書院・実事求是書屋などがある。天保六年（一八三五）没。六十一歳。

狩谷の死後に門弟によって纏められた『経籍訪古志』によれば、狩谷は現存する漢籍の善本解題書目の編纂を意図していたことが窺われる。本書もその過程において入手したものであろう。なお、「棭斎」の印に、後人の手により明治期になって押捺されたものがあると指摘されているが（長澤規矩也「蔵書印調査の必要性について」国立公文書館編『改訂増補内閣文庫蔵書印譜』昭和五十六年）、本書の場合は「棭斎」印のほかに前掲二顆の狩谷の蔵書印が押捺されており、狩谷の存命中の押捺と考えてよいであろう。また、「湯島狩谷氏求古楼図書記」の印は比較的晩年に所用されたようである（川瀬一馬「棭斎印譜の集録に就いて」『書誌学』四―六、昭和十年）。本書は狩谷の死後に流出したのであろうか。

（9）「弘前医官渋江氏蔵書記」

晁公武撰『昭徳先生郡斎読書志』（五巻後志二巻）鈔本八冊（図書番号六八一）の毎冊巻首右下部に押捺されている（当刻印は井上毅自筆朱鉛筆書で抹消されている）。掲出印は、四・二cm×二・〇cmの朱文長方印で、蔵印主は渋江抽斎である。渋江抽斎は、江戸時代後期の儒医、漢学者、考証学者で、文化十二年（一八〇五）に津軽藩医允成の子として江戸に生まれる。医学は伊沢蘭軒、池田瑞英に学び、考証学は市野迷庵や前掲の狩谷棭斎に学ぶ。前出の『経籍訪古

（9）「弘前医官渋江氏蔵書記」

志』は、渋江と森枳園、小島小斎、伊沢柏軒らとの共著である。また、古書の蒐集・交勘に専念し、武鑑をはじめとする蔵書は三万五千冊と言われている。名は全善、字は道純・子良、号は抽斎・観柳書屋・柳原書屋・三亦堂・目耕肘書斎などがある。安政五年（一八五八）没。五十四歳。

渋江の死後、知人等によってその蔵書が持ち出され、大半が散逸したようである（森鷗外「渋江抽斎」）。本書もそのような過程により流出したのであろうか。

（10）「紹成書院之章」

淡庵子（熊沢淡庵）編輯『近代正説砕玉話』（第一～六巻、第九～十巻）刊本四冊（図書番号二一一二）の毎冊目録右下部、および宮脇通赫編『鼇頭評註春秋左氏伝校本』（第一～二巻）刊本一冊（図書番号八四六）の巻首右下部に押捺されている。掲出印は六・一cm×六・一cmの朱文方印で、蔵印主は岡松甕谷である。岡松甕谷は、江戸時代後期から明治時代前期にかけての儒学者、漢学者で、文政三年（一八二〇）に豊後国大分郡高田村の岡松真友の次男として生まれる。帆足万里の家塾西崦正舎に学び、江戸に出て蘭方医学を学んだ後、熊本藩に仕えた。維新後は昌平黌教授、大学少博士に任ぜられるも、程なく辞して帰郷する。明治九年（一八七六）に再び上京して私塾紹成書院を設立して子弟に教授した。のちに東京大学教授、東京学士院会員となり、漢文の大家と評された。名は辰、字は君盈、通称は辰吾・伊助、号は甕谷。明治二十八年（一八九五）没。七十六歳。

『明史』、『昭徳先生郡斎読書志』の二書には既述の如く、井上毅が旧蔵印を抹消し、「井上毅蔵」の印を捺している。しかし、これらの書物の岡松の印は抹消されておらず、井上の蔵書印も捺されていない。また、竹添進一郎（井井）

（10）「紹成書院之章」

抄録校定・竹添利鎌訓点『評註歴代古文鈔第一集（左伝鈔）』（第一～二巻）刊本二冊（図書番号六〇五）の「左伝鈔一」の巻末には「岡松蔵書」との墨書が記されている。

岡松と井上毅との間に親交があったことは知られており、『甕谷遺稿』（巻八）によれば、岡松が大学少博士辞任の意を示した折、井上はその慰留を促したとある。井上は逝去直前の明治二十八年、岡松の四男匡四郎を養嗣子に迎えた。これらから想像するに、先の二書は古書肆より購ったものであろうが、この書物は岡松自身より譲り受けたものであろうか。

其の三

城﨑陽子

本稿では井上毅旧蔵図書に見られる蔵書印の中から、「不忍文庫」と「阿波国文庫」の印を紹介する。

（11）「不忍文庫」

「不忍文庫」の印は以下の三点に押されている。

①『旧時本紀剥偽』の墨付一丁右下にあり、朱線で消されている。
②『国字攷』の巻頭右下と巻末左下にあり、墨線で消されている。
③『万葉集会粋』の墨付一丁右下にあり、朱線で消されている。

（11）「不忍文庫」（原寸）

いずれも子持罫四・〇cm×二・〇cmの朱文長方印で、蔵印主は屋代弘賢である。

①は、伊勢貞丈による『旧事本紀』を考証した書。②は、伴直方により「国字」を分類し、諸説を掲げ、解説を施した書。③は、貝原篤信（益軒）の手による万葉集の注釈書の抄録である。

屋代弘賢は幕臣屋代佳房（忠太夫、安永八年〈一七七九〉没）の子として宝暦八年（一七五八）江戸に生まれた。幼少より幕府右筆森尹祥に学び、持明院流の書をよくした。西ノ丸台所、本丸附書役を経た寛政五年（一七九三）松平定信の推挙により奥右筆所詰となった。『寛政重修諸家譜』『国鑑』『藩翰譜続編』等、幕府の編修事業に携わり、文化七年（一八一〇）から幕府の命を受けて着手した『古今要覧』の編纂は終生続いた。

群書類従の編纂で著名な国学者の塙保己一、有職故実家の松岡辰方、儒学者の山本北山らに師事し、和歌は冷泉為村・為康父子に学んだ。生涯における交流も広く、『国鑑』の編修に共に携わった柴野栗山をはじめ儒学者の成島司直、『一話一言』を著わした大田南畝、『松屋筆記』を記した小山田与清ら文化人のみならず、蝦夷探検家の近藤正斎、南画家の立原杏所、蘭学者の鷹見泉石、渡辺崋山などがあげられる。

屋代は蔵書家としても知られ、終生かけて蒐集された蔵書は不忍池畔の屋敷内に書庫三棟を建てて納められ、これを「不忍文庫」と称した。前掲の蔵書印はこの文庫の名による。天保十二年（一八四一）没。後に、これらの蔵書の大部分は生前の約定により阿波国徳島藩十二代藩主蜂須賀斉昌に譲られ「阿波国文庫」に入った。また一部が「池底叢書」と名付けられて現宮内庁書陵部に残された。

（12）「阿波国文庫」

「阿波国文庫」の印は以下の書籍五点に押されている。

①～③は「不忍文庫」印と重複した書籍の墨付一丁ならびに巻頭の同印の上。

④『広益俗説弁』の序文頭右下、巻末左下。

⑤『俗説贅弁』の序文頭右下、巻末左下他。

すべて子持罫六・〇㎝×一・八㎝の朱文長方印で、蔵印主は阿波国藩主である。

（12）「阿波国文庫」（原寸）

④は井沢蟠竜が、日本古来の伝説・俗説を分類し、批判検討を加えたもの。⑤は谷秦山により俗説や伝承に考証を加えたものである。

徳島藩主蜂須賀家は好学の藩主としても名高い第十二代蜂須賀斉昌（寛政八年〈一七九五〉～安政六年〈一八五九〉）が屋代弘賢から譲り受けた不忍文庫旧蔵書や柴野栗山の旧蔵書等を主とする「阿波国文庫」を有していた。これらのうちの一部を、維新に際して旧藩士に分け与えたことから一般に流布するところとなった。

井上毅の旧蔵書に含まれている「不忍文庫」と「阿波国文庫」の両印が押されている前掲①～③の書籍は屋代弘賢から蜂須賀斉昌へ、そして井上毅の手元へと渡ったものと考えられる。

（13）「武田文庫」との関わり

ところで、國學院大學所蔵武田祐吉文庫には一般書のほかに武田祐吉が購入した貴重書がある。このなかに前掲「不忍文庫」と「阿波国文庫」と同じ印が押捺されている『古葉畧類聚抄』がある。

当該書は事物に則して万葉歌を分類するいわゆる類纂物の一つで、春日若宮神主千鳥家に伝わった建長二年（一二五〇）本のうち、散逸を免れたものを借覧し、安永六年（一七七七）に江田世恭、井上昌軌、植村禹言の三人で模写した新写本と呼ばれている。

ちなみに、『古葉畧類聚抄』は、今回の『梧陰文庫総目録』の出版事業と同様に國學院大學創立一二〇周年記念事業として刊行がすすめられ、自身も参画している『新編荷田春満全集』の荷田春満その人が『万葉集』の註釈を行う際に参照していた一本でもある。

屋代弘賢から蜂須賀斉昌、そして井上毅、あるいは武田祐吉の手を経て國學院大學が所蔵する所となった貴重書の奇縁に驚かされる。

第三部　「梧陰文庫」と井上毅研究をめぐる座談会

「梧陰文庫」の寄贈経緯について

井上家当主　井上匡一
元國學院大學図書館副館長　横山晴夫
元國學院大學図書館調査室長　木野主計
（進行）柴田紳一

〈日　時〉平成十二年十一月二十四日（金）
〈場　所〉國學院大學　日本文化研究所

「梧陰文庫」の受入れまで

高塩　本日はお忙しいところお集まりくださいまして、ありがとうございます。

御承知の通り、「梧陰文庫」は明治近代国家の建設にきわめて重要な役割を果した井上毅《こわし》（一八四三～九五）、すなわち梧陰先生の遺文書で、憲法・皇室典範関係史料から外交、教育、地方制度あるいは御雇外国人答議資料に至るまで実に幅広い分野にわたり、基本的かつ重用史料に富んでいます。これら七〇〇〇点近くの文書は梧陰先生自らが生前に整理し、没後は井上家が大切に守ってこられ、現在は、國學院大學の図書館に所蔵されているわけです。日本文化研究所では、その中の御雇外国人答議資料を中心にして『近代日本法制史料集』というものを刊行してまいりました。全二十巻が昨年（平成十一年）

の三月に刊行されまして、それを承けまして同年の四月には、「梧陰文庫」を中心とする法制史料展という展示会を開催いたし、井上家のご当主の匡一様にもお出でいただきました。引き続き本年の四月より当研究所では、『梧陰文庫総合目録』の編纂・刊行」という総合プロジェクトを組みました。ついては、昭和三十年代に「梧陰文庫目録』を作られた横山先生にお出でいただいて、「梧陰文庫」がどういう経緯で寄贈していただいたかというお話を承って、そのうえでわれわれ『総合目録』を完成させたい。また、今日は井上匡一様にもお越しいただきましたので、井上家でも長年にわたってこの貴重なものをどの様に保存・管理されたか、そのご苦労話なども併せておうかがいできればありがたいと思っております。そんなことで、秋の行楽日和の一日をわざわざ費やしていただきましてお出でいただき、本当にありがとうございます。

簡単にわれわれ『梧陰文庫総合目録』の編集担当のスタッフを紹介したいと思います。まず、研究所の専属としては高塩が一応責任者として推進することになっています。一緒に柴田紳一助教授に加わっていただきまして、それから法学部から原田一明助教授に兼担教員としてご助力いただくことになりました。法学部では「梧陰文庫研究会」が結成されて、非常に盛んに研究会が催されておりますが、原田先生は実質上の幹事をしておられる方でございます。そういうことで法学部のほうからもお手伝いいただくということにしております。それから西岡和彦兼任講師でございます、本来は神道史といいますか、垂加神道の研究家ですけれども、目録作りは非常に長年の経験がありますので、ご助力いただいて主力として仕事を進めていただいております。それから齊藤智朗君、この方は大学院の現在博士課程三年目、神道の博士課程ですが梧陰先生の研究がテーマでして、すでに論文を何本か書いておられます、後程ぜひ差し上げていただいて、読んでいただければ嬉しいと思います。齊藤君は現在アルバイトという形で手伝っていただいております。それから宮部香織さん、この方も大学院の博士課程三年生で、

「梧陰文庫」寄贈経緯　略年表

昭和20年（1945）	2 月	井上家「井上毅旧蔵文書」の長野善光寺への疎開を行なう
	8 月	終戦
昭和30年（1955）	7 月	國學院大學日本文化研究所活動開始（所長＝石川岩吉学長）
昭和31年（1956）	5 月	國學院大學図書館新築第一期工事完成
昭和32年（1957）	9 月	國學院大學図書館司書長佐野大和氏ほか参議院内憲政資料室にて同室へ寄託中の井上毅文書仮目録を筆写
	11月	井上家「井上毅旧蔵文書」を國學院大學に寄託（＝永久寄託契約） 國學院大學図書館調査室（新設）を中心に「梧陰文庫整理委員会」を設置
	12月	國學院大學「井上毅伝記編纂委員会」を設置
昭和33年（1958）	1 月	「梧陰文庫整理委員会」整理に着手
昭和34年（1959）	2 月	『梧陰文庫目録・図書之部』公刊
	3 月	井上匡四郎氏逝去
昭和35年（1960）	5 月	國學院大學図書館新築第二期工事完成
	6 月	石川岩吉名誉学長逝去
昭和38年（1963）	11月	國學院大學図書館『梧陰文庫目録』を発行（大学創立80周年記念）
昭和60年（1985）	11月	井上家・國學院大學「梧陰文庫」寄贈契約

《参考文献》

・國學院大學図書館『梧陰文庫目録』（昭和38年）

・『國學院大學八十五年史』（昭和45年）

・木野主計氏「『近代日本法制史料集』の編纂を回顧して」（本書第一部所収）

小林宏先生のお弟子さんで、日本法制史を専攻していま す。法制史のほうから「梧陰文庫」を見ていきたいということで、齊藤君と同じくアルバイトとして手伝ってもらっています。

現在、総勢六名で『梧陰文庫目録』をさらに詳しくといいますか、『梧陰文庫目録』刊行の後、これには載っていない貴重な史料も井上家から昭和五十八年に追加寄贈していただきましたので、そういったものも含めて新たに『総合目録』を作ろうということでプロジェクトを発足させました。そんな次第でございます。

今日の司会、進行は柴田紳一助教授にお願い致します。

柴田　よろしくお願いいたします。さっそく本題なんでございますが、お手元に「『梧陰文庫』寄贈経緯略年表」というのを事前にお送りいたしましたが、大体今日の話はこの年表のちょうど中間のところの昭和三十二年、ですからいまから四十三年前、ご先代の井上匡四郎様から本学に「井上毅文書」が永久寄託になった、その前後の経緯についてお話をおうかがいするということですが、まず私も「梧陰文庫」を拝見して、これはいつも思うことですが、まず亡くなられた梧陰先生自身がこの文書の管理ということを厳しく遺言をされて、それからそれを継がれて井上家でもずいぶん保管、保存についてのご苦心があったと思います。それからご縁がありまして本学がその史料を頂戴しまして、またその間整理の任に当たられた方々のご苦心、そういうことが多々あったと思うのです。

いま現在は、この「梧陰文庫」の存在はあまねく学界に知られておりまして、國學院大學にいけば簡単に見られるというような感じで、少し軽く安易に考えている向きがあるかと思うのですが、「梧陰文庫」は決して偶然とか安直に守られてきたものではなくして、先人方のやはりご苦労が陰でずいぶんあったこと、そのことをまずわれわれはこれから先の作業をやるうえでも、改めて銘記しておかねばいけないと思います。

まず、井上様から、「井上毅文書」が昭和二十年に信州の善光寺に疎開をされた、ということは我々も承知を

手前中央から時計まわりに
原田一明・高塩博・木野主計氏・井上匡一氏・井上氏令息・横山晴夫氏・柴田紳一

しておるのですけれども、その疎開する前の井上家に置いておかれた時期のことですとか、あるいは昭和二十三年の国会図書館に移管されるまでの間の事情等について、おうかがいをしたいと思うのですが。

井上　私、父とあまりにも年が離れておりましたので、あまり直接タッチということはなかったのでございますが。私が記憶しているかぎりにおきましては、最初私ども品川の高輪の新坂町の上った左側のところに三階建ての洋館がありまして、そこに住んでおりましたのですが、その半地下に父が大きな金庫を、子供心にも驚くような金庫を二つ入れたのを覚えております。周りの子供たちが、「なんだい、井上家ってお金持ちだな」といい、父にそんなにお金が入ってるのかと子供心に聞きましたら、「いや、おじいさまの書類が入れてあるんだよ」と父が言ったのを覚えております。

その後品川駅の反対側の埋立地のほうに、軍需工場がどんどんできてきました。支那事変もだいぶ深くなってきまして、父などはきっと日米戦争になるということを心配していたのではないかと思います。こんなところにいたら空襲に遭うということで、いまの駒沢のところにアメリカ人の丸ビルで歯医者をやっておりましたバトラーという人が、やはり日米関係がおかしくなってきたもので、急遽アメリカに帰っていくので、前の駒沢の洋館を父が何か非常に安く手に入るということで、そこへ引越しました。しかも昔東京ゴルフがありました駒沢のゴルフ場が東急の管理でパブリックコースになっておりましたので、そこへ歩いていけるというので、そこまで私も犬を連れていったことが始終あるのですけれども、田圃の畦道だったのです。いまの国立第二病院にいくあの自由通りというものはありませんでした。

それでそこに移りましたときに、金庫から出しまして、こちらの図書館にお納めするときに入れていた、いまだにこちらの図書館の三階ですか、置いてあります長持ちですね、あれらに入れて、世田谷に土蔵の蔵がありましたものですから、そこに移したのを私記憶しております。

それから善光寺へ疎開したということは話には聞いておりますが、一九四五年の二月と言ったら、もう八月の終戦に近くなって、当時の国鉄など非常に混乱していたときだと思うのですが、父が鉄道大臣などやりましたもので、何か別に貨車を回してもらえたのではないかと、それしか想像できません。それと、いつそれを引き上げたかは私全然知りませんが、国会の図書館に委託したらしいのです。そうしましたらこちらの石川〔岩吉〕学長が、木野さんご存じですか、石川さんと父とは一高の同級生なのですか、一中の同級生ですか。

木野 一中です、日比谷中学。

井上 予備校とか、尋中といったんです。一中が尋中といって、一高が予備校といって、尋中に入れば何にもしなくても、東京帝大にスーッといけた時代らしかったです。石川先生が、「井上なんだ、そんなところに置いといたら、議員が勝手に持ち出してしまって、国会図書館の管理も悪くて、バラバラになっちゃうぞ、ウチに持ってくれば預かってやる」とおっしゃったんで、お言葉に甘えまして、永久寄託という形でこちらにお願いするこ

井上毅の遺文書を収納した長持ち

とになったということは私知っております。

柴田　そうしますと蔵の中にしまってあった史料をですね、たまに御宅の方で……。

井上　それで古城貞吉さんという熊本の漢学者の方に、高輪時代から整理してくれと父がお願いしました。なにか私も古城さんというと、もそもそしていらっしゃる学者さんで（笑）、ちっとも仕事が進まないし、始終うちにお出でになってましたけど、父もだいぶ不満を漏らしておりました。古城さんのお名前はこちらにもわかっておりますですか、何かこちらに出版された。

横山　略伝を書いておられます。

柴田　よく古い史料ですと虫干しをするとか、年に一度風に当てるとか、そういうふうなことは。

井上　さあ、そういうことをやったのは覚えはありません。だいぶ虫食いがあるんじゃないですか。

柴田　あと、おそらくそういう大事な史料ですから、いろんなつてで学者とか、いろんな人々が見せてほしいというようなことを言ってこられたということは。

井上　当時は、大学が「梧陰文庫」として研究してくださるまでは、ほとんど脚光を浴びてなかったんじゃないですか、井上毅というものの存在が、伊藤さんの陰に隠れてしまいまして。

柴田　その信州への疎開ということなんですが、梧陰先生関係のものがすべて信州に疎開させたと理解してよろしいですか。

井上　だと思います。

柴田　戦後ずっと信州に預けたままで、すぐ信州のほうから国会図書館へ。

井上　一回家に持って帰ったんじゃないかと思いますね、国会図書館に直接信州のほうから送り込んだのかもしれませんけれども。

柴田　なにより本学に「梧陰文庫」が納まったということについては、いまおっしゃられたように石川岩吉先生と、それから井上匡四郎様のご縁ということなんですが。井上さんは直接このご両人の親しさといいますか、そのへんのことは。

井上　私、石川学長のところに、父に連れられて二度ほどどこちらにうかがったことは、父が何か石川先生のところに伺うというので、ついてこいという。小さくなってこうやって横にいたのを記憶しております。

柴田　むしろこのへんの、石川先生と匡四郎様のご縁というのは、横山先生のほうがお詳しい。

横山　いや、わかりません。

井上　昔の一中の仲間で「五々会《ごご》」という会があり、本当に固まっていらしたですね。

木野　元理事長だった小林武治先生は『梧陰文庫目録』の「跋」を書いていらっしゃいますが、武治先生のお父さん、小林茂先生も、その「五々会」のメンバーなんです、日比谷中学の同級生。それでたまたま國學院がいい図書館ができあがったということで、それで書庫もいいのをつくったからと、そういう話を小林先生がしたんだと思います井上さんに。それでいろいろ社会党が頑張るものだから、史料を保存するうえで注意しなければいけないなんていう話が出て、それで国会から國學院に永久寄託するという、そんな話がその会の席上で出たんだと思います。

柴田 ちょうど昭和三十一年の五月に図書館の新築の第一期工事というのができあがって、そこからいろいろ具体的に動き出したようですが。

横山 第一期工事ができた段階で、石川先生の案内で井上先生も図書館に上がられました。まだ当時は半分で、エレベーターもついてないんですよ、エレベーターは二期工事で設けられたわけで、までできてないので、石川学長のご案内で階段をのぼり、書庫を見て、これならば大丈夫だという感覚を得られたんじゃないでしょうか。

柴田 実際に永久寄託契約が結ばれるより前に、もうすでに当時参議院の中におかれてた憲政資料室に、佐野大和司書長等が仮目録の筆写にいかれているというのは。

木野 その前に交渉をして、仮目録はそのあとなんです。佐野さんがだからいつ……。

横山 仮目録は残ってる?、どの程度の目録作ったかなあ。

柴田 つまり国会で作ってあったんじゃないでしょうか。

木野 国会のをただ写しただけですよ。表紙で三冊か四冊作ったでしょう横山さんね、仮目録を。

横山 残ってるかね。

木野 残ってますそれは、複写の黒いあれを間に入れて、五枚ぐらい書いたはずなんだ。だから五部までできたかな、横山さんや僕や、それから内藤〔泰夫〕氏とか、塩入〔隆〕氏とか、そういう人たちがその当時の史学科の大学院生、そういうような人と、横山さんの字もだからありますよ。みんな字を見ればだれとだれが書いたかという。

横山 仮目録については記憶ないけど、受け取ってから、整理委員というのが大勢任命されましたよね。庶務課長だとか、部長とか、事務局のお偉方が整理委員に名前を連らね、まあ仕事を進めるうえで都合がいいということかね。

木野 まあ佐野さんの考えはそうでしょうね、予算取れるという。

横山　小林理事あたりの考えじゃないかと思った。だから実際には手をまったく下さない委員が大勢いたんです（笑）。

柴田　先程井上さんが、匡四郎さんに連れられて石川学長のところへ二度ぐらいというのは、その時分のことなんでしょうか。

井上　なんかその頃じゃないかと思いますね。私図書館のこと全然知りませんから、要するに図書館ができるからと、石川学長が父に交渉をお始めになった、そんな格好じゃなかったかと思います、私は何をお二人が、石川学長が父に話してらしたか、全然記憶ありませんけど。

柴田　そうしますと井上さんにとっては、國學院大學という名前は、こんなのかというような感じのもの（笑）。

井上　申し訳ございません、そういう感じでした（笑）。こんな有名な大学とは知りませんでした。当時は神主さんの学校だというくらいしか（笑）。

柴田　いよいよ國學院が史料を受け入れるというとき、その当時、いまも名前の出た佐野司書長とか、それから藤井貞文先生、あるいは稲生典太郎先生とか、いろいろ関係者おられたと思うのですけれども、もう故人になられてしまった藤井先生、佐野先生の外に、あるいは前島重方先生なんかも。

木野　いえそれは、まず佐野先生は小林先生と一緒にいって、国会図書館からこっちへ委託換えするその折衝で、国会図書館の憲政資料室で話をしたんだと思います。で、了解がとれたので、それじゃあ仮目録を作って、それで現物のチェックをして、それで引き継ぎをしようというので僕なんかいったわけです。だからそのときはまだ委託する前の手続きですから、その仮目録ができあがって、そして現物とチェックをして目録と、それでいよいよ委託換えをするというので、それで国会図書館との正式な契約をしたと思うのですよね。

柴田　で、藤井先生が。

木野　藤井先生が憲政資料室の司書をやっておられたので、だから先生が管轄してたんです。実際は大久保利謙先生が憲政資料室長だったから、それで大久保先生の下に藤井先生がいましたから、そして桑原伸介さんが実際の事務の親分だったんです。桑原さんは僕なんかの上野の図書館講習所の先輩なんです。戦前卒業されて、だから僕なんかよく面倒みてくれて、まだご存命ですね。

柴田　大久保利謙先生は利通の孫ですけれども、憲政資料室でせっかく集めた「井上毅文書」を手放すということは、一つのご英断だと思いますが、藤井先生にしてみれば自分の母校に。

木野　だから藤井先生は間に入ってずいぶん苦労したと思いますよ、先生は史料は一ヶ所に集めたいという考えがあるからね。

柴田　できた早々の憲政資料室ですし。

木野　それだけども学長が井上さんと話をされて、藤井君とか何とか言ったんでしょう、「こういう話が出ているんだけど、いいんかな」と言ったら、藤井先生は間に挟まったわけですよね。だけど、それでもやっぱり歴史ある文書を國學院に移すということは、それはもう藤井先生が全部キャップになりましたから、整理委員の委員長もそうだし、編纂委員長もそうだし。

柴田　実際に國學院にきてからあとの藤井先生のお仕事振りというのは、非常に本当に精力的に進められたように。

木野　それは、いやそうじゃなくて（笑）、横山さんがやって、先生の尻をひっぱたいてやっただけですよね。だけど指示は毎回出てました。それで目録でもね、まあ目録作りはこれもう横山さんなんか一応専門家だったから。

横山　いやね、目録に取り掛かる前に、最初にともかくも書物のほうだけでもまず最初に片付けようと。あの書物を見ていると、ああ先生が確かに読んだというふうな、書き入れが見られるんですね。

柴田　『図書之部』というやつですね、先に目録ができた。

木野　それをまず横山さんがやったんです。そしてそれができあがって、まだそのときは井上さんが生きてて間に合ったんですよね。

横山　そうそう。

柴田　その翌月に亡くなられています。

横山　そうそう、『図書之部』だけは、ちゃちな形ですけどね。

木野　最初にできたんだけど、それでよかったんです。それで井上さんに「こういう形でできました」と言って。

井上　父はもう二回目の脳血栓になって、慈恵病院にもう入院してたんじゃないかと思いますけど。

木野　奥さんがお見せになったと言ってましたですけど。

柴田　いよいよ昭和三十二年の十一月三日が「井上毅文書」の本学への永久寄託になるわけですが、この十一月三日の明治節という日にちは、これはやはり意図してこの日ということなんでございますか。

木野　目録がちょうどできあがって、引き取りが終わったからです。本来なら四日が創立記念日だから。

横山　まあ日を選んだんだろうな。

木野　日を選んだと思いますね、梧陰先生があれだから、十一月三日に明治節の日に、もう文化の日になってましたけど。

柴田　その永久寄託という手続きなんですが、それは本学のルールとして初めてというか、ずっとあったものなんでしょうか、特別な。

木野　寄託という制度はあったんです、特に永久寄託にしたのは「梧陰文庫」が初めてです。あの「佐佐木文庫」とか「岩崎文庫」とか、もう寄託になったものは前からありましたから。

柴田　横山先生いかがですか、その永久寄託という手続き、そのへんはもう司書長の。

横山　佐野さんがやっていて、われわれは参画してませんのでわかりませんね。

木野　その話は……。

柴田　そうしますと、当時学内でこの「井上毅文書」を受け入れる、最も熱心な指導者といいますか、それはやっぱり石川先生ですか。

木野　小林先生です。
柴田　図書館内では佐野司書長。
横山　事務的には佐野さんですからね、専任の責任者ですから。
柴田　あるいは、図書館に調査室というものを設置しようということについても、このへんはどなたなんでしょうか。
横山　一般に入ってくる図書の整理とはちょっと性質が違うし、かなり研究、調査をしながらでないと整理ができないということで、別個の部屋を設けたんですよ。一般図書の整理ときり離して、いまの図書館の二階の一番隅っこの部屋。
木野　いまは館長室になっているかな。
横山　そのうち館長室に使ったりしたんで。
柴田　実際のところ新しく設けられた調査室が、こういう文庫整理の中核になっていったといっていいんでしょうか、そういう部屋をつくろうと言い出されたのは、やはり小林さんなんでしょうか。
木野　佐野さんじゃない?
横山　佐野さんでしょうね、そのへんは。
柴田　両先生はそういうふうにもうできた組織のところに配属をされたというか、そこを中心に。
木野　調査室所属だったのね、僕と横山さんは。

『梧陰文庫目録』の作成

柴田　まず、「図書之部」の目録をやられて、大学の創立八十周年に合わせて『梧陰文庫目録』全体もやっていかれたということですか。
横山　これをやるときに、どういうふうに目録をとっていくかということで苦労したわけですよ。当時「梧陰文庫」の目録より先行して出てたのに、早稲田で出した大隈の目録〔『大隈文書目録』〕ね、あれなどを参考にしながら、そしてカードをとっていったんですよ。この目録にもただ、罫紙というだけのものもあるし、文部省罫紙だとか、あるいは蒟蒻版とかというふうな形で、でき

木野主計氏

井上匡一氏・横山晴夫氏

るだけ註記を加えていこうと。使われている罫紙によって、その当時の年代判定の一つの材料になるので、できるだけそういう点を詳しくとっていこうと。

柴田　なるべく井上家で持っておられたときの形態を尊重して、いまの作業をされたという。

横山　引き取ったときに、「秘庫」と、それから大きな長持ちに入ってるのとがありまして、この中を出しますとたいへんに白い、厚紙でできた封筒にかなりの量ずつ収まってるわけです。それに中の番号が入ってるわけです、大まかな分類があり、袋から引き出しますと、細かく孫番号が打ってある、あれいつ頃だれがやったんだろうねえ。

木野　あれは国会図書館でやったんですね、仮整理を。

横山　孫の番号が、「Ⅲ－15－1－2」とかね、つまりそれによってバラしても復元できるわけですよね。そういう意味では、あの整理はよかったんじゃないかと思いますが。

柴田　開けて初めてご覧になったときの、率直なご感想、最初に見る機会を得るということはなかなかないことと思いますが。

横山 いやね、確かにこれを置いといたら、当時左翼の議員たちによって、明治憲法の関係史料が引っかき回されるんじゃないかということを恐れていて、それで國學院のほうへという話にもなってきたとも聞かされていた訳で、ですからわれわれは開けて見たときに、これが明治憲法へのという、あれは、うーんという感慨深いものがありましたね。

柴田 木野先生いかがでしょうか。

木野 僕なんか図書館に入って五年目ぐらいですからね、そりゃもうびっくりしましたよ。

柴田 保存されていたそのままの形ですよね中身は、袋に入って。

木野 袋に入って、そして秘庫に入ってて。

高塩 こういったものは井上家のいつの時代、疎開をされるときにわざわざ作られてたものなんでしょうか、それとも。

木野 みんな書いてあるのが梧陰先生ですから。

高塩 梧陰先生の文字ですか。

木野 文字がね、だからもう先生存命時代に作ったんです。それから袋のタイトルもみんな梧陰先生の字ですから。

横山 かなり分類されていた。

木野 分類されてましたね、「行政裁判之部」のとか、「地方自治」とか、そういうふうなタイトルで、そういう関係のものが、「三新法」とか、そういうふうに書いてあって入ってましたから。

横山 いつやったんでしょう。

木野 生きてるときですよ。

横山 晩年は肺を悪くして葉山の御用邸の続きにおりましたんでしょう、その頃か。

木野 箱には書いてなかったですよね年号は、だからもう……。

横山 その頃整理したんですかね（笑）。

木野 書体、丁寧に書いてますからね、元気なときですね。

柴田 井上さん、こうした一つ一つの箱の中までご覧になるというようなことは。

井上 中を見ませんでしたが、箱は覚えています。どこで見たんだかはっきりしてませんけれど、こちらで見たのかもしれませんけど（笑）、立派な箱だなあと思いました。

柴田 例えば、お父様から「興味あったら開けてもいいよ」とかですね、そういうような（笑）。

井上 父もどっちかといえば漢学、文学のほうじゃなくて、サイエンスのほうでしたから、中身なんて知らなかったんじゃないですか、とにかく自分の義父の大事なもんだくらいにしか（笑）。

柴田 本当にご縁だと思いますけど、親子二代の史料がいま國學院に寄贈いただくということになったのですが、確かに分野は違っても、井上匡四郎博士は、やはり学者の一面もおもちで、やっぱりこういう文書を大事に保管するという裏には、もちろん遺言もあったと思うのですが、ご自身やっぱり学問ということの大事さはよくよく認識されて、いずれ後世歴史学の研究に欠かせない史料になるというお考えは、もちろんおありだったかと思うのです。

井上 ものは捨てない人でしたから、大学時代のノートまで残ってるんですからね（笑）。

高塩 私は江戸時代の熊本のことを勉強しているのですが、熊本藩は役所ごとに書類をきちっと整理して残しています。その年代ごとにまた一時期を画して書類を整理している。そういう気風は梧陰先生はちゃんと身をもって。

木野 そうすると時習館時代にそういうのを。

高塩 時習館時代にはそのようなことを身近かに接して、ご存じだったんじゃないかという気がしますですね。もちろん個性がありますので、いくら熊本出身の方でも書類なんぞはテンデンバラバラになる方もおられると思いますけれども、そういう伝統を梧陰先生は引き継いでおられるんじゃないかという気はしてるんですけども。

柴田　何か梧陰先生のお母さんという方が、また非常な賢い方で、梧陰先生に「これに書いて字のお稽古とかしなさい」と言うときに、もう使いふるしたような紙の裏側でも大事に「これで練習しなさい」というふうに、無駄ということをさせないで、もう紙というのが大事だというふうにしつけられたんだというふうに、何かの本にありましたけど。そういうこともその風土とそれから家の教育ということも、影響してるんでしょうか、ものを捨てない人だったということとつながるかどうかあれですが（笑）。

井上　私も、私の母かだれかに、おじいさまが若い頃にたいへん貧乏でいらしたので、新聞の横のところの印刷してないところで、字の練習をなさったんだということを、子ども心に聞かされて、説教されたのを覚えてます。

柴田　昭和三十四年に井上匡四郎様亡くなられたわけですけれども、横山、木野両先生、井上匡四郎様にお目にかかったということは。

横山　私も最初にあれは、図書館に見えられたときぐらいですね、直接会ってませんね。

柴田　直接ということは、木野先生は。

木野　そうです、僕なんかも図書館にこられたときにお会いしたというだけで、それもそうやって話をするとかじゃなくて、その石川先生と一緒に書庫の階段上がったり降りたり、中を見られたりして。

柴田　ああ、あれが井上さんかというような感じで。

木野　そうそう、そういうだけです。

柴田　一方の石川先生のことなんですけど、もうわれわれは全然本当に胸像でしかお目にかからないわけですけど（笑）、横山先生は特に本学の歴史を編纂されて、石川学長について何か、特に「梧陰文庫」と関係して何か。

横山　「梧陰文庫」と特に関係じゃないけど、大学祭と、いま大学祭といいますけど、何かお祝いごとがあるときに、学長室にこれはというものを何か飾れ、というので、それで國學院に寄託中の「久我家文書」の信長あるいは秀吉の朱印があるようなものを飾りましたが。おそらく石川先生がもう少し健在でしたら、「梧陰文庫」についてもお客さんにお話をし、大学として誇示なさるようなこともあったんじゃないかと思いますが。

柴田 木野先生は石川学長について何か直接的な思い出といいますか、この文書の整理等について。

木野 僕なんか入って五年目ですからね、学長室なんて本当に呼ばれていったというのは、生浪島《いなみじま》〔肇〕さんがちょうど学長秘書をしてまして、なんか一回いったぐらいですね、直接だからもう。

柴田 井上匡四郎様、それから石川学長も、昭和三十四、三十五年と相次いで亡くなってしまわれて、石川先生はそうやって「梧陰文庫」の寄贈に尽力されましたが、文書の整理とか、目録とか、伝記をつくるということにも、ご指示とか、督促とか、石川先生からはいかがでしょう。

横山 それはまったくないです。

木野 寄託のときに伝記じゃなくて、そういったような、まず目録を作るということと、目録ができたらそれに従ってマイクロフィルムをとってそれを国会図書館に納めるという、そのくらいじゃないですかね最初決まってたのは。それで藤井先生が、最初はだから整理委員会ができて、それから伝記編纂委員会ですけど、伝記編纂委員会になって、それができるのは伝記を作るということは、どうしても主観が入っちゃうから、史料集を編纂したほうがいいだろうということで、伝記編纂委員会となってるけれども、『井上毅伝 史料篇』と名がなっているんです。

柴田 図書館の中の整理委員会と、それから大学自体の伝記編纂委員会というのは、まったく別の組織なのでしょうか。

木野 作ったのは別の組織ですよ、だけども担当してる一部の者は横山さんや僕ということですけど（笑）。上のほうはだから違ってましたよ。

柴田 特に整理委員会が先程横山先生言われたように、いろんな偉い方々が名を連ねている。

木野 伝記編纂委員会もそうよ、偉い人いっぱい並んでる。
柴田 稲生典太郎先生は伝記編纂のほうですか。
木野 いや、整理委員会から入っていったと思います。稲生先生がたまたま講師できておられて、近代史だからということで。
横山 実際には手は出してない。
木野 一回もだから、部屋に一回ぐらい見えたけど、それは僕の部屋、話にはきましたけど、整理はもう一回も手は出してないです。
柴田 藤井先生はその点、整理にもいろいろ、史料集をやれとかということで、いろいろご指導はあったんでしょうか。
木野 できたものに対して、こうだと横山さんが報告すると、それには注文がつけられてたけど。
柴田 あの、お差支えなければ具体的に（笑）。
横山 怒られた記憶はないですね。
柴田 でも、かなりのスピードで作業されてるという印象なんですけれども、文書の整理も『史料篇』の刊行も。
横山 文書なんかにしても大学の記念の行事に合わせるように設定されるんですよ（笑）。
木野 それこそ原稿の日にち決められちゃう。
柴田 そこを決めるのは、先程の小林さんあたりからですか。
横山 なにかというと記念出版物にね。
柴田 何十周年という。
高塩 『梧陰文庫目録』は八十周年、それから匡四郎博士の『文書目録』は百十周年。
木野 それとやっぱり予算取りやすくて、佐野さんもそういうふうにしたほうがいいだろうということで。
高塩 整理委員会において最も苦労されたというようなことは、どのようなことでしょうか、実際に両先生がことに当たられまして。
木野 それは何といっても年代推定ですよ文書のね、これは新しくもしもグループ編纂するとすれば、年代推定はもう一回やり直さないと、今度はもう資料が整ってるから。最初始めたときにはもう何もないわけですから。

横山　当時はこれといって比べるものがない。

木野　比べるものがない。いまは「伊藤博文文書」あるし、もういろんな資料があるから。だから全部は年代推定を、僕は全部やり変えたほうがいいと思うのです、年代推定もし直して。

横山　われわれの括弧付きのやつはみんな推定としてやりましたから。

木野　そう、括弧付きの年号は、みんなあれは年代推定ですから。僕の家にある目録でみんな直したのがあるけど、それも差し上げますから。

高塩　ありがとうございます。

木野　間違ったのがずいぶんありますから、ほかからも指摘されたりね。

柴田　さて戦後になって、その戦争が終わったというのが実はこれまた奇縁で、梧陰先生亡くなってちょうど五十周年が敗戦の年なんですね。世の中がすっかり変わりまして、これから憲法も変わって、やっと明治憲法の研究もできるということになりまして、で、「井上毅文書」が国会図書館に入ったらしいと、それからやがて國學院に移ったらしいと、こういう話は学界狭いですから、研究者のすぐ知るところとなると思うのですが、例えば、図書館で整理中にぜひとも見せてほしいとかですね、あるいは国会図書館にいったらそういう見てる人と一緒になったとか、そういった競合といいますか、そういうことは作業中おありだったですか。小嶋和司先生なんかちょうどその時期……。

木野　だから小嶋先生は何回も調査室に見えました、会計法なんかはほとんど調査室で。その前のあれは梅溪昇先生も、それから稲田正次先生。

横山　それから教育史関係では海後先生のお弟子さん。

木野　倉沢剛さん、倉沢先生は本当に、一番通ったのは倉沢先生かも。

柴田　それは整理も進めながら。

木野　あの学校史の研究、そう進めながら、いや整理

井上毅の遺文書を収納した木箱

できあがってからですね。未整理中は見せませんでした。

柴田 あっそうですか。そうするとやっぱり一種の不満といいますか、早く見せろと（笑）。

横山 やっぱり一つは、目録が出てからでしょうね、目録作る過程においてはあまりなかったと思う。

柴田 「梧陰文庫」がいよいよ國學院大學に搬入をされてきたときというのは。

木野 袋に入ったままですよ、箱に入って、秘庫にみんな入ってました。

柴田 大きいほうは、中がもう出てて。

木野 本来はこの箱ごとこの中へ入れたと思います。

柴田 じゃあ國學院にきたときは、入れ物もきたけど、文書は外に出されてというか。

木野 中にみんな入って。

横山 小さなの、上にあるんじゃない。

木野 はい、みんな全部一つも捨てないでみんな残ってます。

柴田 まずトラックかなんかで持ち込んで、図書館内のできたばかりの図書館の貴重書庫へ、で、整理の必要に応じて出し入れをしたという。

木野 そうそう。

横山 だから二袋ずつ。

木野 一箱とかね。

柴田 作業される方は本当にこれは貴重なものだという認識でやっておられた。

横山 それはそうです、だから終わるたびに書庫に返してという。

柴田 何千点もある全部の一応の目録とりが終わったとき、どんなご感想でした。

横山 目録のできたあとと思うが、事故で上野君が亡くなった。

木野 これ何年?

柴田 三十八年。

木野 まだ生きてましたよ、死んだですか。

柴田 上野さんというのは。

木野 上野順子さんという女性がいたんだ。これ「梧陰文庫」には、もういろんな因縁話がありまして、この史料集というか、伝記をどこから出すかなんていって、雄松堂かなんて話があって、雄松堂の社長がまず、都電にタクシーがぶつかって死んじゃったんですよね。それからこの目録ができたときですかね、上野さんが亡くなっちゃったんですよね。それで次は僕か横山さんなんだと言われてね(笑)。

高塩 上野さんという方はどういった仕事をしておられたんですか。

木野 助手をしてたんですね、正規の職員ですね調査室の女性のね。

柴田 事故だったんですか。

木野 事故、自由ヶ丘の駅で、子どもがトイレへいきたくなったけど、なんか自由ヶ丘駅を改造してトイレがなくなっちゃったんだって、それでもう「トイレ、トイレ」と言うから、しょうがないからって駅の一番端へ子どもを連れていって、それにぶつかったんだ電車が。それで上野さんはプラットホームに叩きつけられて、子どもは助かった。上野さんは頭を打って、それで脳内出血で、僕が病院へいったときはもう亡くなっていた。

柴田　目録できたあと。

木野　それは調べればわかりますけど、そういった因縁話。それともう一つありましたよね、もう一人亡くなってる、柔道か何かして首の骨を折って亡くなった。

横山　それは最初の図書目録を作った直後に、躍進社の若い社長、これも突然で驚いた。

木野　じゃあ三人亡くなった、でもびっくりしてね、それこそお祓いでもしようかなんて（笑）。

柴田　実際にはなさらなかったんですか（笑）。

木野　いや、そんなに因縁めいたあれしてもしょうがないですけど。

横山　それは、あんたはお祓いしましたね（笑）。

井上　いや木野先生、おおよそですけど、当時の國學院だったら、できたときに皆さんで大宴会になったんじゃないですか、図書館に一升瓶を何本かおいて（笑）。

木野　ちょっとやっぱり不気味ではあったけど、お祓いなんかしてもしょうがない。それからもうなくなっちゃいましたけどそんな話は、三人までたてつづけにあったから。それはまあ偶然のあれでね、そういうふうになったんだろうけど、やっぱり気持ち悪かったことは事実です。

柴田　永久寄託を受けてから、この目録できるまで六年間なんですね、相当たいへんだったという。

横山　それはやっぱり一般図書の整理とは要領が違うから。まずタイトル一つね。

木野　タイトル決めるのと年代推定ですよ、タイトルをどういうふうに、もう「梧陰文庫」のつけたタイトルが、いま歴史上の用語になって、横山さんなんかつけたのがずいぶんなってますよ。「明治十四年の政変」はもう大久保さんが前からつけたから、それはいいけれども。歴史用語になってるのが、横山さんつけた分がなってるんですよ。

高塩　普通一人の人間の文庫として、これだけ幅広いというのは珍しいと思うのです。

横山 そうね、だから井上先生は教育、あるいは外交面と幅が広い。

高塩 そういう点で作業を実際に進めるにも、結局たいへんなご苦労があるわけです。

横山 だからそのために、『明治文化全集』とか買い込みましたよ、図書館とは別に。

木野 まずそういうのを読まなければ、ほとんど整理できないですね。現物はあるけれど、いったいどうやって、文書の名前どうやってつけたらいいのかというのは、それは背景がわからなければつけられない。

高塩 幅が広いですね。

木野 本当にもう、「外交」「軍事」「教育」「政治」「法律」。

柴田 「音楽」なんてありますね。

木野 「音楽」もあるし。

横山 「音楽」はそれは知らなかった（笑）。

柴田 そうしますとこの目録ができあがって、井上さんはご覧になって、こういうものが入ってたのかと。

井上 私は漢字が苦手なもので、アメリカで教育を受けましたので（笑）。

「梧陰文庫」の価値

柴田 蔵の中に収まってる形のものが、こういう目録になって、具体的に一点一点何かがわかるわけですけども。

井上 私はいまだにこうやって整理して、研究くださいましたのでこうなりましたのですから、それまでは何かまだ磨いてないダイヤモンドみたいなもので、よく発掘なさったものだと、そういう気持ちでございます。いまだに何でこんなものがそんなに日本国家にとって重要なものだという実感は湧いてこないのが実感でございます。それほどほかに近代史を研究する資料というのは、発掘されてなかったんですか、いろんな伊藤さんとか、いろんな方がいろんなものをお残しになったと思うのですけど。表のものしかないのですか。明治憲法は伊藤さんが発布なさったということで、それなのに実際に井上毅が書いたんだということを知ってる人はほとんどいないわけですから、そういうことなんでございますか要するに近代史というのは。

木野　いまだに明治憲法、『帝国憲法義解』なんていうのは、伊藤が作ったと思っているんじゃないですか、伊藤博文て名前が入ってるから。

井上　その裏に金子さんとかいろんな方が苦労した。

木野　それは金子、伊東は長生きしちゃったもんですからね、手柄はみんなおれがやったんだという、実際は。

柴田　自分で書いたと（笑）。

木野　そうそう、もう語学、英語の翻訳したぐらいのもんですよ実際は。語学ができたから二人とも英語は、だけど実際にはフランス語あり、ドイツ語ありですからね。

柴田　梧陰先生がこれだけのものを残そうと思いたたれて残されたわけですけど、その意思というのはどうお考えになりますか。決して狭く歴史に弁明をするとか、言い訳をするなんていうことではないと思うので、より積極的ないろんなお考えがあったと思いますけど。

木野　それはやっぱり時習館時代からの学問の伝統で、熊本でいつかは史料というのはとっておいて世に出るんじゃないか、というかそれは「永青文庫」なんてすごいものですものね史料といったら。

高塩　それは熊本藩としては規則的、計画的に残していますね、その整理の仕方も後世まで使えるような残し方をしていますね。そういう点で「梧陰文庫」の井上毅ご自身が整理されたのを見て、ああこれは熊本のやり方だなあという感じは受けますですね。「永青文庫」はいわゆる細川家の財団法人ですけれども、いまだに熊本藩関係のものが市場に出ますと買い取ってます、そういう史料を大切に保存、伝えようという意識はいまだに強く残っているみたいです。

横山　ほかの文書なんか見てても、歴史のある名家は、もう江戸時代あるいはそれ以前から自分のところに伝えられてるものについて、裏打ちするというふうなことやってますよね。だからそれなりに見ると、あれはまあ自分の家に関わる問題でしょうけれども、「梧陰文庫」は、日本国の骨格にかかわる問題でしょう。それについてやっぱり梧陰なりに後世に伝えようという考えがあったんじゃないでしょうか。

高塩　おそらくそういう認識をもって残されたと思いますよね。

柴田　「秘庫」なんて分け方もそもそもそうですよね、「秘」という。

高塩　そうですよね。ですから細川家もつまりお公家さんですよね元をたどれば、ですからお公家さんの伝統がずうっと生きてると思いますね。お公家さんというのは記録を残していく性質をもってますから。

横山　史料に基き先例、先例というわけだけど。

柴田　そういえば井上家、梧陰先生の時代はまだ熊本の藩主の細川家にお正月ですとか、折々旧家臣の人が集まっていったりしておったようですけど、そういう習慣というのは戦前はずっと続いていたんでしょうか。

井上　戦後も続いています。細川家が焼けておしまいになってお蔵に住んでいらっしゃるとき、父が必ずまいっておりましたし、ほかの方もみえる。私は後ろについていました。殿様がおもしろい話をしてくださいまして、「井上さん、僕はパチンコがうまいんだよ」（笑）、ドイツで何とか同じようなゲームがあって、それを利用すればパチンコなんてやさしいもんだという話。

柴田　いまはもうそういう習慣は。

井上　いまのご先代なんですけど。

高塩　長岡の牧野のお殿様、あそこはいまだに家臣だった系統の方々が、新しい米ができるとお届けするそうですね、そういう伝統があるんでしょうか。

井上　でもたいへんでいらっしゃる、それこそお亡くなりになったときに、いまのご当主が東京で盛大なるご葬儀をなさって、熊本でもなさって。お墓もやっぱり観光バスがいくので、小さいお墓はやっぱり代々の大きなものになさるんじゃないのかと、御名家というのはたいへんだなと心の内に思ってますが（笑）。

柴田　井上家では「梧陰文庫」というのは、長持ちに何本とか、それだけの量のものが全部出てきてしまって、こうやって目録ができあがって一応の整理が終わったというとき、何か一種の感想みたいなものをおもちになられたですか、まあ役に立ってくれればいいなとか。

井上　こちらに受け取ってくだすって、ちゃんとご整理いただいて助かったなと思いました。家に置いておいても宝の持ち腐れと思いまして。

木野　これから目録を編纂するうえで、梧陰先生関係の書簡を買ったのが図書館にありますから、あれを入れないと駄目なんですね。

横山　編纂の途中で売りに出たもの。

木野　それと国会図書館から桑原先生が、これは「梧陰文庫」の本だよといって、蔵書印をおっしゃって「井上毅蔵」、これは「梧陰文庫」の本だからといって、以後発見されて戻ってきた本がありますから、それも入れないと駄目ですね。それとですね、今度井上家が家を新築されたときに、先代が使っていた机の中にあった史料が一袋出てきたって、井上さんから預かった分がありますから、あれも整理をしないとね。これは古い時代のものです、京都の地方裁判所の判事をされてた志方の文書です。あれを井上家に寄贈されたんですね志方家から。

柴田　あれはいま現在貴重書庫に入っています。

木野　貴重書庫に入ってる、志方家にあった井上毅の書簡です。

高塩　両先生がまだ現役でおられた頃、そしてその後、梧陰先生の書簡というのは相当数買っておられるんでしょうか。

横山　年々少しだが購入している。

木野　四〇～五〇通ぐらいはあるかしらね、現在ね。

柴田　そのうち八割、九割は『史料篇』に入っていますですね。

木野　出てる、買った分でね。

柴田　『史料篇』の終わったあと買ったというのは、ごく少ないですね。

横山　それは数少ないです。

柴田　一〇通ないかもしれない。

横山　だから本というものは、貸してくれと言われれば、どうぞ、と下の事務官のところにもいってるというのがあるんですよね。書物は気安く。

柴田　確かに梧陰先生が持っていた図書で、判子も押してあるのにだれかに貸して、借りただれかがもう返すのを忘れて古本屋に売りに出ちゃったというものはあるんですけど、文書はあまり流出することはないようですね。

木野　いままで僕四十年やってるけど、そういうのはないね。

柴田　ただ、文書でも梧陰先生が非常に信頼した部下のところに預けたのか、読んでおけといった意味で渡したのか、牧野伸顕などの家で残ってたというのはありますが。

それから、両先生が『史料篇』をやられたときに、本学にあるものだけじゃできなくて、梧陰先生がよその人に出した手紙なんかを追跡して、いろいろ調査されて、その中で、その過程のご苦労話もいろいろおありだと思うのですけれども、狙ったとおり確かにあったとか、ちょっとの差でもうどっかになくなってしまったとか。以前うかがったのは同じ熊本出身の清浦奎吾の文書か文庫かが山鹿の高校にあったのが、もう保存がひどくて全然とても見ることできないと。

木野　僕と藤井先生で山鹿高校へいってね、もう鳩がこういう本の上に巣を作ってる（笑）、上から天上の天窓から入って鳩が。それでこれはいくらなんでもひどいわと言って、藤井先生が社会科の先生に「これじゃあとあと困るから、ちゃんと保存注意しなさいよ」なんて藤井先生に怒られてた。

柴田　もう文書自体はないというか。

木野　文書自体は僕なんかいってもなかったんです、本だけで。

柴田　本がそんなさまだったんですか。

木野　本がだからそういうあれだったんです。

今後の課題（大学への要望等）

柴田　私のほうから、あと最後に一つだけ質問があるのですけど、そのあと皆さんから質問があったらと思いますが、こうして八十周年でこの『目録』が出まして、『史料篇』もできて、『近代日本法制史料集』も終わって、これからもう一遍目録やり直しになりますけれども、國學院大學に希望されること、要望といいますか、今後「井上毅文書」について、何かありましたらうかがっておきたいと思いますけど。井上さんいかがでしょうか。

井上　ございません。

柴田　横山先生いかがでしょう。

横山　「久我家文書」は文化財の指定になってましたね。いま「梧陰文庫」はそういう意味においては、文化財とか重文とか、そういうふうな点ではどうなっているんでしょう。

柴田　本学において貴重書になっただけ。

高塩　もう申請すればたぶん全うな審査をしてくれるはずです、門前払いはもうしないと思います、これだけのものは。

横山　文化財の指定如何にかかわらず、ただそういう意味では、ボヤ出したり、ミスしたりしない、汚すとかね、そういうことのないようにとにかくこれは大学全体が守っていくということ、そのことはたいへんなことだと思うのです。

木野　それと整理していくうえで、全然文書には触れてませんから、それは鉛筆の整理番号がついてますけど、これは消しゴムでやれば消えるからいいんだけど。もし目録作るとかに判子を押したり、何か墨で書いちゃったとか、そういうことの絶対ないように、現物の保存をしっかりしてもらいたいと。

横山　だから私も、たいへんなものを預かったなあと、逆にね（笑）、これから先のことを考えると。

柴田　それは当時からずっと。

横山　いや、当時はそれほどでもなかった。

いま図書館に入ると、書庫に入るところに大きな鉄の扉ついてるでしょう、あれは学生騒動があったときにつけたんですよ、それまであれなかったの。怖かったんだよ。

木野 「梧陰文庫」は南京錠みたいなのが一つあって、板戸だからね。いまはもうしっかりちゃんともう金庫みたいになってるけど。

柴田 そうですね、渋谷の街中で大騒ぎやりましたし、うちの中でも。

横山 それでそのときに扉を改めてつくった。

柴田 そうすると万一の場合籠城する、こちらが入って。

木野 いや、全部締め切っちゃうけど。

横山 だからあのいまの建物の構造というのは、図書館の書庫へ入っていくと、ほかのところからも出られるんだよ、各階で外へ出られるんだよね。

木野 中から出られる。

横山 だから不心得者が図書館の中に入ると、それは表口を通らなくても出られるんだ。あれは図書館という機関と研究室の機関というものが合同して、便利に利用できるというために、ああいうふうに作られている。管理の面からすると、あの構造は嫌なんだよ、実をいうと。

柴田 梧陰文庫室というものを大学として設けるというのは、あれ決めごとであったんですか、図書館に。

木野 梧陰文庫室をつくるという、いまは残ってますよ、梧陰文庫と武田文庫室だけかねいまのところ。河野〔省三〕さんはどう。

高塩 研究所から図書館に移管いたしました。

木野 だけどあの部屋はなくなっちゃったものね。

高塩 一応河野文庫室としてありますけど、制度上独立した部屋としてはなくなったんです。

柴田 梧陰文庫室はちゃんと制度上もあると。

高塩 いや、それも図書館の中の一室として存在するのであって、「梧陰文庫室」というように制度上独立した部屋としては書類に出てこないと思うのですけど。

横山 河野文庫なんかもともとここ〔常磐松二号館〕

の六階に入ってたんです。だいぶ前の所長さんが図書館で引き取ってくれないかと。あれには規約があるわけで、だからその規約をちゃんと直したうえで、そうでなければ困るということを、私はずいぶん申しあげたんですけど。

高塩　その処理をしましたので、二、三年前に。

横山　河野家に対しても申し訳ないからね。

高塩　目録も一応できあがって、管理のほうは図書館のほうにお任せすることになりました。

横山　ただ書物の管理と、論文を書き、賞を出すとかいうのとは別個の問題として扱えばいいわけですよ。

高塩　そうですね、いままで中途半端に宙に浮いた形にあったんですね、ですからそれは制度上はきれいになりました。あとは実際の文庫そのものを使って研究を進めてもらうという。

横山　武田文庫室もそういう問題が同じようにあったんです。

高塩　まあ河野文庫というと、どっちかというと神道に偏ってますので、学外にはそれほどは知られてないのですけども、こちらの「梧陰文庫」はとにかく、日本全国もういろいろな分野の方々に知れわたっていますので、益々これは利用が進むと思います。

横山　それね、河野文庫や武田文庫は、いま得難い書籍だけれども、多くは版本です。そこへいくと「梧陰文庫」の中心をなすのは、何といったって手書きのもの。しかもそれが近代国家形成の中核に関係するものですから。

高塩　ですから当然重要文化財、将来ですね、なるのは目に見えていると思います。ですからそれだけに大学の責任も重いと思います。

横山　そうなんだ、だからそれをちゃんと保存管理してください、たいへんな責任を負わされているものですからね。

木野　うちで買ったナポレオンの「カンバセレス文書」は、フランスでは国家的な大事件になった。なぜあれが國學院大學所蔵になってしまったか、たいへんな文化財です、フランスにとっては最も基本的な史料でしょう。それを國學院が買っちゃったわけです。あれ、フランスのナショナル・アルシーヴの教授から、大学の人が一ヶ月前に調査にきてたでしょう。

高塩　ああそうですか。図書館は貴重なものを数多く持ってますので、何とかしてそれを活かす方法を、保存ももちろんですけど、学問的に活用する方向をどんどん。

木野　これはもう本当に二律背反なんですよね、保存という、重要文化財になったら未来永劫にこれ国家的財産ですから、残さなければいけないんだけど。あるいはまた反対にそれを、いまコピーしてそれこそCD－ROMか何かにして、それで閲覧させるとか、出すというような形にしないと、永久に保存するうえでは自由に、自由というか閲覧をするということ、保存には非常にとっても具合が悪いですからね。

高塩　現物をいちいち見せるのは。

横山　蒟蒻版みたいなものをね、あれ熱当てたりなんかはまずいと思うのですよ。

木野　あれは、特に蒟蒻版なんかはもう百年以上たっちゃってますから。

横山　だいぶ色が薄れてきてるものね。

高塩　現在のマイクロフィルムですね、雄松堂の、非常に初期のマイクロフィルムですから、状態がたいへん悪いですね。あれからは判読できない部分がずいぶんありますので、いずれにしても何らかの形でデジタル化をしないといけないと、そういう段階にきているんじゃないでしょうか。

木野　いまあれ、いきなりCD－ROMに作れる、もうそういうとこまできてる。

高塩　もうそういう時代です、マイクロよりはもうCD－ROMに収めたほうが。

木野　そっちのほうが早いかもわからないね。

高塩　この時代になってきますと。だんだんその技術も進歩して来ているようですので、いずれそういうふうにしないと、いずれというより近いうちにしないといけないと思ってますけど。

柴田　そうしましたら、いままでご発言のなかった方々で、この際だからぜひこの点というご質問でも。

原田　私は特にあれですが、その目録を作る場合ですが、この目録を見ますと、分類の中ではもうまったく配列順でございますね、その寄託を受けたときからその凡例といいますか、確定するまでその目録の、先程「大隈文書」を例にということでしたが、ほかに何か凡例を作る場合に考慮された点等はございますでしょうか。

横山　やりながら頭の中にあるものを、こういう形にまとめたんだと思います。

原田　ともかく最初はカードを作られて、それでこういう形で書誌情報を載せるとか、そういうふうに作業をしながら決めていかれたという感じ。

木野　まずカード目録作って、それを原稿にして、そういうふうな冊子体にするときに凡例を考えていったわけです。

横山　だから、これ初めっからもうカードをとる段階で、現在の目録がいい材料になるわけだから、凡例の見直しをし、書き込む事項というのはもっと増えてくるんじゃないかと思うのです。

原田　当初仮目録があった段階では、その仮目録というのはどの程度のもの、つまり書誌情報というのはどの程度。

木野　これとまったく同じです、図書の場合はね。横山さんが作られたのをそのまま復元して載せただけですから、手を入れてませんから。

横山　そういう意味じゃ、もう一遍見直して、書き入れありとか、そういう情報が参考になる。書き入れの中には年月日の入ってるものまであるから。

柴田　いつ読んだとかですね。

横山　そうそう。

木野　かなりいろいろなそれ以後わかった情報がいっぱいありますから、それは全部加味して、さっきいったように年代についてもはっきり間違ってるのがある、そういうのはもう。だから括弧付きの年代のあれは全部注意して、もう一回調査し直すという。

柴田 特にいま考えているのは、すでに『史料篇』などで活字化されたものについては、これは何の書物のどこにすでに収録してありますよということを。

木野 それはもうそういうことをできればいいですね。

柴田 入れていきます。図書館で一つ困っていたのは、そういうことを知らない研究者が、とにかく現物見せろといってきて、で、教えてあげて「活字になってますよ」と言うと、「ああそうですか」という。それじゃちょっと困る、それは研究者の姿勢もどうかと思いますけども。

木野 ちょうど古城先生の『井上毅先生伝』には出典がみんな書いてあるでしょう。今度つくる『総合目録』にはその文書がどこに活字化されているかの注記を、絶対入れて欲しいと思う。そうすれば利用する人は非常に便利になります。

柴田 特にC門の「外国人答議」なんていうのは、ほとんど活字化が終わったわけですし。

木野 それと最近僕が書いたことですけどね、やっぱり國學院の創立者だから、そういう点では井上毅という方は大学にとっても重要な人ですから。

柴田 ですから先程横山先生からうかがった、石川学長がそうやって学長の部屋に大事なものを出せというのは。

木野 石川学長は井上毅先生が國學院創立のあれ「趣意書」を書かれたとか、河野先生が昭和十四年の『國學院雑誌』に書かれてる、それ以上に梧陰先生と大学の関係をよく知ってるはずですからね。その段階まではみんな國學院の人知ってたと思うのですが。戦後のある時期になってそういうことみんな忘れちゃったからね。

高塩 そうですね、いつの間にやら。

柴田 その一方では、むしろ外部のほうから注目をされて、國學院大學にそういうのが収まってるからぜひ見たいと。

横山 『明治天皇紀』には「梧陰文庫」はどうなってるの。

柴田 入ってます、「井上子爵家文書」として、かなり入ってます。

高塩　西岡さんとか、実際作業して何か、技術的なことでも結構です、実際に仕事をされた先生方ですので。

西岡　『梧陰文庫目録』の文書名のところで、ゴチックの太い字で書かれた横に、細い字で書かれていますけれども、細い字で書かれているのも、現物にちゃんと書かれているわけなんでしょうか。それとも編集の段階においてつけられたものですか。

横山　現物見ないとちょっとわからないけどもね。

西岡　この書名は現物の書名どおりと。

横山　うん、現物の何で。それに小さな文字かなんか、それはつけ足りがあったんじゃないでしょうかね。まあ美濃紙といえば大きさわかるわけだけど、そうでないものは大きさわからないんですよ。

柴田　罫紙も大小ありますから。

横山　そうそう、だから特殊なものは詳しく……。

木野　河野文庫と同じぐらいの丁寧さで記述は。

高塩　この際何判といわないで、何センチ掛ける何センチというのが意外といいのかもしれない。

横山　とくに特殊なサイズについては大きさを入れるとか。

木野　重要文化財の目録は全部そうなってますから、「久我家文書」も付録ご覧になると、料紙は非常に細かく書いてある。そういうふうにしないと目録としては不十分だから。

高塩　最近国会図書館で出している目録も、何センチです。書物の縦の長を何センチと記しています。

木野　重要文化財は下まで、ミリまで。

高塩　そういうとりかたをしていますね。

木野　あれはね、「久我家文書」目録、重要文化財につくるためにあれ作った目録だから、あれはぜひ参考にしてみてください。あれもあっという間にやったんだけども、重要文化財になるというので。必ずだから、あれは本来なら文化庁がやる仕事を図書館がやったんで、非常に助かる助かると言われて。

高塩　本来、これも図書館でやっていただければ一番いいかと思いますけど。

木野　専門職として研究者がやらないとね。

横山　ただね、研究専門家がやって検索できないような目録作ったんじゃ困るんです。

木野　そのへんがやっぱりある程度はね、図書館の人も入らないと、それはもう「武田文庫」目録で経験があるわけです。それと今度はＣＤ－ＲＯＭに入れれば、ＣＤ－ＲＯＭのそういった検索方法をどういうふうにするかという。いまＣＤ－ＲＯＭでやるとすれば、もう前方一致、後方一致でも、あらゆる件名から引っ張れるようにしておかないと。

高塩　しかし基礎は先生方がされた『梧陰文庫目録』ですね、これの基本的な……。

横山　それは下書きに十分なりますよね。

高塩　基本的なものはもう動かさない、それはなぜかというと、すでに『梧陰文庫目録』が世に流通して、研究者はほとんどこれを利用してますので、『旧目録』の番号を動かすとややこしいことになりますね。

柴田　旧番号はあれで、ＣＤ－ＲＯＭではこれとか（笑）。

高塩　ええ、そういうことになりますので、『旧目録』の番号はそのまま使わせていただいて作業を始めています。で、増補して。

横山　あとから入ったものについては補うという形で。

高塩　目録索引もつけて。

木野　また、一回だけじゃなくて、またチャンスあったら、ある程度進行して、また呼んでいただければ。

柴田　これをきっかけに、また具体的にいろいろご指導いただくことがあろうかと思いますので。

木野　生きているかぎり（笑）。

柴田　ちょうど予定の時間となりましたので、今日の会はここで一応閉じさせていただくと致します。本日はどうもありがとうございました。

（了）

〔附記〕この座談会には左記の者が出席した。
井上匡一氏令夫人、同令息、高塩博（國學院大學日本文化研究所教授）、原田一明（同兼担助教授）、西岡一彦（同兼

任講師)、齊藤智朗(國學院大學大学院生)、宮部香織(同大学院生)

梅溪昇先生に聞く——井上毅研究と「梧陰文庫」——

大阪大学名誉教授　梅溪　昇
國學院大學講師　木野主計
（進行）　柴田紳一

〈日　時〉　平成十三年十一月二十一日（水）
〈場　所〉　國學院大學　日本文化研究所

井上毅研究の端緒

高塩　それでは梧陰先生井上毅の「梧陰文庫」をめぐる座談会を、始めさせていただきます。

私は日本文化研究所の高塩博と申します。当研究所では「梧陰文庫」に関する新たな目録作りを始めており、その責任者になっておりますので、一言ご挨拶申し上げます。

本日は、梅溪昇先生、木野主計先生には、当研究所に足を運んでいただきまして本当にありがたく、我々関係者一同光栄に思っております。

当研究所が『井上毅伝外篇 近代日本法制史料集』の全二十巻を編纂・刊行いたしましたことは、もう先生方ご承知の通りですけれども、この事業が平成十一年三月をもって完了いたしまして、そのあとを受けまして、翌十二年四月から「『梧陰文庫総合目録』の編纂・刊行」というプロジェクトを発足させました。『梧陰文庫目録』

は昭和三十八年、ここにおられる木野先生、それから前回座談会（「『梧陰文庫』の寄贈経緯について」〈本書第三部所収〉）にご出席いただいた横山晴夫先生などが中心になって作られまして、広く学界の利用に供されてきたわけです。しかしながら、その後昭和五十八年、井上家に残されていた史料がさらに追加で國學院大學に寄贈されましたので、それらはまだ目録に載っておりません。したがいましてそれらの新しい史料を目録化するとともに、旧目録の――これは書誌が比較的簡単にしか書いてありませんので――書誌を充実させるという目的をもちまして、『梧陰文庫総合目録』の編纂・刊行」という事業を始めた次第です。

来年の平成十四年、本学創立百二十周年の年にあたります。本学ではこの春以来、記念事業をどうしようかという話が持ち上がっておりまして、幸い「『梧陰文庫総合目録』の編纂・刊行」の事業が、創立記念事業に採択されましたので、益々これを頑張ってやらなければならないと、いま思っておるところでございます。

そういうことで梅溪昇先生と「梧陰文庫」をめぐる座談会を始めさせていただきます。実は梅溪先生には、『近代日本法制史料集』完結記念公開講演会の折〈平成十一年四月〉、御講演をお願いしておりまして、「明治天皇制国家の構造形成への井上毅の寄与」という演題まで頂戴しておきながら、ご病気で残念ながら来ていただけなかったわけです。本日はそのときの、もうたぶん原稿をご用意しておられたことと思いますが、演題にかかわる話題も含めてお話をしていただければありがたいと思います。

司会進行は柴田紳一助教授にお願いして始めたいと思います。先生方よろしくお願い申し上げます。

柴田　よろしくお願いいたします。事前に話し合いの手掛かりとして「井上毅研究史略年表」と、それから両先生にそれぞれ、こういったことについて中心的におうかがいしたいという項目だけお送りしましたが、まずこの「年表」の関係なんでございますけれども、井上毅の研究というのは、やはり「梧陰文庫」が國學院で公開さ

井上毅研究史略年表

昭和８年（1933）	『明治天皇紀』完成
	『秘書類纂』公刊開始
昭和12年（1937）	衆議院に憲政史編纂会設置
昭和15年（1940）	帝国議会開設五十年記念「憲政史料陳列」
	岩波文庫版『憲法義解』刊行
昭和20年（1945）	敗戦
昭和24年（1949）	国会図書館に憲政資料室設置
	宮内庁書陵部設置
昭和27年（1952）	大久保利謙、論文「明治十四年の政変と井上毅」発表
昭和29年（1954）	梅溪昇、論文「近代日本軍隊の性格形成と西周」発表
昭和30年（1955）	梅溪昇、論文「軍人勅諭の成立と西周の憲法草案」発表
昭和32年（1957）	國學院大學に井上毅文書寄託
	小嶋和司、論文「明治憲法起草過程の資料的研究」発表
昭和33年（1958）	梅溪昇、論文「教育勅語成立の歴史的背景」発表
昭和34年（1959）	梅溪昇、論文「明治十四年の政変と佐佐木高行」発表
昭和35年（1960）	梅溪昇、論文「井上毅の思想的性格」発表
	稲田正次、著書『明治憲法成立史』刊行
昭和36年（1961）	梅溪昇、論文「軍人勅諭の完成と福地源一郎の寄与」 「軍人勅諭の諸草案とその推移」 「教育勅語の諸草案とその推移」執筆
昭和38年（1963）	梅溪昇、著書『明治前期政治史の研究』刊行
	國學院大學図書館『梧陰文庫目録』刊行
昭和41年（1966）	『井上毅伝　史料篇』第一 刊行
昭和43年（1968）	『明治天皇紀』公刊開始
	梅溪昇、著書『お雇い外国人―概説』刊行
	木野主計、論文「大津事件と井上毅」発表
	海後宗臣ほか、著書『井上毅の教育政策』刊行
昭和46年（1971）	梅溪昇、著書『お雇い外国人―政治・法制』刊行
昭和50年（1975）	梅溪昇、共著『資料御雇外国人』刊行
昭和54年（1979）	『井上毅伝外篇　近代日本法制史料集』第一 刊行
平成３年（1991）	梅溪昇、編書『明治期外国人叙勲史料集成』刊行
平成７年（1995）	木野主計、著書『井上毅研究』刊行
平成12年（2000）	梅溪昇、著書『軍人勅諭成立史』 『教育勅語成立史』刊行

れてから本格化したとは思うのですが、その前から若干の動きがありまして、まずひとつは、これは研究ではありませんが、昭和八年（一九三三年）宮内省において『明治天皇紀』が編纂されたおりのその重要なひとつの史料として「井上子爵家文書」があったと思います。それから、それが完成した同じ年に、伊藤博文が持っておりました『秘書類纂』が逐次刊行されると、このへんから徐々に井上毅という人に対する学問的関心が高まってきたように思います。

昭和十五年の帝国議会開設五十周年記念の「史料展示会」、どうもこのときはじめて井上家の史料が公に展示会で並べられまして、当時憲法史の先生方は、夜ひそかに盗み写したという話が残っておりますし、また同じ年に岩波文庫で『憲法義解』が刊行されまして、益々井上に対する関心が深まってきたと思うのです。

なんといっても戦前期は憲法史の関係での井上についての関心が強くて、そのへんでも「法学の優位」というような傾向がみられると思うのですが、梅溪先生にはその法学ではなく歴史学のほうで、まず直接的に井上をテーマとして論文、昭和三十五年の「井上毅の思想的性格」というご論文がありますが、それより以前から「軍人勅諭」のご研究等で、井上について言及しておられます。年表でみても梅溪先生のご研究が井上毅に関して集中している時期、それがちょうど本学が「井上家文書」寄託を受けまして、木野先生のもとで目録の刊行が進められていたちょうどその時期、同時並行的に梅溪先生が井上に関する論文を精力的に発表されていたということは、この年表からわかるわけです。

年表で、つい最近のことですが、平成七年に木野先生は多年のご研究を『井上毅研究』としてまとめられ、昨年梅溪先生は『軍人勅諭成立史』、『教育勅語成立史』、二冊の書物をまとめられて、今日はこういった研究史の中で、平成に入って両先生がこういう大著をまとめられる経過をたどりながら、それから併せて「梧陰文庫」の学術的な価値というようなことについて、お話をいただきたいと思うわけです。

まず梅溪先生には、なぜ井上毅という人物に関心を抱かれたか、研究に着手をされたきっかけといったことから、おうかがいできればと存じます。

梅溪 柴田先生から前もってたいへんご丁寧にこの年表やら、それからまた今日のお話の要点、どういうことについて話をするようにというようなご連絡いただいて、たいへんご厄介かけて申し訳ございません。

本当にこの「梧陰文庫」にはたいへん長いことお世話になっておりますが、いままで手掛けたものは、そのうちのごく僅かで、これまでご刊行されたものを、これからも手掛けたいのですが、何十年かかってもなかなか研究し尽くされないほどの宝庫でありまして、私も年ですので一応のところでお若い方にバトンタッチをして、大いに井上毅の研究にご成果を挙げていただきたいと思っておるわけであります。

梅溪昇先生

いま柴田先生からお話の、井上毅研究に着手したきっかけというのですけど、私は大久保利謙先生がなくなられたときに、追悼文をみすず書房から要請があって、それにもちょっとお書きしたんですけれども、ちょうど昭和二十七年、私が京都大学の人文研の助手時代に、京大の史学研究会でも、東京よりは一年か二年はとにかく遅れて、当時流行の共同研究というのをやろうということになり、国史、東洋史、西洋史の三方面から日清戦争やろうということで、急に「日本側からみた日清戦争」のテーマが私に回ってまいりました。それも九月にやらなければいかんというので、慌てて七月、八月頃からどうしたらいいかなと思っていたら、小葉田淳先生がちょうどそのとき国史の主任教授で、小葉田さんが大久保先生に連絡してあるから、とにかく私の名刺持って国会図書館にいって「陸奥家文書」や、陸奥宗光の『蹇蹇録』だとかそういうものを見せてもらえと言われて。その当時憲政資料室がもうできてるんですね。

柴田　昭和二十四年にできています。

梅溪　それであれは国会議事堂の参議院のほうのウイングに憲政資料室があって、そこで大久保先生にはじめて小葉田先生のお名刺を持っていってお目にかかりました。実はこうこういう事情で「陸奥家文書」を見せてほしいと言ったら、大久保先生がたいへん親切にいろいろ見せて下さったんですね。その中に今度の『教育勅語成立史』のうしろのほうにも写真版を載せましたが、「陸奥家文書」の中に井上毅が起草した、いわゆる「山県有朋軍備意見」というのがあったんですね、あれは明治二十一年一月と二十三年三月の二通あった。それが井上毅という人を私が知った初めてのきっかけなんです。

その頃は同時に一方では、日清戦争の研究もあったんですけれども、私はシベリアへ捕虜として連行されましたが、ちょうど終戦後満州で昭和二十年の終戦になって「軍人勅諭」というようなものを、これを奉唱するか奉唱しないか、軍隊は毎日朝「一つ、軍人は忠節を尽くすを本分とすべし」と言うんですけれども、もう日本軍隊は負けたんだからもう言わなくてもよい、いやまだこれは停戦で日本軍隊は廃止されていないから言わんといかんというようなことで、「軍人勅諭」というようなものに、なんかしらんちょっと興味があったんですね。それで、「軍人勅諭」は、それじゃどうして「明治憲法」よりも早くできたんだろうかなあというようなことも、その当時からちょっと思っておったんですね。したがって人文研におるときには、少し日本の軍隊のこともやろうかなあということを一方では思っており、同時に日清戦争もこれ軍事ですから、そういう点で少しオーバーラップしてるんですね。

直接の契機はただいま申しましたように、「陸奥家文書」の中の「山県有朋軍備意見」というもので、実は井上毅の起草したものが「梧陰文庫」にもあるというので、そこから少し井上さんの史料を広く、また少し深く見せていただくことになったんですね。

そういうことが一つのきっかけでありますけれども、さらにいま柴田先生がおっしゃったように、戦前からの憲法史の領域でも、井上さんに関するものがあったんですが、私が一番感銘を受けたのは、藤田嗣雄先生の「憲法立法への井上毅の寄与について」という、「とくに天皇について」という副題のある学士院の『紀要』十二巻の二号の論文でございました。これが昭和二十九年に出ているのであります。私は京大の卒業ですし、しかも日本史のものですから、憲法学の藤田嗣雄先生とは関係なかったのですが、たまたま神田の古書店で、先生の『明治憲法論』を見つけたんですね。もちろん明治憲法史の研究にはそれまで先行研究があって、鈴木安蔵先生の『憲法制定とロエスレル』とか、そのほかいろんな憲法史の専門書がありますけど、欧米および日本の軍制のことについてお書きになっているのは藤田先生だけだったんですね。

それで私は厚かましく藤田先生に手紙を出して『明治憲法論』にいろいろお書きになっていることに質問状を出したんです。そしたらその当時新大久保にお住いで、私が東京へくるたびに先生がわざわざお待ちいただいて、毎晩、夕ご飯がすんでから七時頃から十時頃まで先生とお話を、お話というよりも講義を受けました。ちょうど藤田嗣雄先生はそのときには国会図書館の調査立法考査局ですか、その委員で、とにかくいまの自分にとっては、公費で好きなドイツ語の本がなんでも読めるんだと言われ、いつもドイツ語の原著をたくさん積み上げて、それをちょっとペラペラ見ながら話をされた。

藤田先生はご承知の通り昭和九年（一九三四年）七月、東大法学部に提出された学位請求論文は、「欧米の軍制文民優位に関する研究」で、フランスの軍制の研究ですが、日本の軍部が健在な時代ですから、東大でそれを公にしなくてもよろしいと、付帯条件（文部大臣ニ於テ「軍部ニ対スル関係上」其ノ印刷ヲ適当ナラズト認メラル）付きでパスし、以来発表されていなかったものです。また先生の『明治軍制』（昭和十七年）というガリ版刷りもいただきまして、フランスの軍制の日本への移入の話を盛んに聴いたんです。それから「軍隊と政治」というようなテーマは、これは対立概念ではないから駄目だと。「軍隊と自由」というのが対立概念であるというので、『軍隊と自由』という本も先生はお書きになって、これについても講義を受けました。大学のときは二年半何も勉強しないで、すぐ満州にいってシベリアに捕虜になったんですが、復員後、憲法の先生の弟子入りをしまして、月謝なしの聴講生となり、それはずいぶん続いたんです。

それで日本も明治のはじめはフランス軍制を先に入れていたこと、そして明治十一年からドイツ軍制に変わったということは、これははっきりしているわけなんです。しかし、先生は非常に理論的な憲法学者ですけども、私は日本史の研究者として、フランスの軍制なんていうようなものを、本当によく内容がわかって当時の日本が取り入れたのか、そこのところがどうなのかというようなことを、少し勉強しようというふうに思ったんです。そしたら明治十一年には統帥権の独立がありますけれども、そのあたりから西周だとか、あるいは山県有朋などがいろいろ活躍してたわけですから、そういうときにフランスの軍制とか、あるいはドイツ軍制というふうなものがどれほど日本で研究され、どんな事情で移入されたんだろうか、ということを少し調べようと思って、藤田先生とおしゃべりしながら、ご教示を受けていました。

藤田先生はいまから考えれば残念なことで、私にフランスへいってこないかと、わしの弟〔藤田嗣治画伯〕がフランスにおるから、いけと言われたんですが、とうというかなかったんですよね。そんなこともありまして、藤田先生にはたいへんお世話になったと私は思っているんです。

それで藤田先生は、いつも葉書に――藤田先生の葉書はたくさん残っておりますが――、「君はいま何をしてるか」と書かれてくるんですね、そして「自分はいま何を書いてる」というふうに書いてこられるんです。それでいつも返事に困りましたが、それでたいへん私は刺激を受けたんですね。そういうことがちょうどこの二十九年、三十年頃、日本軍隊の性格形成や、「軍人勅諭」と西周の憲法草案などの論文を書いた背景にあった。そしてこの西の憲法草案に井上毅が朱筆を入れている点で、西と井上との思想の違いに関心をもったんです。

柴田　先ほどの大久保先生も「明治十四年の政変と井上毅」という論文が昭和二十七年ですから、私はあるいはこの論文と梅溪先生のご関心となんか関係あるのかなあなんていう想像しておりました。

梅溪　もちろん、この論文は大事な論文ですから。大久保先生の論文は著作集ご刊行のときに大久保史学についてちょっと書いたんですが、大久保先生のお書きになるものは必ず新しい史料が入るんですね、そしてたいへん含みがあるんですね、大久保先生の論文というのは。それを読めばそこからなんらか問題を引き出して、新しく問題を展開できるような、非常に含みのある論文をお書きくださるというのが私の印象で、たいへんありがたいと思っておりまして、もちろんいま先生おっしゃるように、この「明治十四年の政変と井上毅」もそうで、この大久保論文を読ませていただいて、そこから生まれたのが、私の「明治十四年の政変と佐佐木高行」（昭和三十四年）です。

私はいま柴田先生のご質問で思っていることは、十四年政変直後に、ドイツ学の奨励を図るとか、漢学を勧めるということを井上が言うでしょう。そして西周が「軍人勅諭」にはじめに関係し、のちに井上も関与したと私は思っているわけですけれど、いわゆる独逸学協会学校ですね、これは西がいろいろやってるわけで、山県の命令で西がイェーリングの権利争闘論や軍事関係のドイツ語原書の翻訳をやらされ、ドイツ語に堪能な桂太郎と気まずい関係になっていますが、そのころの西と井上とがどういう関係にあったんだろうかと。藤田嗣雄先生は憲法学の立場から井上というのはフランス語が出来て、フランスの憲法はよく知ってるけども、ドイツ語が弱くてドイツ憲法の理解が浅いということをおっしゃる。私はあまり語学や憲法のことはわかりませんから、ああそうですかと言ってたんですけどね。結局このあたりでいわゆる独逸学協会学校ができるあたりの――井上はもちろん宮内省図書頭でありますけれども――西と井上との関係がどういう関係だったんだろうかということは、いまでも宿題にしておりまして、二人の間に文通があったかなかったか、あまり残ってませんね。

柴田　そうなんですね、直接的な二人の関係を示す史料は。

梅溪　最近どなたかが、『独逸学協会学校と山脇玄』という本をお書きになりましたね、私はまだ読んでいないんですけど、あのへんドイツ学を奨励させるとか、また漢学を奨励するという井上と西とが独逸学協会学校をめぐり、どういうふうに関係するんだろうかなあというふうにちょっと思っているんです。

柴田　いまの漢学ということになりますと、梅溪先生が発見されました井上関係の史料の一つに「儒教ヲ存ス」という意見書があるわけですね。あれは先生のご本で拝見しますと、大阪の田中良雄さんという方が持っておられて、やっぱりそういう井上に対するご関心の流れで、そういう史料を発見されたと思うのですが、そのへんの経緯はいかがでしょうか。

梅溪　それはですね、いままでの研究史では、憲法史の流れ、法学の立場から井上毅が取り上げられているんですけど、井上毅の思想というようなものについて、あまりだれもおやりにならないから、井上毅という方がどういう思想の持ち主だったんだろうかなあということはかねがね思っておったんです。それで日清戦争関係が中心の「陸奥家文書」をきっかけに、井上毅に関心をもって、その頃から井上毅のなんかそういう思想的な構造がわかるような史料がないだろうかと思っていましたら、「井上毅文書」の中に入っている「儒教ヲ存ス」があるのに気付きまして、あれを初めて見せてもらってたんです。まだあれは憲政資料室にあったんですね。

木野　参議院にあった憲政資料室です。

梅溪　参議院でね、それは大久保先生から別にこれもあるよと言われたんじゃなくて、沢山ある文書の中で何か、あっこれちょっとおもしろい史料だなというふうに私は思ってたんです。

しかしあの筆跡はもちろん井上の自筆じゃありませんし、いつのものやらわからないので、その周辺を調べてたら、『梧陰存稿』に「政道論」とかいろんなものがあって、大体同じようなことが初めに引用されてるから、こういうふうなことであいうのがまとめられたんだろうなということがわかったんですね。

ところが、この文書がいつごろのものかというのがなかなかわからなかったんですね。そういうことを小葉田先生によく大阪で話をしていた。大阪で話をしていたというのは、小葉田先生は今年亡くなりましたけど、先生は台北帝大から引き揚げてこられて、当時は大阪の住友銀行の本社に、いまは京都ですけども、住友の修史室があって、そこへほとんど毎日のように出てきておられた、鉱山の研究でね。そしたら田中良雄さんは住友総本社理事であって、お二人でよくお話をしてらした。そのときに「うちの若い梅溪というのが何か井上毅をやってる」という話が伝わったらしいですね。そのうちに、「自分は井上毅の手紙を持ってる」ということを田中良雄さんがおっしゃってると先生から聞き、「それはもうぜひ先生から頼んでいただいて見せてほしい」と頼みましたら、すぐに田中さんが「それじゃいいよ」と言われ、持って来て下さって、「以前、古本を買ったらその本の中に封筒が挟まっていて、井上毅の手紙だったので大事にしていたんですよ。」とおっしゃった。たしかに封筒の表裏は井上毅の自筆であることは間違いない。しかし中身は自筆ではないようでした。ともかく、その封筒から明治十九年という年代がわかって、それで一遍何か書いてみようと思ったのが、あの論文（「井上毅の思想的性格」）の出来上りの経緯なんですね。

柴田　いまおうかがいしましたけど、憲政資料室ですでに井上の文書をご覧になっていたということは、梅溪先生が最初に「梧陰文庫」の史料をご覧になったのは、そのときということになりますか。いわゆるいま國學院がいただいている「梧陰文庫」という史料は、憲政資料室で。

梅溪　ええ、「井上毅文書」は憲政資料室で私見せていただきました。それで、これオフレコかなんか知りませんけども、一時憲政資料室へ井上家から寄託があったんだけども、なにかをだれかが持ち出して少しのあいだ行方不明になったことなどがあって、それで憲政資料室から引き上げられたんだといううわさ話を耳にしたことがあったような気がします。まだ、それは憲政資料室はオープンして間もないころですからねえ。

柴田　そうですね、準備室みたいな段階ですから。

梅溪　準備室みたいな形で大久保先生お一人のほか、女性の助手として伊藤（旧姓・前川）明子さん一人しかおられなかった。とにかく向こうで見せていただきました。

柴田　そうですか。昭和三十二年に國學院が国会図書館から「井上毅文書」を譲り受けまして、目録の作成と、それから史料篇の作成に入っていくわけですけれども。「梧陰文庫」が國學院にきてから、目録を作る過程で梅溪先生は何か関与といいますか、文書の整理とか。

梅溪　いえ、私は全然それは関係ございません。

柴田　木野先生、『梧陰文庫目録』の編纂はこれは國學院だけで独自に、藤井貞文先生の下でやったということですね。

木野　そうですね、それではまず、なぜ井上家が委託換えをしたかということから述べてみます。それは國學院の新しい図書館ができて、貴重書庫ができたからです。たまたま石川岩吉学長と井上匡四郎さんが日比谷中学校の同窓生なんです。それで「五々会」という会があって、その席で石川学長が「今度いい図書館できたよ」という話をしたときに、いま梅溪先生が言いましたように、僕の聞いたのは社会党がいろいろな法案をめぐって、派手な政治活動をしたりして、国会の中が荒れてるというようなことを聞いて、井上さんはそれは大変だ、もしそういうことで「井上毅文書」の保管上でいろいろな問題が発生したら困るから、國學院がそんなにいい貴重書庫ができたのならば、石川学長にそっちへ預けようかなという話が出て、それで藤井先生が間に入って、藤井先生はかなり内心困ったと思いますよね、大久保先生がいるわけですからね。大久保先生と藤井先生は非常に仲がよかったですから、そこで国会図書館から國學院大學図書館への寄託換えについて、大久保先生と相談はされたと思います。

大久保先生はとにかく近代日本の政治家の文書を全部憲政資料室に集めたいという意向がありましたから、その中でもそれこそ一番重要な文書を國學院に委託換えになったんではというような危惧があったと思いますので、藤井先生は、大久保先生の心中察して余りあるものがあったと僕は思います。井上匡四郎氏の判断がかなり重要だったと僕は思います。それで石川学長と井上ご当主との間で、そういうふうな寄託換えの取り決めに話がついて、最初は永久寄託ということで契約が成立しました。

木野主計先生

井上毅文書の採訪

柴田　井上の史料が國學院に収まり、目録ができて公開されたわけで、そうすると研究者は注目したと思うのです。梅溪先生も「梧陰文庫」が國學院にきてからずいぶんご利用になっていると思うのですが、それと梅溪先生には『井上毅伝　史料篇』を作るときに、結局あの『史料篇』は本学がもってるものだけじゃ作れませんで、井上がよそに出した「意見書」とか「書簡」を全部追跡調査して集めているわけで、その過程でいろいろ梅溪先生から、あそこにこういう史料があるからとかご助言をいただいたというふうにうかがっているのですが、『史料篇』の編纂の思い出とか、あるいは國學院に何度か調査等でこられたときの思い出話とか、あるいは藤井先生のことなどお話をうかがえればと思います。

梅溪　私ははなはだお世話になりながら、そのあたりがちょっともう茫漠としておりましてね、木野先生、私どうでしたかねえ。『史料篇』刊行のときに私の名前も入れていただいて、ご連絡はしたことはあったと思いますが、格別に私の名前まで載せていただくようなものではもちろんないので、それほどの何も。

柴田　たとえば、警視庁の関係の佐和正の文書とか、それから「櫟原家文書」とか、そういったものが『史料篇』にとられているわけですけれども、これは木野先生におうかがいしたほうがよろしいですか。

木野　どっちが先だったかですね、ともかく國學院でいよいよ第四巻の編纂に入って井上の「書簡集」の編纂を開始し出して、書簡を採訪しようということになり、もうそれは前から計画がありましたから準備はやってたんですが、梅溪先生からまず書簡については「櫟原家文書」、これは箕面市の櫟原家の文書であって、その中に井上毅の書簡がありますよということを藤井先生におっしゃったと思いますね。

梅溪　ええ、そうでしたね。

木野　「それじゃ木野君、採訪にいこうよ」ということで、櫟原家へいったわけです。そのときには梅溪先生も同行していただいて、梅溪先生と藤井先生と僕で、僕が複写の写真機一式を持って箕面の櫟原家まで出かけたわけです。

梅溪　そうですね。

木野　それで櫟原家にいって書簡を出してもらって、そのときに藤井先生は「櫟原家文書」全体を見まして、「これはたいへんな史料だな、維新史料でも採ってないのがいっぱいあるよ」と言ってました。

梅溪　それはね、私の手帳によると昭和四十五年（一九七〇年）の「六月三十日火曜日、十二時藤井貞文先生、木野氏来室」とあり、私は大学でお会いした。

木野　大阪大学へ最初いきましたね。

梅溪　それから職員会館で昼食して、多分カレーライスぐらいはご馳走したんでしょう（笑）。それから「一時半に櫟原《いちはら》家へいった」、「二時半小生のみ先に辞去した」とあります。その間、先生方は写真をお撮りになった。櫟原庸雄という人が箕面市箕面六丁目十の十一番地に住んでおられたんですけど。

木野　庸雄でなくて光子さんの名前が出てるんですが、それはお母さんですか。

梅溪　お母さんですね、光子さんといいましたか。その方を魚澄惣五郎先生――当時阪大にご出講下さっていましたが――が以前大阪女専で教えられてるんですね。だから「自分が母親に言うとくから」とか言われてね、魚澄大先生のことだから向こうも見せてくれたんで。これより前に、時野谷勝先生、維新史料編纂官当時から藤井先生とは懇意でしたが、時野谷先生と一緒に見せてもらいに行っておりました。非常にちゃんとした、保存は非常によい状態でした。

柴田　次に明治の外交官ですが、「吉田清成文書」ですね、あれは京都大学で。

梅溪　あれは京都大学にもとから入ってたんです。

柴田　その中に井上の書簡が五、六通。

木野　それも先生を介してですよ、話の中で「吉田清成文書」が京都大学の史学科の陳列館にあると梅溪先生が言ったでしょうかね。

梅溪　いや、あれは三浦周行先生時代から国史研究室の所蔵になってた、「吉田清成文書」としてですね、それで歴代の助手、柴田實先生などがまだ副手か助手の時代から取られていたカードがずうっと残っておりまして、だから私どもが手をつけるのは失礼だという気があって、そのままにしておったんです。下村冨士男先生も、この文書を東京から見に来られるたびに、君が京大に帰ったら、早くマイクロにしてほしいなどとおっしゃっていました。そこで私もちょっとペラペラッと見てたら井上さんのがあるらしいなということがわかったんです。

木野　そうしたら藤井先生が、先生から聞いて、じゃあ藤井先生は赤松俊秀先生知ってるからというようなことで、赤松先生と電話連絡か何かして、それで京都大学へいったんですね、陳列館にまず二人で。ところが色よい返事をもらえなかったんです、最初はね。それで近衛家の「陽明文庫」にも採訪にいったんですね藤井先生と、そのときは「陽明文庫」には何もなかったんですね。

梅溪　しかし「吉田清成文書」の関係分を藤井先生と木野先生とで写真に撮られて、私もそのフィルムポジをいただいています。

木野　それと先生からはですね、四国の香川だったですか、「陸羯南文書」を先生から紹介していただいた。

梅溪　あれは阪大の微生物病研究所の善通寺の機関にもとちょっとおられた陸先生で、助教授でお辞めになって、あのときは葉山におられたと思うのです。それで細菌学者で微研所長の藤野恒三郎先生――叔父さんが例の「藤野先生」で、仙台で魯迅を教えた――が、私が明治史をやってるところから、「いや、陸〔四郎〕君のところに孫文らの書簡があるよ」と言って、それで見せてもらいにいった。そしたらその時は一通でしたかね（笑）、井上さんの手紙があって、それを連絡したんです。

柴田　あと、井上毅の史料で全国ほうぼうにあるものを探すについて、宮内庁の書陵部がずいぶん井上関係の史料を持ってたと思うのですが、『秘書類纂』を含めてですね、梅溪先生も書陵部の史料のご利用についてはずいぶんいろいろご苦心（笑）、それから木野先生も藤井先生も、今日では『秘書類纂』もようやく公開されましたけれども、長らく非常にガードが堅くて、以前も「軍人勅諭」関係等で、これはもうそろそろ時効で公にしても構わないような気もいたしますけど、お話だけでもちょっとおうかがいしたいと思いまして。

梅溪　あれはね、私は「軍人勅諭」の草案は関東大震災で焼けたというようなことが、ちょっと『公爵山県有朋伝』にそれらしいような雰囲気で書いてあるけれども、必ずあるに違いないと、それはなぜかと言えば『明治天皇御紀』の編纂をやった時の写本が必ずあるに違いないと、私が史学研究会でしゃべったんです。それは昭和二十年（一九五〇年）、先年亡くなった菊地康明君の書陵部時代のことで、彼は京大国史の私の少し後輩で、「梅溪さんあります、書陵部でもっていますから、私が宿直のときに見にきて下さい」と（笑）。彼は宿直だから書庫へ入ってもってきて「これです、見て下さい」と。だけど私はそのころ大阪から東京へ出て、数日しか滞在できないので、彼が写してくれてね鉛筆で、それはいまだに持ってるんですけどね。

そしてそのとき本郷定男管理部長さんとずいぶん彼がやりあって、こんなものはもう見せてもいいじゃないかと言って、ずいぶん彼がやってくれたんですけど。しかし君の身分にも関係するから、もうそれはいいからと言ったことがありました。そしたら結局宮内庁書陵部の方で、書陵部にあるということを記さないで、前からせっかくやってるんだから使ってくださいという許可だけを得たんですね、その当時は。

柴田　伊藤博文が持っていた『秘書類纂』の中にも、井上の意見書などがいっぱいあって、藤井先生、木野先生はそれぜひ見たいというので（笑）。

木野　ところが『史料篇』の一巻にも二巻にも『秘書類纂』からの史料を利用して、『秘書類纂』の井上毅関係文書の校正をして出したんです。そこで書陵部からクレームがつきまして、管理部長ですね、これじゃ國學院が見たことになるじゃないかと、だけども本が出ちゃったですからね（笑）、もう藤井先生と僕とで謝りにいきましたですよ、あのときの書陵部長は何て言ったですかね。

梅溪　本郷さんで、私も何回かお会いした。そのころ伊地知鉄男さんも編修課長さんだったと思います。

木野　それで謝りましたけど、それですんだんです。非常に困ると言われたので、それで以後は少し差し控えたわけです、書陵部では。その時は、ちょうど中村一郎さんという院友の人が書陵部におられましたものだから、藤井先生が懇意で「中村君、まあ見せてよ」と言って、それでまた見にいって、藤井先生と、國學院の史学第一研究室の『秘書類纂』の刊本を持っていって、みんな原本と対校しながら「木野君、みんなやっちゃおうぜ」ということで全部校訂したものが、『史料篇』に入っているわけです。今回史料公開されたとすれば、もう新しいい刊本を出せばいいんで、それは計画があるんですかね。その当時なぜ書陵部が困ったかと言うと、大久保利謙さんにも見せてなかったんです、『秘書類纂』は。それで國學院に見せたんじゃ大久保さんに対して申し訳ないということでね、大久保さんに見せないものを國學院に見せたということで。

梅溪　だから私は藤田嗣雄先生が、先の学士院紀要の論文を書かれる前、この論文は二十九年に出てますけど、もっと以前からやっていらっしゃったと思うのです。戦前の憲法史研究会で、「伊東巳代治文書」や「井上家文書」を見てらっしゃるはずなんです、憲法関係だけですけれども。

柴田　そうですね、小嶋和司先生の論文もそうですから。

木野　それはもう稲田さんなんかもう戦前から見てる。

梅溪　戦前から見てらっしゃるね。

木野　世田谷の井上家で見てるんですね。小嶋さんは参議院で見て、それで國學院へきたんで、國學院にも日参したんです。

梅溪　そうそう、小嶋さんとはよく会いました、私は中学校一緒なんです小嶋さんとは。私より三年下の昭和十六年卒で少し若い、偶然。

木野　ああそうですか。

柴田　それは國學院でということですか、じゃなくて。

梅溪　いやいや、兵庫県立の旧制尼崎中学です。

柴田　いや、お会いになったというのは、梧陰の史料で。

梅溪　それは憲政資料室なんかで、よく出入りして。國學院でもお会いしたこともあると思います。

柴田　いま藤井先生のお名前が何度か出たんですけど、梅溪先生は藤井先生の思い出といいますか、何か。

梅溪　そうですね、私は藤井先生、もうあのときは憲政資料室に大久保先生と藤井先生と両方おられたと思うのです。それで大久保先生は毎日きていらっしゃるわけじゃありませんから、たまたま偶然ポコッといくと藤井先生がおられて、藤井先生に聞いたらいろいろご親切に教えて下さいましたね。私は大体人からいただいた手紙や葉書は全部とってあるんですけども、藤井先生からのも何通かありますけど、「三条家文書」にある「軍人勅諭」の草案を、私は大久保さんが「あるある」とおっしゃってもなかなか見つからないんですよ、そうしたら「いまは目録を編纂中なので自分が探してもわからないから、わかり次第すぐ言ってやる」というのがこれ、藤井先生からいただいた葉書なんですね、これが昭和三十六年の八月頃にいただいた葉書なんです。まだほかに何通か藤井先生から手紙いただいてるんですけれどもね。

だからやっぱり憲政資料室で藤井先生にずいぶん私はお世話になって、こんなことを探す役まで先生にお願いしたりしてたいへんお世話になった。

柴田　ちょっと國學院を離れた話なんですが、さっきも『明治天皇紀』の話がちょっと出ましたけれども、その『明治天皇紀』を作った編纂官の中の一人に渡辺幾治郎という方、新潟の長岡の生まれとお聞きしておりますけれども、おそらくこの方はいろんな家の史料を見てるうちに、井上家の史料が非常に大事だということを、早くから着目されていたようなんです。ちょうどその上司が金子堅太郎総裁なものですから、金子さんの言う話と、井上家で見てきた話がずいぶん違うわけなんですね。それで結局金子総裁とぶつかって辞めて、で、どんどん著作を出していかれたらしいんです。

梅溪先生のご本の中でも、渡辺先生のことにちょっと言及されていて、昭和三十五年に渡辺先生亡くなられているんですが、ちょうど梅溪先生が井上研究を進められてる頃、渡辺先生最晩年で。

梅溪　そうでした。

柴田　おそらく私、学者として井上に関心もっていたパイオニアというか、あまり発表はされませんでしたけれども、最もよく理解していたお一人として、渡辺先生がおられたように思うのです。今日早稲田大学に渡辺先生の資料が残っておりますけれども、われわれはもちろ

柴田紳一

ん渡辺先生の謦咳に接するということできませんで、梅溪先生は渡辺先生とどのようなご縁で。

梅溪　渡辺先生はちょっと今日三通ほど、葉書ですけれども持ってきましたが、昭和三十一年、三十二年頃渡辺先生のとこへおじゃましたんですね。私はいま柴田先生がおっしゃった、渡辺さんが井上毅のことについてたいへん重要視しておられたということはあまり知りませんでしたけれども、そのときちょっと「教育勅語」をやる関係で、いま柴田先生おっしゃるように、『明治天皇と教育』かなんかいろいろたくさん書いておられますね、そのほかに著作が多いですが。私の聞いた話は『明治天皇御紀』の編纂のときに、渡辺さんがトップなんですけども、カーボン紙を入れて複本をとると、まあ三通ぐらいしか取れないんでしょうね。それは部外秘なんだけれども、それを使って論文を書くということで、なんか金子さんと非常に折り合いが悪くて、なんか免官になったというようなことでした。

それで私が渡辺先生にお世話になったのは、先生がもうすでに戦前から「教育勅語」のことも書いておられるでしょう、それでこれは渡辺先生にお会いして、一遍直かに聞かないといけない、渡辺先生であれば大体「教育勅語」の関係の資料はお持ちだろうということで、これ私のことですから厚かましく、そのころ時野谷先生から小西四郎先生をご紹介いただき、史料編纂所へもまいっていた関係で、これは「小西四郎様気付」になって返事をもらってますけれども、早稲田大学の社会科学研究所ですね、早稲田の社研へ会いにこいという葉書で、向うで先生にお会いしたのが初めてで。それから矢来町のお宅へいって、そのお持ちの各種の草案を見せていただいた。そのときに「徳大寺実則日記」も。

柴田　侍従長の日記ですね。

梅溪　侍従長、これは非常に大事な史料だから、いつかはオープンになったら使いなさい、使えるようになるからと。私そのときペラペラと、そのときは「教育勅語」のことばっかりですから、「徳大寺実則日記」はよく見なかったんですね、それもいま早稲田に入ってますからね、あれはたいへんいいもので。

柴田　ただ、残念ながら抜粋なんですね、日記は。

梅溪　そうですね。

柴田　ですからこれも書陵部が持ってる原本を、早く公開してほしいところなんですね。

梅溪　そうなんです。

木野　ただ、僕はこういうふうに聞いたけど、書陵部のものは『御紀』編纂史料に使った史料でも、例の書陵部の『図書目録』の続編に載ってるものは見せるんだと言ってたけど、全部見せないの、『御紀』編纂史料は。

柴田　とても全部は見せられないと思います。まあ逐次公開していくということなんだと思うのです。『秘書類纂』をやって、遠からず「徳大寺日記」もやってくれると期待しますが、やっぱりあそこも一応内部で審査して、差支えないか見てから出そうという気持ちがあると思うのです。どうしてもだから時間がかかるんだろうと思います。

木野　「佐佐木高行日記」はどう。

柴田　梅溪先生も佐佐木のこと書いておられますが。佐佐木の史料についても國學院として調査を当時おやりになったんですか。

木野　いや、それはいたしませんでした。

梅溪　菊地康明君が「佐佐木日記」をだいぶ書陵部が持ってると。

柴田　『保古飛呂比』という「日記」ですね。

梅溪　「日記」を、その中から手書き写しとって、私のとこへ菊地君が送ってくれてるノートがあります。これは参謀本部のこととか何かの軍事関係です。だからあれも持ってるんじゃないかと思うのですけど。

柴田　本学が持ってる佐佐木の史料は、彼の蔵書だけです。「日記」はもうこれ結局焼けて、原本はなくなってるという、写本は書陵部と史料編纂所なんです、「佐佐木日記」を持ってるのは。

木野　東大の史料編纂所のは明治百年記念で全部出しましたからね、刊本でね。

梅溪　そう、明治十五年まではね。しかし『明治聖上と臣高行』に出る明治末期分までの「日記」を公開してほしいですね。

木野　國學院は『皇典講究所五十年史』を書いたときに、阪本是丸さんのお父さんが採訪して、抜粋で。いま校史資料室にあると思う、「佐佐木日記」がね。

柴田　要するに國學院大学関係の記事だけの。

木野　そうそう。

柴田　あるんです、それが時々学界の一部では、國學院は隠し持ってる、見せろという話になるんですが、全然違うんです。

梅溪　だけど書陵部で菊地康明君がよく取ってくれて送ってくだすった「佐佐木高行文書」には、明治の三十年、四十年代の史料がありますから、それは写本として書陵部にあると思うんですが。菊地君から当時は使わないようにと言われていました。いまだに使ってませんけどね（笑）。

柴田　先ほどの渡辺幾治郎さんは、ご著書の中で井上毅のことを「日本的立憲主義の人と自分は彼を評価する」と、世に憲法制定は伊藤博文とその下に三羽烏がいて、井上、伊東巳代治、金子堅太郎と並び称せられるけども全然違うんだと、井上さんというのは、で、「日本的立憲主義の人」であると。もし渡辺先生が長生きされれば、井上についての論文をお書きになられたと思うのですが、ちょっと惜しい気がします。

梅溪　そうですか、私は渡辺先生とは「教育勅語」だけでやり取りしたので、井上さんのことはあまり直接には渡辺先生からおうかがいしたことないんですが、いま先生おっしゃったのは何に書いてらっしゃいますか。

柴田　晩年の『明治天皇』という上下の。

梅溪　ああ、私あれは読んでない、ありますね二冊、そうですか。

柴田　渡辺先生は戦争中に発表された本の中で、『明治天皇紀』を作るときの苦労の一つで、金子総裁から聞いた話を伊東巳代治さんのところに確認にいくと、「金子君の話は嘘が多いと、わしの話がほんとじゃ」と言って、それを持っていくと金子さんが「いや、伊東さんの言うことは最近おかしい」って（笑）、もうだから談話史料というものは、お話というのはやっぱり史料とするに非常に危険だということをはっきり、まだ当時金子さん存命中なのですけど。そういったことからいろいろ考えると、渡辺さんが『明治天皇紀』から外れた理由というのはやっぱり、先生がお聞きになられた話もあったかと思いますけれども、やっぱり金子総裁とぶつかったということと、結論的にはそういうことなんでしょうね。

梅溪　私は京都のへんでは、カーボンで史料のコピーを取ったり、その史料で本を書いたということで、なにかたいへん叱責を受けたというので、それがなにか免官の理由だということを聞いていたんですけども。

お雇い外国人研究と井上毅文書

柴田　渡辺先生は最初早稲田の文学部史学科、それから英文学科を卒業したとなってます。それで京都帝大文科大学史学科専科終了と、そういう意味では京都ともずいぶんかかわりがあったんですね。

さて、「梧陰文庫」の中にはお雇い外国人の史料がいっぱいありまして、梅溪先生は井上研究のパイオニアであると同時にそのお雇い外国人研究についてはもう史料集から新書・概説書からいっぱい書いておられて、お雇い外国人に研究の関心を向けられたというきっかけはどのへんに。

梅溪　これはね、たいへん「梧陰文庫」に申し訳ないんですが、私は井上さんのとこにこれだけのお雇い外国人の立派な史料がたくさん残ってることまったく知らなかったんですよ。もともとお雇い外国人をやりたいと思ったきっかけは、関東軍の崩壊、ソ連軍の実態を体験したことから、まず幕末から明治にかけての軍制、軍隊の成立をやろうと思った。陸海軍をやると、オランダ海軍、フランス陸軍、イギリス海軍からとにかくいっぱい外国人がきてるわけですね、そうでしょう。それで、これは一遍どうしてもやらなきゃいかんのじゃないかなということになったんですね。戦後の昭和二十五年（一九五〇年）に、「地域研究」を流行《はや》らせたミシガン大学の日本研究所の出店が岡山にできまして、京大の人文研日本部と交流があり、この出店の三番目の所長がアーダス・バークスという政治学の教授で、同教授は気さくな人で、自分の勤めているラトガース大学には、福井へはじめてアメリカ人でお雇い一号できたグリフィスのコレクションがあるから、機会があったら見に来ないかと誘ってもらったんです。

このグリフィスは、少しジャーナリスティックなヒストリアンですけれども、『日本国民の進化』（一九〇七年）の中でYATOI（雇い）ということを言って、日本人は自分で近代化をやったように思ってるけど、外国人の世話にもなってることを、みな頬かぶりしてるということを書いてるから、なるほどこれも当たってるなあと、かねてから思ってたんです。それで一九六二～三年に向こうへいったときに、少しそのグリフィス・コレクションを手掛けたんです。

それでアメリカから帰ってきたら、のちの日本経済新聞社編集局長の小出鐸男さんが、今度『日経新書』を出すことになって、初めのほうは毎月二冊ずつ出さなければならないから、はやく書け、書けと言って、それで書かされたんです、実は慌てて（笑）。それが『お雇い外国人―明治日本の脇役たち―』なんです。

そしたら今度は、鹿島建設社長の奥さんの卯女さんが、梅溪さん一遍東京へきてください、自分も外国人に興味ある、と。あの方も『ベルツ花』など書いていらっしゃいます。ほかにたくさん立派な本をね、自分の道楽で。それでみんな手分けして部門別になんかシリーズを作ろうじゃないかというので、もっぱらこれは卯女さんの企画でやったんですけど。

柴田　この鹿島出版会の本のシリーズ『お雇い外国人』で「概説」という巻を担当されて、それから「政治・法制」という巻も梅溪先生はお書きになって、この「政治・法制」の巻ではかなり「梧陰文庫」の史料を使っておられるんですね、ピゴットとか、ロエスレル、あとパテルノストロあたりでは。

梅溪　ええ。

柴田　で、パテルノストロになりますと。

梅溪　それは木野先生のお書きになったのをまったく拝借しただけで（笑）。

柴田　昭和四十三年に「概説」という本が出た年に、木野先生は学会誌の『国史学』に「大津事件と井上毅」という論文を発表されました。

梅溪　私もそれを勉強させてもらって、右から左に拝借したんです、それは。

柴田　いまでは木野先生の「いわゆる司法権の独立は児島惟謙じゃなくて、井上前法制局長官だ」という説については、岩波文庫の『大津事件』の解説でも東大の三谷太一郎先生が参考文献にあげておられるぐらい、もう定着してきているんですが。木野先生、あの「大津事件」の論文をお書きになるときは、早くからあの「パテルノストロ答議」に注目しておられましたですか、井上の文書整理しておられる頃から。

木野　もうそれはね、あっ、僕は児島惟謙じゃないなとすぐわかりましたね、これは井上毅が。で、井上毅はもう外交的に成功したから、もう司法省に口を出すまいということで自由にやらしたと思うのです。それで井上馨なんかはずいぶん井上毅ってすごいことやるもんだ、で、はじめは首切っちまえと言ったもんだから、あとで具合悪くなって彼は山口へ帰っちゃうんですね。そうしたら長州出身の藤井先生はよく知ってて、「井上聞太、何か都合悪くなるとすぐ引っ込んじゃうんだよ」って、そんなこと言ってましたけどね。

柴田　藤井先生は「脳病」とおっしゃってますね、脳の病って、手紙にもしょっちゅう出てきて、「脳病」って病気かなと思ったら、「どうもそういう一種の政治的なあれだねえ」って、藤井先生言っておられたですね。

木野　それはいまの田中外務大臣が具合悪くなったようなときと同じでね（笑）。

柴田　木野先生の論文は、そうやって「梧陰文庫」の中の具体的なお雇い外国人の史料をもとに書かれたわけですけど、その頃はやっぱり梅溪先生とも頻繁にいろいろ研究上の事柄とか、史料のことで文通しておられたわけですね、もうすでに。

木野　もうそのときにはね。

梅溪　木野先生からずいぶんいろいろお手紙をいただいて、これだけ残ってますように（笑）、私が京大から移りました大阪大学の図書館というのは、もう五時になったら閉めてしまうんで、アメリカの大学図書館のように、夜中の十二時まで開けといてやらにゃいかんと（笑）、というようなこと、それよりも國學院大學へいったら、ちゃんとその調査室というものがあると、こういうものを必ず図書館におくべきだということは図書委員として盛んに言ったんだけどできませんでした、私はいまだに思ってるんですけどね。

柴田　いま現在調査室も休眠状態になっておりまして（笑）、いますぐ先生に図書館にきていただいて、外部の声として言っていただきたいぐらい、本当に図書館の中枢ですからやっぱり、しかも貴重図書というのはもう大学の生命ですから。

梅溪　それで極端なこと言うと、図書館には本を買ってもそれを分類する能力がないんです。自分の勤めていた大学図書館の悪口言って申し訳ないが、私が赴任したころは国会図書館からあそこが一年間に受け入れた本のカードを買うんですね、それで自分の大学が一年間に買った本のカードをそこから抜いて、自分とこの所蔵カードに入れるだけのことしかやらない。そんなものがライブラリアンかと、だからもっと若い優秀なライブラリアンを育てようと思ったら、外国の図書館へ留学させなさいと、外国へいけばライブラリアンがアーキヴィストで専門の研究家よりももっと立派な学識の人がたくさんいるんですからね。日本史なんていうのはよく古書を買うから、なかなか分類をしてくれないんですよ、洋書ならすぐアルファベットからで、オーサーとかなんかわかりますけど、和書や漢籍の古書をなかなか整理してくれないんですよ。

柴田　國學院では、藤井先生などが「梧陰文庫」整理のために特別に調査室つくられて、木野先生を迎えられて、そういう専門家として木野先生が育ったわけですよね。「梧陰文庫」も図書館の持ち物ですから、図書館にも大いに意識を高めてほしいわけなんですけども、京都大学なんかでその点はどうでしょう、そういうライブラリアンというか古い文献の専門家というか。

梅溪　いやあ京大が今どのようにされているか、よくわかりません。戦後しばらくは一般的に言って、旧帝大系の講座制の大学では、付属図書館よりも学部のほうが強いですからね、付属図書館の主体性が弱かったように思いますね。しかし、今は違うでしょう。そういう専門家の育成を考えているのではないでしょうか。大学文書館のこともあって。

柴田　さっきの「吉田文書」も史学科のほうが。

梅溪　私の学生時代・人文研助手時代には、国史でも、抱いてなかなか出さない空気があった気がします。現在では、山本四郎氏中心のグループで整理・解読され、すでに三巻ぐらい公刊されていますよ。

柴田　本当はこれから各大学が個性を発揮しようというときに、こういう専門家というのは一番大事なポストだと思うのですけど。

梅溪　そうですね。

柴田　國學院では、昭和三十年頃、井上家から史料をいただいた当時の図書館は非常にちゃんとしておりまして、今日研究者はその恩恵にまさに浴してるわけですけれども。それからこういう諸々の研究が出てくるのも、やっぱり國學院で「梧陰文庫」をちゃんとお預かりしてるからできると思うのですが。「梧陰文庫」というものの学術的な価値といいますか、全体的な評価といいますか、先ほど「宝庫」というようなお話もありましたけども、改めてどういうふうに井上毅が持っていた史料というのは。

梅溪　そうですね、これは木野先生なんかが一番その実態と歴史的価値をよくご存じなんですけど、われわれ使わせてもらう者から言えば、私らはこのうちのごく一部しかまだ利用させていただいていないものですから、井上さんが各部門にわたり、とにかくグランドデザイン、日本の近代化の全体の枠組み作りを全部一手に構えておられたことを如実に示す「梧陰文庫」は、まだまだ未開拓の史料の宝庫と言えるでしょうね。

木野　若い人が文書整理してみてびっくりするでしょう、間口の広さにね。

梅溪　もっとみなわれわれ研究者のほうが、これだけ國學院で史料の刊行をしてもらってるんだから、もっともっと活用しないとね、申し訳なく、もったいないと思いますね。

柴田　昨年の座談会でも、目録を整理した横山晴夫先生が、最初に國學院にきて開けて見たときにやっぱりびっくりしたと、もう日本国の骨格にかかわるたいへんな史料だと言われてましたが、これは研究が深まれば深まるほど、その価値もまた高まる。

梅溪　先生がいみじくもおっしゃる、日本国の骨格にかかわる「梧陰文庫」史料をこれから今以上にみんなが頑張って研究を深めなければ、これだけの文庫を残していただいた井上毅、井上家に申し訳がないですね。その研究の深化に重要な役割を果すのが、今度の貴学の『梧陰文庫総合目録』の編纂・刊行」という記念事業ですね。ご関係の先生方にはご苦労ですが、この事業のご完成を心待ちし、何とかもうしばらく生きのびて、それを活用させていただき、宿題の一つでも多く果させてほしいと思いますが。

柴田　以前中央大学におられた稲生典太郎先生が、本当に紙屑みたいなものまでとってあると言われたんですけれども、本当にたしかに反古みたいな断片みたいなものまで。

木野　そのまた断片が非常に重要なんですよね、「教育の地方化」なんていうのはこんな断片ですよ、だけどやはり今もって「日本の教育の地方制度化、地方で教育というものを重要視しなさい」、そういうのはこんな紙っぺらに書いてあるんですよね。それは文部大臣自らみんな法令を起草して、それで国会答弁までしてね、とくに実業教育とか小学校教育、教育方針にならなきゃ駄目なんです。それとやっぱり言文一致、で、日本語でものごとを理解できるように、そういうふうな国語をつくらなければ駄目だということ。だからまず子どもは教育を、だからそういう意味では学年は六年でなくてもいいと、四年制にして、その代わり義務教育を全部にして、もちろん無月謝にして教育をやらなければいけないとあるでしょう。

憲法、政治体制もあるけど、僕は文部大臣の彼の果した役割というのは、そんな「教育勅語」なんていうのは、それは先生をおいてなんだけれども、それは非常に重要だと思うけど、あれは元田永孚がうるさく言うものだから、それは元田の言ったものをまったく換骨奪胎しちゃったわけですよ。

梅溪　もともと発布に反対だったんだから、あんなもので天皇を利用して出すのはいかんということは、当初井上さんの趣旨だったんですからね。それが山県の懇請や元田の協力要請から。

木野　天皇が国民の思想に言及すれば、必ず時代が変われば問題視される、そのとおりですよね。

柴田　ですから「梧陰文庫」のほうには「教育勅語」関係の史料あまりないんです。むしろ見せられて意見を加えたものが元田のところへいってたりという形で。

梅溪先生に以前ご講演をお願いしたおりの、先ほどの「明治国家の構造形成への井上の寄与」というのは、大体どのようなお話を想定して。

梅溪　私の『教育勅語成立史』の後ろへ入れた「明治天皇制国家の構造形成に関する一考察」と題した補論です。あれは大阪大学の国史研究室の創立五十周年の記念論文集の刊行計画があり、ちょうど同じころご依頼がありましたから、講演原稿として書いたもので、はじめは「明治天皇制国家の構造形成への井上毅の寄与」という題で話をさせていただこうと、こう思っていたんですけれども。入院中でお話ができず、題名を改めただけです。

明治国家の成立史と崩壊史

柴田　本当に井上というのは多面的な、多方面に活躍した人ですから、一言、二言で評価するというのは難しいと思いますけど、先ほど渡辺幾治郎先生は「日本的立憲主義の人」と言われましたけど、梅溪先生は井上のことを短くなんか表現するというとどうなりますか。

梅溪　えらい難しいね（笑）。

柴田　たしかにある時期憲法史の流れだけで、憲法制定との関係だけでみてこられて、「梧陰文庫」が公開になったことで、徐々にいろんな分野からの研究が深まっていって、いま木野先生から文部大臣時代のお話もありましたけれども。これは今後の井上毅研究の課題みたいなこととつながると思うのですけれども。

梅溪　「教育勅語」について言えば、井上さんはもともとああいうものを天皇を利用してやるのはいけないと、しかし山県や元田から、木野先生がおっしゃるようなことで、やむなく作られたと思うのですけど。やっぱり私はあの補論で書きましたように、法的な側面、権力的な側面、道徳的な側面、そういうもの三つがうまく調和していないと国家というものはもっていかないだろうと思うのです。だから単に憲法だけでやっても駄目で、法と権力と道徳、そういうものがお互いにいい関係で、調和された国家というものを、井上さんは井上さんなりに考えておられたんじゃないかなというふうに思うのです。たしかに法制的な面では、外国法を入れて、立憲国家体制を採るわけで、日本の近代化そのものがまず国家を近代化するということですから、だけど国家を近代化しただけでは駄目で、やっぱり社会を近代化しなければならないし、個人も近代化しなければならないわけですから、そういう段階に応じた政策をとっていかなければならな

正面中央に梅溪昇先生、右に木野主計先生

いぐらいのことは、考えておられたのではないかと思うのです。

だから外交なんかでも先生ご存じのように、朝鮮をどうするかというような問題でも、いろいろ出てきますね井上さんのご意見が。

柴田　中立にするとか。

梅溪　中立にするとかねえ。それで私はいま、ちょっと先生のご質問をはぐらかして悪いけれども、最初に出くわした山県の軍備意見で言えば、「主権線」と「利益線」という言葉があるでしょう、あれどこに語源があるのか、ドイツ語にあるのかフランス語にあるのか、探してやろうと思ったけど、いまだに探してませんけどね。あの言葉をやっぱり簡単にみな使うけれども、あれは何か井上さんが本当にゼロから考え出した言葉なのか、何か横文字があってそれをああいうふうに訳されたのかかね。

柴田　それこそお雇い外国人からの知恵があったのか。

梅溪　そう。

木野　それは簡単に井上がそう言ってるからと思って

いましたが、たしかにどこから井上がそれ勉強したかというのは。これは山県の第一回帝国議会の「施政方針演説」の骨子ですからね。

柴田　のちの方針演説ですね。この間「梧陰文庫」の再整理を進めていて、先ほどの陸羯南が新聞『日本』をやってたわけですが、明治二十四年の十一月三日の天長節に、その『日本』がある別冊号を出すんですね、それは明治天皇の御聖徳を具体的に書いた非常に立派な別冊が。それを見ててびっくりしたのは東洋で初の議会なわけですね、第一議会。それに山県首相が臨んで「施政方針演説」でそういう演説をして、何とか予算を通したわけです。そのときのその前後の明治天皇の御様子というのがそれに出てくるんですね。どうもこれは井上が全部陸羯南に情報を提供して、池辺義象が文章を整えて作ったものらしいです。十六ページぐらいの薄っぺらなものですが、もう第一議会のとき明治天皇はしょっちゅう電話を侍従のとこに掛けてきて、議会の動きどうだと言って、やっと予算が通ったというときに、これは死んだ岩倉やなんかが安心するだろうから、大久保とかそういう功臣のところに、功績のあったところに侍従を遣わして報告しろと言っている、それが出てくるんですね。これは渡辺先生の本にも出てこないですね。

梅溪　私もいま初耳。

柴田　さっきの梅溪先生のいろいろ国家を治める法とかいろいろある、やっぱり悪く言うと天皇利用かもしれませんけれども、ずいぶん井上は明治天皇を頼りにしているんですね。最初の議会を無事通すというのは、井上が裏方でずいぶん。

木野　それは松方内閣、山県がつぶれて松方内閣になって、それで徳大寺に明治天皇が井上をバックアップさせれば、松方は何とかもつだろうと言って、それで松方を支えたのが実際井上、まあ伊東というのも出てるけどほとんど井上だと思う、よく支えたって、そういうことを松方が徳大寺さんに流してね。徳大寺侍従長は、明治天皇にそのことを報告したと『明治天皇紀』には出ていますよね。

柴田　彼はやっぱり一面学者であり、行政官であり、政治家でもありますね。

梅溪　そうですね、それはありますね。

柴田　西南戦争のときに、彼は軍人でもないのに作戦上の意見書を書いている、ここから船で後ろから突いてこうという、ああいう感覚というのは、あれはどこで身につけたんですか、やっぱり漢籍なんですか。

木野　僕は非常に勘がいいんだと思うね、ものごとに対する判断をする、素晴らしい勘をもってると私は思う。それはいろんな素養がなければ出てこないけど。だから井上が勉強してた、あの漢籍の史料あれだけ見ても、若いときにあんな勉強したという事実はね。

柴田　何かただの積み重ねた学問だけじゃないという感じですね、天性備わったそういう勘みたいなものが加味されて、非常に要点をとらえるのは巧みというか。

木野　それは小楠だとか兆民とかと言うけれども、それ以上の学者ですね。

柴田　たしかにさっきの「主権線」と「利益線」という表現ですね、どこからきたんだろうと考えてみれば。

梅溪　私はいまだに宿題でね、あれどうして、本当に何か横文字にあったのかなかったのか。

柴田　昭和期に入ると「満蒙は日本の生命線」だとかいうのはありますけど。

木野　僕もそれは使ったのは使ったけど、なぜそういう、どこから勉強してそれを。彼が考え出したか、それともそういうヒントになるものがあったか、それがやっぱり日本の国家路線だった。

梅溪　そうでしょうねえ。

木野　明治以来ですね、戦前までの。

柴田　こういうことはどうでしょう、かえって井上が日清戦争直後に死んでいたほうが、逆に幸運だったかもしれないというか、そのあとの明治の終りの「戊申詔書」が出るとか、ああいった事態までもし井上が長生きして見ていたら、あるいは彼にとっては長生きは不幸だったかなという感じもするんですけど、これは歴史のイフですけれども。

木野　非常にいいときに、日清戦争決着つかないうちだったからね、それでも僕は例の「南進論と北進論」で書いたけど、非常に危険な線にはいってますよね、井上が南進論から北進論に向かっていく。それから澎湖島を占領してなんていう、あの意見なんかもかなり侵略主義が見え始めてるね。

柴田　武断的というか。

木野　ええ、武断的な、やっぱり南進論から北進論に変わるというのは、そういう井上の思想的な変化だと思うけど。だから長生きすればいずれそうなったんじゃないか。

柴田　伊東巳代治や金子のようにはならなかったのかもしれませんが、そうですね歴史のイフとして。

木野　だから井上匡四郎さんが、それは例の台湾銀行の件で若槻内閣がつぶれた、あれの張本人が伊東巳代治だったですね。それでものすごく匡四郎さんは怒ってね、まあつぶされたほうだからね、あのとき鉄道大臣やってましたから。それで親父の墓に伊東の所行を報告にいったと言ってました、井上家のいまのご当主の匡一氏がね。

梅溪　ああ、そうですか。

柴田　匡四郎さんの日記に、「枢密院会議でもう伊東巳代治がひどい」とちゃんと書いてある。それは外交史料館の冨塚一彦さんが紹介してます（「『井上匡四郎文書』にみる政治家井上匡四郎」（『國學院大學図書館紀要』第四号平成四年））。

以前木野先生は、井上について三つぐらい疑問点があって、法というもののとらえ方が歴史法学に傾斜していった経緯とか、うかがったことがあります。これはまだまだ今後研究を重ねなければいけない井上の未解明の部分なんでしょうが、そういった疑問点というか、ここを調べるべきだとか、解明すべき点だとか、何か具体的に疑問とかおありでしたら。たとえば「教育勅語」「軍人勅諭」でも、ここがまだちょっとというような。

梅溪　私はね、あれだけ井上さんが一生懸命グランドデザインでつくって、明治二十三年の段階では、非常に立派な国家構造ができたんですね。それが最初から問題を含んでることは事実なんですけれども、まだその頃は明らかに統帥権の独立なんかで言えば、明らかに亀裂があるんだけど、それを、たとえば参謀本部長が内閣に出るのはいかんとかなんとか、兵政分離論もあるんですね。だけどあえてそれを兼任制（参謀本部長兼参議）にして傷口が出ないようにうまくやってたわけですね運用を。それを明治十八年の内閣制でそんな運用をやめてしまうんですね。

そういうようなことで、もともと中に問題があるんだけども巧みに運用した。それがもう明治の終りになってくると、もういろんな矛盾が出てきますね。だからそれはなぜだろうかと、むしろ明治国家体制というようなものの崩壊、崩れていく面が、何も大正、昭和を待たないで、明治の終り頃にすでに崩れる芽が出てきてますね。そのへん、井上さんの頭の中でどんな見通しを持っておられたのか。そういうことについてもう少し考えてみたいですね。井上さんがつくり上げたものの中にどういう……。

柴田　それ自体に。

梅溪　自体にどういう問題・矛盾があったのか、なかったのかということを考えてもいいと思うのです。

柴田　ある意味で歴史の結論は出てるわけですから、そこを史料を通じてですね。

梅溪　だから我々は百姓一揆が起こったら、なぜ鎮まったかということについて盛んに言うけど、起こったということはあまり勉強しないですね。何でも歴史の中の何か事件が発生したことについては興味があるけども、それが鎮まったとか、あるいはそれが崩壊していくことについてはあまり言わない。

板垣退助でも初めのほうはみなが洋行事件とかなんか言うけど、板垣の終りのほうのことというのはだれも研究しない。稲田正次先生の明治憲法の成立史なんていうものはそれはもう完璧ですよあれでね、もうあれ以上できませんよ。だからむしろ崩壊史をだれかやる人があってもいいと思うのです。

木野　そのとおりですね。

梅溪　だから簡単に言えば、私はこれまで明治国家の成立をやってきたけど、これからは明治国家の崩壊史を、懸命になってみな取り組む必要があると。たしかに昭和二十年で日本国家、明治憲法体制は崩壊したんだから。

柴田　金子堅太郎なんかある意味それ見届けたわけですから、昭和十七年に死んでますから。

梅溪　そうそう（笑）。

木野　もう井上は気がついてたと思いますけれども、やっぱり統帥権の独立を憲法上きちんと規定しなかったということですね。それと地方自治の規定を憲法に何も規定しなかったということと、もう一つは、会計法についてですね、憲法には書いてあるんですけれども、要するに予算の法律主義かどうかということ、これをはっきりさせなかったということが、これはやっぱり明治国家の崩壊につながっていく、井上は知ってたんですね。ただ、伊藤と二人で組んで頑張ったんですが、全部山県と松方につぶされる。

柴田　藩閥ですね。

木野　政治的にだからそれができなかった、憲法に規定できなかったのは、統帥権と地方自治は山県ですよね、会計法については松方財政以後の大蔵省の、でも渡辺国武とか、ああいうところがもう本当に井上とは一心同体で初期議会ではやりましたけど。やっぱり憲法上の規定が会計法についてはちょっとあやふやだったというか、はっきり予算というのは法律なんだということを謳っておけばよかったんですが、法律主義なのかどうなのかということが、そこがちょっとはっきりしていない。

梅溪　なるほどね。

柴田　藤井貞文先生が「君、元老という制度を研究しなさい」と、つまり憲法外の存在が日本の政治を実質的に動かしていて、そこが明治憲法のひとつの課題だというようなことを言っておられたですね。で、先ほどの明治天皇の御聖徳をしきりに井上が言うというのは、やっぱり超法的なそういう伝統的権威をやっぱり彼も頼みにしたんでしょうね、最後は。もう、自分のつくった制度的枠がそんなですから。だから「教育勅語」なんておそらくそこの危うさはもう彼は、やりながらわかってたんでしょうね。

梅溪　うん、わかってたと思うのですね。

木野　それから神道が非常に問題だということもね、だからそれこそ皇典講究所の重要性ですよ、國學院のね。だから井上は國學院をなぜつくったか。

柴田　一方には神道を国の宗教にしろなんていう主張があって、神祇院をつくれなんていうのがあったときですからね。

木野　原理主義ですよ。だけどやっぱり神道というのは非常に日本にとっては重要だけれども、これも非常に問題があるということ、たとえば、國學院をつくったときは森有礼を暗殺した、ああいうファナティックな、西野文太郎みたいなのをつくっちゃいかんということですよね。そういうものを教育で抑えるという。

柴田　国語で国民をつくるということですか。

木野　やっぱりいまで言えば原理主義では駄目だということなんですね。

梅溪　いや、それは本当に国語は大事ですよ、いまグローバリズムなんていってるけど何にもわからない、私はテレビ見てたら11チャンネルでなんか学校放送が入るでしょう、あれでグローバリズムをだれかやっておられたけど、あんなもの聴いてもわからない、全然。いろんな言葉が意味がありますということをおっしゃってるが、よけいわからない。

柴田　本当に井上の時代はもう、一方にはどんどん入ってくる西洋文化を吸収、消化して、片方に固有の文化と、あと漢籍とか儒教とかあって。仕事のやりがいはあったでしょうけど、非常にやっぱり命縮めたんじゃないかなという気も。

梅溪　それはものすごい勉強でしょうね。

木野　もう寝なかったでしょう。

梅溪　寝なかった、寝てたら……。

木野　とくに文部大臣になったときなんか、あれだけの資料、たとえば「義務教育国庫負担法」とか、それから「実業教育法」なんていうの、あの法案の数を見てください、あれみんな井上が書いてるでしょう、それで自分で答弁して、大臣がですよね。それであれができた時点でもうお終いですからね、彼は。

梅溪　もうそれは精魂尽くし果てたというような感じですね。

木野　でもあれで日本の工業化も、それから国民義務教育化も、徹底したということ、それが日本の近代化につながったわけですし。いまだにインドネシアやパキスタンなどを見たって、教育が基本的にはできてないということですね。だからいかに教育ということが、国民教育がね、それと強靭な国語教育、だから言葉。僕は『梧陰存稿』というのはあまり買わないんだけど、その点はやっぱり国民教育とか国語教育とか実業教育とか、そういった教育について『梧陰存稿』に井上は載せておりますよね。

梅溪　昔は海後宗臣先生のところで『井上毅の教育政策』、東大出版から出ましたね。私は海後先生からいただきましたけども、あのあとはもうああいうものを教育学の分野ではあんまりやられないんですか。

木野　あれは非常に早かったですからねえ、やっぱりどちらかというと明治絶対主義政権の井上毅という、そういう考え方が強い。

梅溪　そういう考え方だったですね。

木野　まああそこに出た人がいまの教育を背負って立ってますけど、それで僕なんかとずいぶん討論しましたよ、佐藤秀夫氏とか、そういう立教から東大へいった寺崎昌男氏とか、若かったから井上についての討議を重ねました。

諸先輩方の思い出

柴田　藤井先生も大久保先生も亡くなられて、もうすでにこの年表の中のいくつかの事柄がもうすでに歴史みたいになっておりまして、両先生からそういう、たとえばかつて同僚であった方とか、恩師の方とか、直接井上とは関係しないかもしれませんが、研究の歩みを振り返って、懐かしい人とか……。

梅溪　藤井先生が、『明治国学発生史の研究』の大著を出されたでしょう、私はあれにびっくりしてね、あれだけのものを晩年に出されたんで、本当に頂戴してびっくりして、いまだに大事にしてます。しかし、みな物知りだったなあ、藤井さんにしても大久保さんにしても、何でもねえ（笑）。

木野　それは言えますね。

梅溪　すぐ史料を持ってきて、出してきて、「これ、こういうものがある」とかねえ、いやああれはとにかく。

木野　理屈じゃないからね、いつも史料の裏付けがあって。

梅溪　いつも史料をね、本当に物知りだったですね。

木野　藤井先生なんか歴史の話をするともう「それはだなあ」と言ってすぐ史料の話になるわけだからね。

梅溪　藤井先生はたくさんものを、先生のああいう大きな本以外に、山県とか寺内の手紙だとか、いっぱい読んでおられるでしょう。したがってよくお読みになる、私らどうしても山県の字が読めなくて、藤井先生に聞くと、「君こうだよ」とか言って（笑）。

柴田　非常に藤井先生は親切でした。

梅溪　親切だった本当にもう、私は大事にしてるんですが、藤井先生からの葉書、この右肩上りのこれ。

柴田　先ほど「小西四郎様気付」と、これは梅溪先生どういう。

梅溪　私はね、当時尼崎にいましたからね、尼崎市長を知っていて、三軒茶屋に入ったとこに市の出張所があった。ちょうどその隣が畑俊六の家でしたね。そこで東京へきてその出張所を根城にして一週間か二週間ほどおったもので、やはり文部省の維新史料で親しかった時野谷先生から、史料編纂所の小西先生を紹介してもらい、よく小西先生のところへ通っていたものですから、そこへお返事もらうようにしてたんです。

柴田　小西先生は当時東大ですか。

梅溪　史料編纂所におられましたね。

柴田　木野先生も以前小西先生とは。

木野　僕は上野の図書館学校を出て、そのあと藤井先生に古いものがやりたいと、「じゃあお前、小西さんとこへいって実習しなさいよ」と言って、それで僕は東大で小西先生がたまたま史料編纂所の図書館長やってたんです、それで史料編纂所の図書目録作ったあのときに僕は文部省図書館職員養成所のインターン生で、小西先生の下に入ったんです。そうしたら一人國學院の図書館に勤めてた人が亡くなって、それで「木野君、國學院で勉強しないか」と藤井先生に言われたもので、僕國學院に来たわけです。

梅溪　そうですか、やっぱり運ですね。

木野　図書館学校で藤井先生に古文書学を習いまして、それで漢文が弱いといったら先生「よし、じゃあ漢文やろうか」と言ってね、授業終わってから『史記』の読書会を先生とずうっとやってたの。

梅溪　そうですか。

木野　そのときびっくりしたんですよ、先生ってすごいなと思ってね。

梅溪　とにかく昔の大先生っていったら、非常に小さな細かいこともよく知っていられたねえ、細かいことを本当に。

柴田　京都のほうの先生で言うと。

梅溪　私は那波利貞さんという東洋史の先生、阿波徳島藩の藩儒の那波活所のお家柄で。

木野　それはあれでしょう、律令なんかで東大の大先生はなんていったかな。

高塩　坂本太郎先生。

木野　ええ、坂本先生、それと法制史の瀧川政次郎先生、本当に二人の講義聴いてるとね、博識というかなんていうか。

梅溪　それでその那波利貞さんの試験に、紫禁城の城壁の高さが何丈何尺、それ試験に出るんで、なんぼやったかとか言ってね、そんなことね（笑）。

柴田　正解あるんでしょうか（笑）。

梅溪　それはわからない、とにかくその当時はじめて「敦煌文書」をフランスに留学して、とにかく下宿から博物館まで毎日往復して、ほかどこも見ないで帰ってきたんだと自らおっしゃる先生ですからね。それで那波さんがその「敦煌文書」をだれにも人に見せないという人もいましたが、それは仕方がない。先生は二年ほど毎日毎日そればっかり写しておられたんだから。いまみたいに写真がないもんですからね、だからいまのことを思ったら、昔の人は偉いと思って。

木野　藤井先生と史料の採訪にいくでしょう、史料を原稿用紙に写すわけですね、先生はもう原稿用紙一枚終わってると思うと、僕は四分の一ぐらい、先生のスピードが早いんですよね、字を写すのが。右肩上がりのあの字で。「先生どうやってそんなに早く書けるんですか」「いや、これはもう年期だよ」って（笑）。

梅溪　私がお世話になった先生では小葉田先生、専門が違いますけれども、私は助手時代にお世話になったけど、小葉田さんは地方へ出られて、鉱山史はじめ社会経済史の近世文書ですけど山のようにあるんですね。それを史料カードにおとりになるんですが、私だったら「恐れ乍ら何とか申し上げ候」まで書くけど、そんなのおとりにならない、目通しされてもう論文に引用されるところだけしかとっておられない。したがって、史料の山がたちどころに低くなり、すぐ片付いてしまう。私らはやっぱり最初から最後まで書かないとね、史料をとったような気がしないでしょう、だから「恐れ乍ら」なんて「君そんなものいるかね」って（笑）。

柴田　我々いるんですけど（笑）。

梅溪　いるんですよ、あれには私らにはどうしても、小葉田先生の真似はできなかった。

柴田　よく時代で人が変わるって、いまから見て一般的に明治の人は偉いとか言いますけども、井上の話に戻ると、井上は同時代のなかでもやっぱり傑出してますね。

木野　それはもう伊藤博文は「先生、先生」とどんどん書いてるんですよ。

柴田　年は二つか三つしか違わないんです。

木野　違わないけど、伊藤博文がほとんど同じぐらいで「先生」と、やっぱり僕は伊藤博文の偉さだと思いますけど、そういうのは。

柴田　書いた文章も非常にリズムがあって、人に読ませるというか。たぶん梅溪先生は「陸奥文書」で井上の文章に最初に出会ったというのは、やっぱりあの「意見書」自体もかなり文章自体魅力的な文章ですね。当然読む人に響くように書いていて、文章表現にも非常に注意する人だし。

木野　でもちゃんと、たとえば伊藤へ出すときには、「こういう対策はこれとこれとこれがあります、それでこれはこう、これはこう、これはこう」、伊藤にこれしかもう選ぶところはない、だけども選択は伊藤に任せるという。

柴田　どこか退いたところがあるんですね、幕僚みたいな。

梅溪　そうそう、それはそうですね。

木野　こうやれなんていうことは絶対言わないです、こういう方法があります、こういう方法があります、必ず三つぐらい方法を出して、それぞれの長所と短所を出してね、どれを選びますかと。

梅溪　非常に何か頭の中に整理できた人だったように思います、いまの先生の話のように。もう甲案、乙案、いろいろきちっとあって、この場合はこう、この場合はこうというのがきちんと頭の中に整理されて。それはあいうものを受けたほうは楽ですわね、おそらくもう。

柴田　使うほうにしたら重宝な面もあります。

木野　それで実際にそれをやってみて、政策的にそれが非常に効果を発揮するんですよね。それはもうどれだけ伊藤がそれで助かってるか、政治的にね。

柴田　井上はおもしろいのは、最初は大久保利通に認めてもらって、今度伊藤、岩倉、だんだん山県、松方と、みんなに認められていくというのは、やっぱり使うほうは重宝だったと思いますね。

木野　また言いたいことを言うから、厳しいこともね。

柴田　すぐ辞めるとも言いますし。

木野　そうですね、すぐもう辞めたって（笑）、辞められたら困るよ。

梅溪 それは困りますよね。

柴田 でも「教育勅語」のあの元田とのやり取りなんてすごいですね。

梅溪 すごいですね、あれだけの漢籍を読みこなしてたんですからね。えらいもんだと思うなあ。

柴田 いま、我々は昭和三十八年の『梧陰文庫目録』を、それに載ってない部分を含めてもう一度、研究成果を織り込んで再編成してるわけですけれども、その作業についてご注文とか、何かありましたら。

梅溪 本当に『目録』作りはご苦労千万なことで、我々使わしていただく者はありがたいですよね。本当にこの『梧陰文庫目録』のお世話になりました。多くの文書目録もそうですけど、特に。

柴田 いろいろな目録ご覧になって、ああ、この目録は使い良いなとか、これはなんか要領得んなとか、先生は。

梅溪 『大隈文書目録』がちょっと一、二行ほど内容を書いてますね。また憲政資料室の目録や『山口県文書館史料目録』も内容の解説があって使い良いですね。

柴田 タイトルはタイトルで。

梅溪 タイトルはもちろんタイトルで、史料名はもちろん上がっていても、それだけでは内容はわからないので、ぜひ簡単でも解説がほしいですね。あんまりたくさん書いてもらう必要はなくて。

木野 僕も整理しましたけど、整理というのは難しいです。中身がわかってないと整理できないでしょう。最初はまったく何も、僕学校出てすぐですから。勉強するといっても何を勉強すればいいかということ、それは藤井先生がそばにいたからですよ。

梅溪 高塩先生、井上家からあとでこちらに入ったのは、みな巻子本になって、やっぱりいまあるような状態なのですか。

高塩 詳しいのは柴田先生ですが、書簡と、それから皇室関係と憲法関係が中心でした。形態は冊子になっているものもあるようです。

柴田 なぜあの井上家で「梧陰文庫」でいただいた部

分と、二つに分けられたのかわからないんですが、大雑把に言うと、とくに大事な「意見書」の類いですね、憲法・典範関係。

木野　それは井上家に残ってたのは、とくに一流なもののしか残ってない。

柴田　あと、ほうぼうからもらった手紙、山県、伊藤などからの手紙ですね。

木野　それはみんなまくりになってる。それからちゃんとして巻子になってるのと、冊子になってるのと。全部それは井上が整理をしてやったもんだから、井上毅がこういうふうにして自分で作ったものだから、あとの人がやってないんだから非常に貴重です。だからその本になってるというのは、井上の考え方がみな入ってるんです。

柴田　そこの部分の整理は、心してやらないと、要するに目録がまだないわけですから。ただ、ほとんどのものは大体『史料篇』に活字化されて入っておりますす点は助かるんですけど、やはり特段貴重なものですから、注意しないといけないと。

木野　そういえば今度京都大学にあった「坂本龍馬書簡」が重要文化財になりまして、それから「岩倉文書」がなりましたから、次は憲政資料室にある「伊藤博文文書」かね。もう「近代文書」もいよいよそういうふうになって、重要文化財の指定を受けるようになってきてお りますから。

梅溪　これは先生、「梧陰文庫」というのは憲政資料室で目録お出しいただいてる「伊東巳代治文書」とか、「山県家文書」なんていうのと、全然もう内容が格段に違いますから、第一級の重要文化財でしょう。これだけの構成もってるんですから。

木野　それで今度のもらった分が入れば、それと図書館が独自に持ってるやつをね。

高塩　あとで購入した。

木野　購入した分をね、書簡類。更にもう一つ重要なことは、広東の孫文を記念した中山大学図書館に井上毅旧蔵の洋書関係が所蔵されていると聞きおよんでいますので、調査の上、目録に記載することをお願いします。

高塩　現在も市場に書簡が出た場合は、できるだけ手を打って購入できるようにはしてるんですけれども。

柴田　では、兼任講師の西岡和彦先生と、調査員の齊藤智朗さん、同じく宮部香織さん、この際ですからご質問があれば。

齊藤　先ほどもお話いただいたんですけれども、先生が「軍人勅諭」の研究をされましたときに、もともと軍制史の研究のほうにというふうにおっしゃいましたけども、そのとき西周のことが出ましたが、その「軍人勅諭」を起草したのは西で、その校正にかかわったのが福地桜痴と箕輪醇と、そしてこの井上毅という、こうしてやはり井上毅と西周との関係というものを、先生も考えられて「軍人勅諭」のご研究というものを。

梅溪　大久保先生は西の「勅諭稿」段階が、公布本「軍人勅諭」段階へと飛躍する秘密がどこにあるかというのは大久保先生の問題意識なんで、私もそれに啓発されたんですけど。結局西の段階、非常に合理的かつフランス憲法的な西のああいう考えに山県が反対で、そこからとくに福地なんかが登場してくる。福地と山県との関係は西南戦争のときから関係がありますから。ああいう太平記体の文体の非常にお諭し調のね、ですけれども、「勅諭」の草案そのものから言えば、井上さんのものと私が推定してるものがあるのに私は注目していますが、確かなことはわからないんですよ。しかし、使われてる文字が井上さんのたいへんお好みの文字・文章が書いてあるから、文体も書経本だし、そして詔勅みたいな形で出して、それに別にまた注釈（義解）を付ける形のもので、あれは井上さんのものだと私は推測してるんです。

一方ではもうプロシア憲法の制定を進めていた井上さんのほうは、公布本「軍人勅諭」の内容を予告した軍隊の天皇親率や軍人の政治関与禁止を「七参議意見書」ですでに書いていますから、憲法制定上、山県と井上は接近した。西とそのへんの関係が大きく異なり、大久保先生の問題とされた飛躍の件は、やはり井上毅の参画によったと考えますが、まだ自信のある答えは私もってないんです、どうぞ先生やってくださいひとつ（笑）。

齊藤　先生はそのあとすぐぐらいに「教育勅語」のほうのご研究をされましたけれども、明治国家形成といいますか、そういった流れのうえでお考えになられて、「教育勅語」のご研究を。

梅溪　これは「軍人勅諭」の発布に熱心であり、また「教育勅語」の発布推進者でもあった山県から研究を始めた自然のなりゆきです。私は最初に出くわした山県の軍備意見書に注目しました関係から、先に「軍人勅諭」が出て、それから「明治憲法」が出て、「明治憲法」のあとに「教育勅語」が出ると、この順序が非常に私は重要だと思っているんです、順番が。あれだけ憲法制定、憲法制定というようなことで明治八年からやってるんですけど、それよりパーッと先にああいう「軍人勅諭」を出したということは、「明治憲法」の制定にどれだけの影響をもってるのか、あるいは「明治憲法」というものが出たあとに「教育勅語」が出たことが、「教育勅語」にどういう意味を与えているのかということを、伊藤らとの対比をしつつどなたかひとつお考えいただけたらありがたいというふうに思ってるんですけどね。私の仕事ももうずいぶん昔のものですからね、本を出したのはつい最近ですけども、書いたのはもうだいぶ前のことですので、今となってははなはだ不十分なことで。どうかご批判下さい。

柴田　それでは時間になりましたので、これで座談会を閉じさせていただきます。本日はどうもありがとうございました。

（了）

〔附記〕この座談会には左記の者が出席した。
高塩博（國學院大學日本文化研究所教授）、西岡和彦（同兼任講師）、齊藤智朗（同調査員）、宮部香織（同調査員）

梅溪　昇（うめたに・のぼる）
大正十年（一九二一）兵庫県生まれ。
京都帝国大学文学部卒業、大阪大学教授、仏教大学教授を経て、現在大阪大学名誉教授。文学博士。
〈主な編著書〉
『明治前期政治史の研究―明治軍隊の成立と明治国家の完成―』（未来社　昭和三十八年）
『お雇い外国人―概説』（鹿島出版会　昭和四十三年）
『お雇い外国人―政治・法制』（鹿島出版会　昭和四十六年）
『明治期外国人叙勲史料集成』全六巻（思文閣出版　平成三年）
『軍人勅諭成立史』（青史出版　平成十二年）
『教育勅語成立史』（青史出版　平成十二年）

木野主計（きの・かずえ）
昭和五年（一九三〇）東京都下生まれ。
中央大学法学部卒業、國學院大學図書館司書、同調査室長、同主幹を経て、現在國學院大學栃木短期大学非常勤講師。博士（法学）。
〈主な編著書〉
『梧陰文庫目録』（共編）（國學院大學図書館　昭和三十八年）
『井上毅伝　史料篇』第一～第六、補遺一（共編）（國學院大學発行・東大出版会発売　昭和四十～平成六年）
『井上毅伝外篇　近代日本法制史料集』第一～第二十（共編）（國學院大學発行（東大出版会発売　昭和五十四～平成十一年）
『井上毅研究』（続群書類従完成会　平成七年）

山下重一・小林宏両先生に聞く

――梧陰文庫研究会と両先生の井上毅研究――

國學院大學名誉教授　山下重一
國學院大學名誉教授　小林　宏
（進行）原田一明

〈日　時〉平成十五年二月十二日（水）
〈場　所〉國學院大學　日本文化研究所

高塩　本日は山下重一先生、それから小林宏先生、お寒いなかお出掛けいただきましてありがとうございます。日本文化研究所では平成十二年度から、『梧陰文庫総合目録』の編纂・刊行」というプロジェクトを発足させて、三年目が終わろうとしております。毎年座談会を開いておりまして、今回が三回目になります。

第一回目は「梧陰文庫」の旧所蔵者である井上家のご当主井上匡一氏にお越しいただいて、「梧陰文庫」をいかにして保存してきたかというご苦労話をうかがい、同時に図書館に長年勤めて井上毅研究をされました木野主計先生、それから「梧陰文庫」を整理された横山晴夫先生にもお越しいただいて、「梧陰文庫」が國學院大學に寄贈されるに至った経緯、あるいは『目録』編纂のことについてお話をうかがったところです。

第二回目は昨年度になりますが、「梧陰文庫」の井上毅文書を活用した研究の先駆者である梅溪昇先生にわざわざ大阪からお越しいただきまして、また梅溪先生とたいへん親しい間柄にある木野主計先生にもお越しいただいて、「梧陰文庫」研究、井上毅文書の価値などについてお話をうかがったところであります。

本日は第三回目の座談会になります。「梧陰文庫」はいま國學院大學の図書館に所蔵されているわけですが、本学でも山下先生、小林先生を中心に梧陰文庫研究会というのが法学部に結成されて、さまざまな活動をしてこられました。その成果は、ここに積んでありますけれども、『(梧陰文庫影印)明治皇室典範制定前史・本史』の二冊、伝記の『古城貞吉稿 井上毅先生伝』、それから論文集二冊(『明治国家形成と井上毅』『井上毅とその周辺』)と、公刊されたものだけでも五冊、その他さまざまな活動をしてこられましたわけでございます。その活動の様々を、両先生に今のうちにお話を聞いておきたい、ということがこの座談会の趣旨の一つであります。もう一つは、その活動を通じて両先生は「梧陰文庫」研究、すなわち井上毅文書を通じての研究に携わってこられたわけですから、そのご研究についてもお話をうかがっておきたいと、こういうことでございます。

本日の司会は法学部助教授の原田一明先生にお願いしてございます。先生には日本文化研究所の兼担教員として「『梧陰文庫総合目録』の編纂・刊行」プロジェクトにも加わっていただいております。それから、プロジェクトから柴田紳一助教授、齊藤智朗・宮部香織の両調査員が出席しております。その他に長又高夫兼任講師が仕事の関係で途中から入ってくるかもしれませんが、お話をうかがいたいということでございます。挨拶はこれまでにして、原田先生にバトンをお渡しします。

原田　法学部の原田でございます、よろしくお願いいたします。早速ですが両先生方には簡単なご案内を差し上げましたが、先程高塩先生のほうからもお話がありましたように、梧陰文庫研究会のこと、それから、それぞれの先生方のご研究のあり方、それに関連しまして現在『目録』づくりをしておりますので、「梧陰文庫」の『目録』等々について、お話をうかがいたいと思っております。

梧陰文庫研究会について

1、草創期の研究会

原田　早速ですが、一応最初に梧陰文庫研究会についてのお話からということにしたいと思います。両先生にはあらかじめ当時の幹事でありました大石眞先生が残されたノートをもとに、その研究会が立ち上がる段階の履歴と申しますか、事柄を纏めたものをお渡しをしてございます。その中で研究会の当初は、法学部の若干の教員と、それから大学院の方々で研究会が始められたことがわかります。

第一回の研究会が昭和五十五年ですから、今から二十三年ほど前ということになりますが、その研究会発足当時のことについては、当然私どももよく存じておりません。高塩先生はその当時大学院生で、記録上は参加されているようです。その点も踏まえまして、研究会が立ち上がる当時の様子、あるいはそれぞれの先生方が研究会に参加された経緯などを、まず最初にうかがえればと思います。山下先生のほうからお話いただけますでしょうか。

山下　私は記憶力があまりよくないうえに、旧いものはどんどん捨ててしまうという悪い癖があり、正確な何年何月ということは、どうも申し上げられないので、非常に大雑把なお話になりますが。

原田先生がいまおっしゃったように、最初から参加していた、そしてまったく不慣れな皇室関係の史料を研究して、影印版をつくり、解説をつくるというメンバーに入れられたということ、文字通り入れられたんですが、私の記憶に間違いないとすれば、昭和五十七年ですが、この年が明治十五年から数えて、本学の創立百周年にあたっており、そのため各学部、あるいは研究所でそれぞれの持ち味を生かした出版物を出すようにということが、トップのほうで決められたのです。

そのときに法学部として、実は最初は私はまったくその企画には入っていなかったのでわからないのですが、

梧陰文庫研究会略年表

昭和55年（1980）	7月	第一回共同作業
	9月	第一回例会『梧陰文庫影印』刊行のための共同作業 （以降、例会をほぼ隔月で開催。平成14年度終了時点で187回を数える）
	11月	第二回例会　山下重一氏「皇室典範成立初期史」
昭和56年（1981）	1月	第四回例会　小林宏氏「井上毅の帝室典則・皇室法典初稿に対する批判」
昭和57年（1982）	10月	『梧陰文庫影印　明治皇室典範制定前史』（國學院大學）を刊行 懇談会「大久保利謙先生を囲んで」
	12月	懇談会「小嶋和司先生を囲んで」
昭和58年（1983）	9月	見学会「明治憲法起草の地を訪ねて」（夏島・葉山・大磯・箱根湯本）
昭和59年（1984）	4月	坂井雄吉氏を迎えての懇談会開催
昭和61年（1986）	8月	『梧陰文庫影印　明治皇室典範制定本史』（國學院大學）を刊行
昭和63年（1988）	4月	山下・小林両氏、研究会幹事に就任
	8月	井上毅の「総常紀行」の足跡を訪う調査旅行を実施
平成元年（1989）	8月	憲法起草の地及び鹿野山神野寺をめぐる調査旅行実施
平成2年（1990）	8月	箱根「福住」研修旅行
平成4年（1992）	6月	『明治国家形成と井上毅』（木鐸社）を刊行
平成5年（1993）	8月	熊本にて学術シンポジウム「近代熊本の黎明」を開催
平成6年（1994）	9月	京都研究会・見学会
平成7年（1995）	4月	『古城貞吉稿　井上毅先生伝』（木鐸社）を刊行
	6月	井上毅没後百年記念講演会
平成8年（1996）	7月	高知にて学術シンポジウム「明治国家と自由民権運動」を開催
平成9年（1997）	7月	福島研究会・見学会「明治国家と東北の自由民権運動」（於三春・会津）
平成10年（1998）	7月	長岡にて学術シンポジウム「明治国家と北越の思想家たち」を開催
平成12年（2000）	3月	『井上毅とその周辺』（木鐸社）を刊行
平成13年（2001）	7月	佐賀にて学術シンポジウム「佐賀藩と明治国家—幕末維新期佐賀のエネルギー」を開催

《参考文献》

・「梧陰文庫研究会について」
（梧陰文庫研究会編『井上毅とその周辺』木鐸社　平成12年）

当時の学部長の澤登〔俊雄〕教授が、今は定年退職になっておられますが、非常な手腕家でございまして、「梧陰文庫」を法学部のスタッフでやれるものがいるはずだと私に言われました。なるべく大部の、そのときは「皇室典範」の話は出てなかったようですが、とにかく影印版を、なるべく網羅的なものを編集して出したいということを学部長会議か、あるいは理事会で発言されて、それに多額の予算を獲得してこられたのです。その段階で私は話を受けたのです、こういうことを始めたいのでぜひ協力してもらいたいということで。

私は政治思想史の専攻で、畑はイギリスですけれども、イギリスをはじめ欧米諸国の思想なり制度なりの日本への影響、受容というものには前から関心をもって多少は調べていました。その関係で井上毅も多少はかじってたのですが、私は専門がもともとイギリスですし、私が満足に読める語学といえば英語だけですから、井上毅のような仏学系は敬遠していたんです。私は主として英米思想、とくにイギリスの近代思想、ミルを中心として政治思想史をずっと学生時代からやってきてました。それと明治初期の、とくに自由民権との関係などを、それ以前から調べていました。その自由民権運動に真向から対立する明治政府側の影武者的な重要人物として、井上毅については多少知ってましたし、調べてもいました。しかし、私の関心はむしろ英国系の政治家、あるいは英米系の思想の受容のいちばん大物は私は小野梓だと思うので、彼をかなり突っ込んで調べていました。

そこで小野梓とライバル関係にあったのは、まさに井上毅なんです。これは山室信一さんの名著、皆さんご存じだと思いますが、『法制官僚の時代』（昭和五十九年、木鐸社刊）という山室さんの処女作の一章で、いわゆる英学派と仏学派の区別について、それぞれの代表者として小野梓、それから井上毅をかなり突っ込んで論じておられました。山室さんとの面識は全然その頃なかったのですが、小野梓については私の書いたものを、全部利用してくれていました。東洋と梧陰ですね。小野梓の号は東洋で、それから井上毅の号は梧陰ですから。これは彼が

山下重一先生

東大の社研（社会科学研究所）の助手時代の業績なんです。またあの方は、自分自身が法制局かなんかで二、三年大学出てから法制官僚をやっているんですね。そういうことと重ね合わせて、ちょっと私には真似できないような分析を加えていたことが、非常に印象に残っています。

梧陰についてはそんなわけで、ほとんど白紙状態だったのですが、この際、私は研究の点ではかなり貪欲なほうですから、いい話だと思いました。澤登学部長というのはものすごい手腕家でして、たいへんな予算を取ってきたんですよ、ちょっとびっくりするような。私としては、東洋、小野梓についてはかなり論文も書いてましたから、それと対比しながら井上をやっていくことは、非常に意味があると思ったんです。小林先生から、あとからお話があると思うのですが、梧陰については、はじめは私と同じようにあまり乗り気ではなかったんじゃないかと思うのです。

それはそうとして、とにかく木野先生に、何でもやるわけにいかない、雑炊的なものになってもしょうがないから、何かに絞りたいが、何がいいでしょうかとご相談したところ、「皇室典範」関係については先行研究もかなり進んでるし、また史料としていちばん揃っているので、「皇室典範」に絞ってやったらどうですかというお話があり、そこで「皇室典範」に決まってここにある大きな本、こんなに大きくなるとは思わなかったのですが、『前史』・『本史』の二冊ができ上がりました。この『本史』については、はじめは予算はついてなかったのですが、これも澤登学部長の絶大な政治力によって予算を取ってきまして、追加事業として三年か四年あとにできました。

その過程でまず本物の史料を見なければしょうがないというので、小林先生と私が夏の暑いときでしたね、はじめて「皇室典範」関係の現物を山のように積んでもらって、パーッと見ていったのです。そのときは小林先生はどうだったか知りませんが、私は「皇室典範」についてはまったくお恥ずかしいのですが、現在の「皇室典範」もろくに読んでなかったほど、まるっきり無知だったのですが、小林先生も私も歴史畑ですから、史料というものには非常に貪欲なんです。見ているうちに、こいつはやる価値があると痛感しました。今でもはっきり覚えていますが、柳原前光の「草案」ですね。その「草案」を井上が直していくんですね。最初の段階で。井上が「草案」を見たときに、これでは駄目だと、パーッと朱で消して、それで自分の案を欄外に朱で丹念に書き入れている。その消した方の柳原案に代わる自分の案の実に緻密な書き入れ、あれには感心しました。これを解読することは非常に意味がある。これは小嶋先生その他先行研究でもうかなりやられていたのですが、これを影印版で紹介し、さらに解説をつけていくということに非常に意味があるのではないかと実感しました。

『明治国家形成と井上毅』の末尾にある研究例会の記録に「第何回が何日に行われた」という詳しいのがありますね。これを見てると最初は「梧陰文庫」影印のための共同作業として始まったわけで、梧陰文庫研究会とも名乗ってなかったのではないかと思います。大石先生が残された記録では、第一回は昭和五十五年九月二十日、このへんは本当に雲を摑むみたいな状況ですが、そういう中で私が二回目に報告しているというのは驚きで、何を報告したか全然わからないのですが、本当ににわか勉強だったんだろうと思います。

その頃、私から言うと島君と言いたいけど（笑）、いま早稲田で活躍されてる島〔善高〕さんが大学院生として非常に勉強されていた。それから非常に早くに亡くなられてしまったのが残念な、私の親友だった中島昭三教授、この方は日本政治史の専門家として最初から加わってくださいましたし、だんだんと試行錯誤しながら、その頃は刑法の方々も途中から消えていなくなってしまわれたんですが、澤登さんとか新倉〔修〕さんなど参加されていましたね。あとでは大きく広がって他大学の方々もずいぶん入って来られましたが、本当に法学部のスタッフの有志で始めたということでございます。

それにしても影印版『前史』の編集の過程でこれは本当に井上毅の業績のほんの一部を扱ったに過ぎませんけれども、これは典憲体制と言われるように、「皇室典範」と「帝国憲法」とは、これは井上毅の活動の中で中心的な地位を占めるものですから、「帝国憲法」の「前史」も入れなければならないということで、そのためには「十四年政変」関係の井上毅の史料も入れなければならないと、このことは亡くなった中島先生と私が強く主張しました。だから『前史』には「皇室典範」だけではなくて、「帝国憲法」の「前史」、それから「十四年政変」関係の有名な「国会開設の勅諭」の草稿など、あれは貴重なものだと思いますが、それらを入れております。

以上のようなことが、梧陰文庫研究会の、それこそ立ち上がった最初でございますが。本当にはじめだけにして、あとは小林先生に。

小林　山下先生の今のお話で、もう言い尽くされており、私がお話申し上げることはほとんどないのですが、おそらくこの梧陰文庫研究会が始まる最初は、やはり百周年記念事業で「梧陰文庫」を利用するという学部長等の意向があって始まったと思うのです。いま山下先生がおっしゃったように、それではどういう研究をするかということで、「皇室典範」が取り上げられた。これは木野先生に相談をしたわけですが、藤井〔貞文〕先生なども、やはり「皇室典範」をやるのが適当ではないかというご意向であったと木野先生から聞いております。とにかくそんなことで始まりまして、私も井上毅に関してはまったく不勉強であったわけでありますが、「皇室典範」関係の史料を研究するということであれば、それは日本の律令制や古代の法制と非常に密接な関係を持っているわけですし、「皇室典範」をつくる際の史料を山下先生と一緒に見たときも、そういう史料がたくさん出てきましたので、これならば他のテーマよりも私としては関心がありましたし、やりがいがあるのではなかろうかと思いました。最初はどのように「梧陰文庫」にアプローチしたらよいかがわからなかったけれども、木野先生や藤井先生等のアドバイスで、「皇室典範」関係の史料を研究することになったのは、非常によかったと私個人は思っております。

それから研究会の発足についても、いま山下先生がおっしゃったように、最初はまだ研究会という形はあまり整っていなかったんです。それでとにかく史料を閲読して、「皇室典範」を対象とする場合でも、どういうふうにやっていくかというようなことを手探り状態でやっていったということではなかろうかと思います。法学部には当時、西洋法制史を講義されておりました久保正幡先生がおられましたが、先生も「梧陰文庫」については非常に関心を持っておられまして、これは國學院で研究する価値は大いにあるんだということで、この「梧陰文庫」を大切にしなければいけないということをわれわれにも言われましたし、それから当時学長は吉川〔泰雄〕先生じゃなかったかと思いますが、学長のところにもいかれて、そういう趣旨のことを言われたと、これは久保先生自身から聞いております。大体そんなところでございます。

小林宏先生

高塩　質問してよろしいですか。そうすると取っ掛かりは百周年記念事業として研究会が発足したということになるわけですか、先生方の意識としては。

小林　「梧陰文庫」の重要性は、すでに中島昭三先生とか、大石眞先生とか、そういう方は注目しておられて、これはやはり本学でやらなきゃいけないというような意識はあったと思うのです。

高塩　発足の前にね。

小林　前にあったと思うのです。それがたまたま百周年記念事業が一つのきっかけになって、こういう研究会とか共同研究とかというものが出発したということではないでしょうか。

高塩　すると、最初の『皇室典範制定前史』を纏めようということになって、何人かの先生方が集まってこられて、「梧陰文庫」の原文書を実際にご覧になるということをしたと。

小林　いえ、それはやっぱり百周年記念事業で「梧陰文庫」を使って何か成果を出すということを学部長は考えていたと思うのです。そのための実際の作業をやる人が必要なんです。それで山下先生と私の二人に澤登俊雄学部長が「やってくれないか」と言ったんです。研究会の記録に「昭和五十五年の七月十二日に共同作業」ということがありますが、恐らくそれ以前に「典範」関係の史料を洗いざらい全部出していただいて、まず一つ一つ読んでいってみたわけです。そういう作業を私と山下先生の二人だけで最初にやったんです。

高塩　そうすると両先生に「梧陰文庫」中の「皇室典範」に関する事業について、一種委嘱みたいなことになるんでしょうか、そこまで正式じゃなくても。そうすると当初の梧陰文庫研究会の運営をするに当たっての責任者のような方は、どういう形でしたか。

山下　幹事としては大石先生です。

高塩　出版に当たる作業をしていくに当たって、だれが責任者であるとか、そういうことはないわけですか。

小林　責任者はやっぱり学部長でしょう当時は。

山下　澤登さんと、それから新倉さんも当初は。

高塩　参加しておられましたね。で、『前史』の編者には澤登先生が入ってますね。

山下　学部長として「序文」を書いておられます、『前史』のほうに。

小林　山下先生と二人で先ず史料を見て、見当をつけて、それから、これはおそらく二人だけの仕事ではできないから、法学部の有志を集めて作業をしなければいけないということで、後でそういう人が入ってきたんじゃないですか。

山下　そうだろうと思います。で、「皇室典範」関係の史料といっても、生の史料をいちいち毎回点検するわけにいかないので、マイクロフィルムからコピーして使いました。雄松堂が本学から委嘱されたのか、向こうから頼んできたのか知らないけれども、主なものはマイクロフィルムになってたんです。その「皇室典範」とは限らず、皇室関係の重要な史料についてはマイクロから起こしてもらって、当時の院生の方々に整理してもらいました。

高塩　たくさんファイルしたのは島さんなどで、そのファイルを私も傍らで眺めて、こんなにいっぱいあるのかと思って。

山下　そのときにつくったんですよ。

高塩　資料室の共同研究室に、沢山ありましたね。

山下　何部かつくって、それで分担して研究を進めていったんだろうと思います。

小林　大学院生の人たちがかなりそういう仕事をやってくれましたね、島さんとか花岡〔明正〕さんとか。

山下　それから私のほうの院生で、西洋をやってた者もそういう雑務についてはずいぶん手伝ってくれました。ファイルする、その中身はわからなかったけれども。

小林　分類したり。

高塩　そうしますと最初の発足は百周年と密接に関係していて、『本史』もその延長線上で補充的に記念事業に加えられたということでしょうか。

山下　結局だんだん検討が進むにつれて、これは『前史』をまずやるべきだと思うようになりました。時間的な制約もあるし、百周年記念出版ですので、刊行まで二年ぐらいしかないんですよ。だからまず『前史』に絞り、『前史』では必ずしもさっき言ったように、「皇室典範」そのものだけでなくて、典憲体制の形成の中に位置づけていくことにしたのです。だから『前史』のほうは憲法制定の、「明治十四年の政変」がきっかけになって「帝国憲法」形成の過程が始まるのですけれども。その「前史」のそのまた「前史」があるんです。そういうものもかなり網羅してます。『前史』と、「前史」という言葉は最初は使ってなかったと思うんですよ。しかし百周年記念として出すのはまず初期の段階に絞ろうということにだんだんなっていったんです。しかし、『前史』を進めているうちに、これは『本史』がなければ中途半端だということで、当時の澤登学部長にそのことを話して、これは予算をさらに取ってきてもらわなきゃならんということになったわけで、もう百周年が終わってから追加するようにプッシュしてくださったのは澤登さんじゃなかったかと思う。

小林　だから初めから二冊にするつもりはなかったんです。

山下　なかったんじゃないですか。検討するうちに、時間的にもまたページ数からいってもこれは一冊じゃすまないことがわかった。

小林　それで『前史』はこれは百周年記念事業の一つなんですが、『本史』は百周年記念事業とは関係ないように思います。

山下　でも予算的には。

小林　予算的には大学が出してくれました。

山下　追加事業という形で出したんです。

高塩　すると、予算措置は澤登先生がご尽力されて。

山下　絶大な努力をしてくれました。

高塩　ただ、『本史』には澤登先生の名前が編者としては入ってないんですね。そうすると梧陰研究の中身については両先生が中心にやられたと……。

小林　『前史』のときは澤登学部長のリーダーシップはかなり強かったです。そして実際に出版するときも、出版社の大成出版というのは、澤登学部長の関係で決まったんです。最後の校正なんかは永田町の近くの旅館に缶詰になって澤登学部長自らが出てきてやったわけです。『本史』の場合はそうではなく、澤登学部長は「序文」だけを書いているんじゃなかったかな。

高塩　そうです。

小林　それは予算を取ってきてくれたので書いているわけで、実際につくったのは、もう山下先生が代表みたいなものですよ。

高塩　そうすると梧陰文庫研究会の代表みたいになってくるのは、『本史』の頃から始まってくるわけですね。

小林　ええ、『前史』作成の最初のあたりは澤登学部長および澤登グループというか、新倉さんとか花岡さんとか、そういうような人が結構入っていた。それが『本史』作成の場合には、もうまったく抜けてしまいました。

高塩　そうですね。

山下　そのへんからいわゆる梧陰文庫研究会というものが今のスタイルになったんです。そういう研究会のようなものが自立してきたというか、記念事業として影印版を出してお終いにするのではなくて、これを機会に法律関係だけではなく視野を広げて、またその頃から法学部だけではなく他学部からも、それからさらに他大学でも関心を持っている、または造詣がある方を招いて、テーマもメンバーも広げていこうという形になったのです。

高塩　昭和五十九年に第二十八回、十一月になりますがそのときはじめて布田勉先生、これは大石先生の関係だと思いますが、二十七回、二十八回というときに布田先生が現れ始めるので、このへんからは本格的に外部の先生方も参加してこられてます。

山下　テーマも法律関係だけではなくて、だんだん広がってきたんじゃないですか。

原田　教育とか、田嶋一先生も入っておられますね。

高塩　そうですね、教育も入ってきますね。

小林　しかし、新倉さんとか花岡君なんか、まだずっと報告はしてくれてましたよね。

山下　それから大石先生がまめにノートを残してくださっているから、話には出たと思うのですが、これは結局「皇室典範」だけしか実現しなかったのですが、そのあとに『旧刑法制定過程関係資料集』、それから『議院法起草関係資料集』というような計画がはじめあったということ、今はじめて知りました、この記録で。

原田　何か分担も書いてございますね、担当者と分担を。

山下　そうですか、これは実際やらないで終わってしまいました。

高塩　研究発表は新倉先生と共同で、花岡さんなんかもしておられますね。

山下　だから刑法のほうにもそういう動きがあったことは事実ですね。

原田　最初の頃の研究会というか共同作業会みたいな形のものですけれども、しばしば場所は図書館などでやっておられるのですが、それは現物などを出されてみんなで見て、そこで討議するということだったのですか。

山下　それはコピーでなければ書き入れたりできませんが、コピーが不鮮明で、それから朱なんかがわかりませんから、そういうときは現物をすぐ見たわけです。その点木野先生がそこにおられたので、お願いすればすぐ出してくれたんで非常に便利だったんです。

小林　今どうなっていますかわかりませんが、前に「梧陰文庫」の資料を見せてもらう部屋がありましたね、部屋というか調査室。あれの向かいにね。

原田　第四閲覧室ですね、いま事務になってしまってるところですね。

小林　あそこは広かったです。

山下　だから現物を見たいというと木野先生がすぐ出してきてくださったんで、その点が非常にある意味では恵まれた環境だったと思います。あれだけ貴重なものが、見たいといえばすぐ見られたのですから。

原田　そこで、たとえば、影印版にするのはこれを取ろうとかいうことが決められたんですか。

山下　だんだん絞っていった。

小林　そうだと思いますね。

原田　現物を見ながら。

山下　いろんな草案ができて、それを検討して、あとから挿入したり、削ったりするプロセス、記録取ったつもりなんですが、私のところにはまったく残ってませんけれども、相当試行錯誤したと思いますね。

原田　ありがとうございました、高塩先生は最初からこの作業にかかわっておられますが。

高塩　いえいえ、作業にはまったくかかわっておりません。研究会だけははじめの頃は比較的真面目に出席させていただいて、それから見学会なども大体休まずに出席させていただきました。ですから皆さんから学恩を受けるだけで、こちらからは何も寄与しておりません。

小林　さっき話に出た島さんなんかが、いちばんそのへんはよく知っていると思います。

山下　島さんなどは皇室関係の、この研究会ではまだ院生で若手だったけれども、かなりのリーダーシップを発揮したし、もちろん大石先生が造詣からいえばいちばんだったのですが、島さんなどはそういう中での蓄積で、後に本まで立派なものを出したんですね。それから史料集も小林先生と作られているんですね。

原田　たとえば、大久保〔利謙〕先生とか小嶋和司先生とか、懇談会を最初の研究会のときには催されていますが、これなどはどういう経緯で。

山下　私はよく覚えていませんが、これは木野さんがやっぱりお二人に非常に近いですから、それから小嶋先生は大石さんの恩師ですし、本当に先駆的な研究、「皇室典範」と「帝国憲法」制定の本格的な研究をされていた方だし、大久保先生は大久保利通の孫として、だいぶお年だったはずですが、「梧陰文庫」をはじめて本格的に点検され、また調査された方ですね。まだ赤坂離宮の中にあった国会図書館の嘱託をされていたのですが、「梧陰文庫」はしばらくあそこにあったのですね。大久保先生は、皇室関係ばかりではなく、非常に幅広い視野

原田一明

を持った方だったので、「梧陰文庫」の重要性を逸早く見抜かれて、また、自分でも研究なさった先駆者としてお呼びして、これは報告していただくというのは恐れ多いですから、懇談会という形でお教えを受けたわけです。

高塩　その後こういった大家の先生方を何人も、そういう形でお呼びされてますね。それはそれぞれ呼ばれる経緯といいますか。

山下　何かのつてをたどって、先行研究をなさった方からも、貪欲に吸収しようという意欲があったんでしょうね、当時のわれわれには。

高塩　この「梧陰文庫研究会について」という記事のうしろには、そういった大久保先生、小嶋先生、坂井雄吉先生、このお三方を囲む懇談会が出てますが、それから私の記憶では風早八十二先生は梧陰文庫でお呼びしたんじゃなかったでしょうか。

山下　違います。

高塩　あれは別ですか。

原田　法学会ではないですか。

山下　坂井さんをお呼びしたのは、井上毅についての非常にユニークな見方の研究を出されましたので、早速。

高塩　坂井雄吉先生の書物が出てますね。

原田　『井上毅と明治国家』（昭和五十八年、東京大学出版会刊）です。

山下　で、お呼びして、あの先生は「「梧陰文庫」のある國學院大學には足を向けちゃ寝られない」という枕でお話になったのを覚えてますけど、非常に縁が深いというか、「梧陰文庫」を内部の者よりもむしろ外にあって徹底的に利用された方、ということでお呼びしたのだろうと思います。

原田　たしかフランス留学のときの井上毅などのお話も承ったように思っております。

2、山下・小林幹事時代

原田　ちょっと時間の関係もございますので、研修旅行なども五十八年頃になると始まってくるということですが。六十三年以降ですが、主として幹事をやられていた大石先生が千葉大学に移られました関係で、山下先生、小林先生が幹事というか代表になる時代になるわけですが、その時代に研究会は非常に発展するといいますか、研究会としてさまざまな事業が発展することになります。この点を含めて、たとえば研修旅行がほぼ毎年企画され、それからとくにシンポジウム、その第一回目が平成五年になるのでしょうか。テーマは「近代熊本の黎明」、これは公開シンポジウムという形で、梧陰文庫研究会が熊本の近代史研究会との共催で熊本で行われました。このように平成五年から始まってほぼ隔年ぐらいに開催されております。昨年のミニ・シンポジウムまで含めますと、八回になりましょうか、「没後百年記念講演会」を入れて八回になります。研究会として積極的にシンポジウムや講演会が行われましたが、このへんの企画という点で、何か思い出などがございましたら山下先生のほうからいかがでしょう。

山下　先程も言いましたように私は記憶力が抜群に悪いほうで、正確なことは申し上げられませんが、「梧陰文庫」ははじめは寄託だったんですね。それが寄贈にされたのはいつですか、それと関係あるんです。いまのご質問とは。というのは予算がつくようになったんです、研究費がね。

高塩　寄贈になったのは、五十八年です。

山下　五十八年ですか、それじゃちょうど合う。とにかくはじめは永久寄託、まあいただいたのと同じなんですが、百周年の時に正式に寄贈されたのですね。そのとき今のご当主のお母様ですか、お名前は。

柴田　哉子《かなこ》さんとおっしゃいます。

山下　非常にしっかりとした方で、私は木野先生と一緒に『前史』十冊を風呂敷に包んで持っていって、はじめて哉子さんにお会いしたんですが、非常に喜んで下さって仏前に捧げられたのを覚えてます。その後井上哉子女史の強いご希望で、むしろ國學院にこの際全部寄託じゃなくて寄贈したいということを申し入れられたんだそうですね。それも非常な見識だと思うのですが、「ただ持っていてもらいたくない。これを國學院のものとして徹底的に研究していただきたい」と、その時に小林武治理事長に対して申し入れがあったそうです。だから基金を大学で積み立てて、それでカネがないからできないなんて言うんじゃ困るということで、継続的な、またバラバラの研究じゃなくて、梧陰文庫研究会が発足してかなりたってますから、だから梧陰文庫研究会を中心として本格的な学問的な分析をこの史料を対象にしてやっていただきたい、そのためにはぜひ基金を大学でつくっていただきたいと言われた。五千万円でしたか、金額は大学で決めたんだろうと思いますが、そういう申し入れがあって、当時の小林理事長の英断だと思いますが、基金ができたんです。その基金の運営の規定もその時にできました。

それで私は代表として申請書を毎年書いた覚えがあるので、そのあと小林さんが書かれたんですが、大体百万円の研究費を請求して、申請すれば毎年のようにいただけるようになったんです。そういうことから研究もこういう調査旅行や、それからシンポジウムなどをやる資金ができたわけです。やる計画は前からあったと思います。しかし実際に動き出したのは、寄託が寄贈に切り替わったときで、学校で井上家の要望に応えて基金をつくって、それは現在でも続いてるはずです。

そういうことから予算的な裏付けも十分とは言えないまでもできたので、単に内に籠って研究するばかりではなくて、外にその成果を発表していくというための、それからまた、研究室での研究だけではなくて、井上毅の足跡を訪ねてみようという調査旅行なんかも、前からあった計画がその基金のおかげでできるようになりました。その後そういう活動が非常に活発になっていますね、これは関係があると私は記憶しております。

最初の熊本のときは、熊本は彼の生誕地ですし、また熊本については木野先生が非常にご存じで、また海外留学をした際にロンドンで一緒だった岩岡〔中正〕さん、いま教授になって大活躍してますが、同じ西洋政治思想史ですが、熊本大学の若手の助教授だったんですね。そういうことから非常に援助してくれましたし、また熊本は私自身かねてから熊本の近代史研究会と多少の関係を持ってましたので、まずそこでシンポジウムが始まった。

それから高知は、これは私が定年になった後だったと思うのですけれども、私は前から英学史の立場から調べているところだったので、知ってる人も多かったのでシンポジウムの格好の土地でした。そういう私ばかりではないのですが、メンバーとつながりがあるところを求めて。それからまた井上毅とは限らず、井上毅の周辺のことを研究してる方が多いところ、また、一般市民にも関心がある程度あるところを狙って、公開シンポジウムというものをやったわけです。正直言って熊本でやるのはこういうのははじめての舞台ですから、準備も、また私も司会した覚えがありますが、報告した方々も相当緊張したと思いますが、百人ぐらいきてくれましたね、メルパルクで。

高塩　郵便貯金会館でかなり大勢の方がお見えになりました。

山下　それから熊本日日という地元の新聞にかなり大きく報道してくれましたし、前もってシンポジウムがあるからと呼び掛けもしてくれました。

高塩　山下先生がシンポについての記事を書いておられましたね。

山下　実は岩岡さんは、かなり有名な俳句の宗匠なんです、で、俳句の関係で熊本日日と関係が非常に深かった。そういうことから働き掛けてくださったので、記者がきて報道してくれました。

高塩　当日のシンポジウムも写真入りで記事にしていただきましたね。

山下　高知は高知新聞社とは私が多少つながりを持ってましたので、これも記事にしてくれました、前と、それから当日と。そんなところを狙ったわけです、場所としても。

原田　シンポジウムの記録としては、大体『國學院法學』に、その記録を活字として残されていますね、第一回目が『國學院法學』の三十一巻三号（平成六年二月十日）です。それ以降大体シンポジウムについては『國學院法學』に活字として残していただいて。小林先生は何かシンポジウムの思い出としては、長岡のお話でしょうか。

小林　地方でそういう催しをやるということは、われわれ中央にいる者にとって熊本ならば井上の生まれ育った風土というものを直接見学することができましたし、高知であれば自由民権記念館で開催したから、そういう地方の生の史料に触れることができました。それからまた地方の研究者とも交流できるということがありますし、地方の研究者、郷土史家にとっても、われわれと接することによって、いろいろな知識を得ることができるということで、そういう意味でもシンポジウムや、それから講演会、見学会というのはよかったのではないかと思っております。

山下　その若いお二人は、どのへんから参加されてますか、地方でのシンポジウムなど。

齊藤　私はこの間の佐賀の時からです。宮部さんはもっと前でしょう。

宮部　私は平成八年の高知のときに、大学院に入学しまして、その年からです。

山下　そうですか。で、参加してみてどうでした、感想は。別に褒めなくてもいいですけど（笑）。

宮部　研究会などに参加すること自体はじめてだったのですが、たしかこのときは、高知に行く前に、シンポジウムの予習のような形で研究会を行なって、山下先生も報告されていたと思うのですけど、そこで予習して、シンポジウムで本番という感じでしたので、とても盛り上がってるなという気がしました。

山下　あのとき案内してくださった広谷喜十郎さんは、私が若い頃に行ったときに図書館におられてお世話になった方ですが、あの見学、地元の史実を本当に知り抜いてる方だけに、非常に意味があったと思います。

高塩　いちばん知っておられる方ですね。山本大《たけし》先生のお弟子さんでいらっしゃるのですか。

山下　そうです。直系のお弟子さんです。山本は、去年亡くなりましたけど、八十七歳だったたか、私の家内の叔父です、その関係で私高知へ一夏、昭和四十五年だから昔の話で、あなた方が生まれる前でしょうけれど（笑）、一夏勉強させていただいたのが、西洋思想の日本での受容の研究に深入りしていったきっかけです。

原田　國學院にいらっしゃってすぐですね。

山下　はっきり言いますとあの頃大学は学園紛争でものすごく荒れてたんです、だからちょっと離れたかったんです。高知へ行っちゃった。あの時のことは非常に思い出があります。

齊藤さんはどうですか、佐賀は。佐賀がはじめてだったんですか。

齊藤　そうですね、佐賀がはじめてでした。ただ、それ以前もやはりそれぞれの地に適応した報告が行われていますね。その当地の研究者の方と一緒に出てシンポジウムを行うというのは、非常に意義があると思います。先程熊本のお話が出ましたけれども、佐賀も本当に多くの地元の方々がいらしてました。

山下　佐賀は井上とは直接関係ないのですが、大隈重信の故郷だし、それからまた、島さんが佐賀出身なんですね、それで研究者がたくさんきて下さったので、非常によかったと思います、準備が非常によくできていたと思います。それから長岡は小林先生の故郷だし、本当にいいメンバーを揃えてくださったんじゃないでしょうか。

原田　あと論文集が二冊ございますが、この『明治国家形成と井上毅』、それから『井上毅とその周辺』、平成四年と平成十二年ですが、これはタイトルなどは山下先生が付けられたんですか、論文集のタイトルは。『明治国家形成と井上毅』という。

山下　私はあまりそういう知恵がないので、どなたかに相談したんだろうと思うのですが、記憶にございません（笑）。

小林　山下先生じゃないんですか、最終的には山下先生ですよ。

山下　『周辺』というのは私が付けたのかもしれません。井上毅だけじゃなくて。『明治国家形成と井上毅』ですか、これはむしろ木鐸社の能島〔豊〕さんかもしれません。あの社長はなかなかそういうセンスがありますから。

原田　論文集を企画されたときも、やはり研究会組織が大きくなってそういうことを。

山下　最終的に書いていただいたタイトルは、それぞれの方が自分でお決めになったのですが、あの方にはこういうものを書いてもらおうというリストはあらかじめ作って、とくに学外の方には打診した覚えがございます。そのままじゃなくて「これでもいいか」という、全然別のことを書かれた方もありますが、とくに一回目の『明治国家形成と井上毅』にはずいぶん予想以上に書いてくださったし、また予算的にもよく出せたなと思っています。

というのは大学の基金からの研究費は、一年に最高で百万円くらいしかこないのですけど、出版費用の梧陰関係のものについては出すというのが規定にあったんです。先程の基金を利用したのは、おそらくあれが最初だと思います。それが『伝記』になり『周辺』になった。やっぱり先程も申しましたけども、あの積み立てられた基金、今だいぶやせ細っているんじゃないかと心配しているんですが、とくに金利がゼロの時代ですから。ですからそれを一つの条件として寄贈というふうに踏み切られた井上家は立派だと思います。

原田　古城さんの『伝記』などは、あれはどういう経緯で。

山下　これは『伝記』の写しがあることを私はずいぶん前から知ってました。それからまた、あとで時間があったらお話したいのですが、私の沖縄研究のヒントも『伝記』なんです。だから藤井先生が写すようにということで、手分けして当時の図書館員の方が写した。この写本を私はずいぶん使ってましたし、あれはいつか活字にすべきだということを、木野さんも考えてたし、私も希望していました。あれもたいへんだったです、缶詰になってやりましたね、ガーデンパレスでね（笑）。七、八人でやったんじゃないかしら。

高塩　原田先生は参加しておられたんですか。

原田　いや、僕はまだ来る前です。

高塩　坂本一登さんもおられましたね。小原〔薫〕さ

正面左に山下重一先生、右に小林宏先生

んもおられたのかな。

山下　だからペン字書きの写本を全部コピーして、そのままでは印刷にかけられませんから丹念に直していったんですね。

高塩　あれは翻刻のもとに当たりましたね。『井上毅伝』史料篇に当たって、かつ疑問のところは原本に当たったと思います。

山下　それと生史料がふんだんに利用されてたので、これは『井上毅伝』史料篇に入ってるものはいちいちチェックして、何ページ出てるということは注記しました。その作業で二泊だったかなあ、缶詰になりましたよ、梅雨どきに。

高塩　真夏でしたね、缶詰になりましたね（笑）。

山下　私はっきり覚えてるのは、終わって外に出たら梅雨が明けて燦々と日光がさしていたことです。

高塩　そうかもしれません、夏でしたよ、とにかくね。

原田　やっぱり共同作業でそこでも、集まってやられたわけですね。

小林　あれは共同作業でしたね。

高塩　会議室を借り、みんなで一堂に集まって『井上毅伝』史料篇と照合しながら作業したことを覚えてます。

山下　わからないところを聞きあったりして、たいへんだったですよ（笑）。

高塩　木鐸社の社長さんもお見えになって、何か打ち合わせとか、こうしたほうがいいとか。

小林　古城さんのご遺族から非常に喜んだお手紙をいただきましたね。

山下　私は古城先生が長年にわたって書かれた伝記の現物を、丹念に原本から写されたものを見て、本当に驚きましたね。これが原稿のままに埋もれてる、しかもそれを読みやすいペン字の写本にしたものもあって、それが図書館に一部しかないんじゃ本当にもったいないと思って。『伝記』は史料集として、生の史料が半分以上占めてますからね、あれは意義ある仕事だったと思います。

両先生のご研究について

原田　これから少し両先生のご研究についてうかがっていきたいと思いますが、山下先生のほうから、梧陰文庫研究会と、それから先生の明治史研究といいますか、ご自身のご研究との関連でお話をうかがえればと思いますが。

1、山下先生から

山下　私は先程も回顧談をいたしましたが、ひょんなことで「梧陰文庫」研究というこのグループに入って、正直言ってこれほど深入りするとはわれながら思ってなかったんですが。というのは仏学系の井上毅というのは、私の専攻と外れるんで、こいつは深入りしたらえらいことになると思ってたんですが、結果的には深入りしたことは、今から見て非常によかったと思います。

というのは、私が定年になってからもう七年になりますが、よく生きてるなと思ってるんですが（笑）、「学報」〔『國學院大學学報』平成八年三月号〕の「お別れのことば」、――小林さんも書いたばっかりだけども――これは私が自分でタイトルをつけたのですが「ミル・梧陰・沖縄」というものでした。というのは教壇に立つことはもうこれで終りになる、しかし、研究者としてはできるだけ長くやっていきたいと、大きなことを書きました。この三本柱でいきたいと。第一は、「ミル」だけではないのですが、若いときからやってきた西洋、とくにイギリス自由主義の思想史、政治思想史、とくに十九世紀ですね、ミル中心です。それと「梧陰」が二番目にきているんです、そこまで深入りしてたんですね、定年になる頃には。けど「沖縄」というのは皆さんちょっと不思議がられるかもしれないし、まったくの江戸っ子の私がなんで沖縄に、はっきり言ってかなり深入りしてますが、それははじめは梧陰と全然関係なかったんです。

これはどうも話が長くなりそうですが、なるべく簡潔に言いますと、「梧陰文庫」とは全然別ですが、土曜研究会というのが法学部の若手の、私も入りたてで若手でしたから助教授のときで、専攻は違っても同じ学部で研究し、ここにきている以上なるべく統一テーマで法律畑も政治畑も歴史畑も理論畑も、とにかくディスカッションできるような研究会をつくろうということが、だれともなしに法学部ができて間もなく。私三年目に赴任したんですが、土曜研究会というのがいろんなテーマでかなり長く続きました。

その中で、ちょうど「沖縄復帰協定」が結ばれて、沖縄の人々にとっては長年の悲願だった復帰が実現したのが、一九七二年、昭和四十七年なんですね。その前に、この沖縄の復帰運動が非常に盛り上がっていた。「佐藤・ニクソン会談」で決まった、そのへんなんですよ、研究会が旗揚げしたのは。それで共同研究として沖縄を選んだわけです。予算をある程度学部研究費からもらいましたから、交替に沖縄に二人ずつ行って三年間で終わってしまったのですが、これは非常に残念なんで、復帰した後の沖縄をずうっと調べていくことが必要じゃないかと私は主張したんですが、もう復帰したんだから、それからまた、沖縄だけがテーマじゃなく、ほかにテーマを変えようという意見のほうが多くて、結局沖縄は三年で終わってしまったのは、今から見て非常に残念なんです。いずれにしてもその二回目に中島教授と私が行ったんです。一回目は関野〔昭一〕教授と澤登教授でした。

それで私はじめて沖縄の地を踏んだ。まだドルです、外国渡航の手続きをして、ビザも必要だったんですよ、あの頃は（笑）。アメリカの占領下で危険人物は入れないという時代ですから。で、行って簡単に言いますと、カルチャー・ショックと言えるようなたいへんなショックを受けたんです。それで中島さんはさすがに日本政治史ですから、沖縄を含めて琉球諸島その他のことはかなり調べておられました。しかし、私はおよそ何も知らなかったんです。ただ、行く前の夏休み、九月にいったんですが、もう必死になってにわか勉強したのが私の沖縄の歴史に興味を持ち出した始まりです。

向こうで一週間でしたがいろんな人と会い、いろんな文献を探して、中島さんは、あの方が書かれた最大の力作だと思うのですが、二年ほどあとに、『國學院法學』に四回、「沖縄政治史」という標題で、琉球処分関係の内政と沖縄との絡み合いを、実に丹念に調べた論文を書かれた。私はとてもその真似はできなかったけども、沖縄の研究というものを、これを細々とながら自己流でやってたんです。

それが梧陰と結びついちゃったんです、というのは梧陰の史料をいろいろ見ていく中で、長いこと私は知らなかったんですが、もう調べてみると琉球処分そのものにはかかわってないのですが、その前の台湾征討、あのときの後始末をした大久保全権が派遣された北京交渉には彼が随行して大きな働きをしました。あれが外交の初舞台です。それから明治十二、三年琉球処分のあとの中国との紛争の時、井上毅が行ったのが二回目の北京交渉。その史料が活字化されたものもかなりありますし、私が雄松堂に頼んで沖縄関係の「梧陰文庫」の史料を全部コピーして洗ってみると、思いがけないことが次々に出てくるんですね。とくに明治十三年の北京交渉に至る道程で、井上が実に大きな指導力を発揮していることを初めて知ったのです。沖縄はいままで形のうえでは独立の国家だったのが、日本の沖縄県として編入された。その後中国との紛争で皆さんご存じだと思いますが、「分島改約交渉」といって、欧米並の貿易条件を獲得することと引き替えに、宮古、八重山を中心とする南の半分を中国に譲るということを、日本側から提起しているんです。

それが、一言で言えば井上毅と非常に関係がある。いわゆる分島、沖縄諸島を分けて、半分向こうにやっちゃうということと、それから「最恵国約款」と、「内国通商」です。中国とのそれまでの条約では、これがお互いに認めてなかったんです。それを変えて欧米諸国並に日本にさっきの二つを認めれば、これと引き替えに沖縄の南半分を渡す、だから「分島改約」というんですが。これについて話し出せばたいへんなんですが、その決定をした。こういう方針で交渉に臨んでいくということを決定したのは誰であったか、これは私にはわかりません。沖縄近代史のいちばんの専門家だと私が思いますが、一回報告してくださったことがあるでしょう、我部政男さん。あの方などは「おそらく井上じゃないだろう、もっと上だろう」と言っておられるので、そうかもしれません、トップの人物かもしれません。しかし、具体的にどう交渉するかという基本方針を盛り込んだ訓令をつくったのは井上であることは史料で明らかです。

それから中国と交渉が始まるまでに七回「外交文書」を取り交わしてますが、日本から出したのは全部井上が書いてます。また、宍戸璣公使というのがその当事者なんで、『日本外交文書』などにその交渉の記録が全部載っておりますけど、発言してるのは主としてその宍戸公使で、井上毅は一遍も発言していませんが、出席者のところを見ると必ずいます。顧問格で出席してるんですね。で、詳しくは申しませんが、その筋書き、どういうふうに交渉すべきかというその戦略というのですか、こちらの言い分を文章にして出して討議の材料にする、それも全部井上が書いているんですね。

そんなことで、結局流れちゃったんですが、もし「分島改約」が決まってたら、宮古、八重山の人たちは、住民としては全然知らないうちに中国のほうにいったはずです。驚くべきことには、一応妥結して、結局いろんなことがあって中国側が調印しなかったために流れてしまった。その条約の成文を見ると、私も論文に引用したことがあるのですが、明治十四年の「何月何日に中国側と日本側と役人が宮古島で会って引き渡しを行う。その後日本側から住民に説明して納得させる」、「これから中国人国籍になるんですよ」など、嘘みたいな話ですがそういう条文が最後にはっきり載っているんです、「附単」という付録的なものに。「その後は中国の領土下に入る」ということで、いったん妥結しているんです。それで中国のほうでいろんな理由があったと思うけれども、中国が島をほしいと言っているわけではないわけで、むしろ日本に貿易上の利益をいま与えるのと引き替えにすることを、中国側で最後に拒否してきたんですね。

そのプロセスを私は論文で書きましたし、それから沖縄に非常にユニークな外国の文書を使って、沖縄史を外国文献で調べておられる山口栄鉄という方がおられます。沖縄看護大学の教授です。あの人と会ったのは去年七月がはじめてなんですが、あの人の仕事は前から知ってました。そういうことで昨年秋に来ていただいて梧陰文庫研究会でミニ・シンポジウムをやったんですが。日本政府が諸外国に、「沖縄はもともと日本の領土であり、沖縄県にしたのは当たり前だ」ということを宣伝するために発表した文書があります。その英文、仏文と、私が見たのはその二つです。「東京タイムス」という英字新聞に載り、フランス語訳は「梧陰文庫」の中に入ってました。しかしそのもとの文章は『日本外交文書』に載ってますが、これは井上が書いたと私は思っています。

原田　井上の反論ですか。

山下　いや、反論じゃない、そのもとの。井上が書いたものの英訳に対する英文の反論が「ジャパン・ガゼット」に載って、またその反論を井上が反駁した原稿が残ってるんです。私は、この英文の批判論文を一昨年やっと読むことができたのですが、これを井上の反論と突き合わせて、井上が当時の沖縄問題にどんなに大きな影響力を持っていたか今さらながら知ったのです。山口さんも井上毅との関係はほとんどご存じなかったのです。ただ、外国の史料はちゃんと私よりずっと前から摑んでました。そういうことで井上毅と沖縄と、まったく並行していたのが結びついてしまったんです。

私がそれについて最初に論文書いたのはかなり前で、たしか久保先生の退職の論文集に書いたので、久保先生はもう九十近いでしょうから、二十年近く前だろうと思います。それを書き直して「改約分島交渉と井上毅」という標題で、これは『明治国家形成と井上毅』に載せています。それをさらに書き直して沖縄についての私の単行本にも、だから三回で、そのときはまだ英文のほうをキャッチしてなかったんで、英文をキャッチしたのが一昨年ですから、それで書いたのが最近『國學院法學』に載せた論文でございます。

というようなことで、井上毅と沖縄との関係、これは私にとっては非常に重要な問題として、これからもやっていきたいと思うし、そこで結びついたんですね、定年になってから続けたいと。「ミル」は別の形でやってますが、「梧陰」と「沖縄」、少なくとも「梧陰・沖縄」とくっついたということは事実なんで、その点もっと早くその関係に気がつけばよかったなと思ってます。

原田　もう一つの先生の柱である、西洋政治思想史の受容の観点からいきますと、小林先生と共同作業で纏められた「城泉太郎」ですね、この点などもやはりもう一つの先生の。

山下　およそ井上とは正反対です、明治国家の権力に本当にもうぶつかっていくという、しかも徒党を組んでじゃなくて、ほとんど独力で、ペンの力で、筆の力で対抗していったたいへんな孤高というか、ユニークな思想家だと思います。

原田　山下先生は城泉太郎には魅力を感じられるのですか、人間的なやはり在野を通したというのは。

山下　そう思います。

2、小林先生から

原田　じゃあ小林先生、長岡出身の城泉太郎の話などもございまして。

小林　城泉太郎はもう山下先生がご専門で、私はあんまり。

原田　ただ、長岡はおもしろいですね、先生も論文でお書きになっていますが。一方で渡辺廉吉のようなかちっとした謹厳実直な人物も出ていますが。

小林　そのへんはあまり井上毅と関係がないので、今回はやめておきますけど。この前の梅溪先生の座談会で柴田さんがおっしゃっていた渡辺幾治郎も長岡出身です。山下さんと一緒にやった城泉太郎の、あれは何でしたか、広井一の聞き書ですが。

山下　『紅秋随筆録』です。

小林　城の教え子である広井が行っていろいろ聞いているわけですよね、城泉太郎の話を。それをもとに翻刻しているわけですけれども。広井一は渡辺幾治郎の兄で、早稲田の卒業生です。あれは長岡の出身というよりも、長岡の近在の山古志というところで非常に雪の深いところの出身です。

山下　そうですか。

小林　私は正面から井上毅を研究したことはありません。さっき申しましたようにたまたま「明治皇室典範」を調べることになって、それには井上毅はどうしても避けて通れない人ですから、そういうことで井上について若干勉強したということです。

私はどちらかというと史料研究のほうが好きというか、史料集を作ったり、史料を校訂したり、史料を探し出したりするのが好きなんです。そういう面でさっきの『明治皇室典範制定前史・本史』に関係させていただいてよかったと思っているのです。

その後、早稲田の島さんと一緒に「皇室典範」の『資料集』〔『日本立法資料全集16・17　明治皇室典範〔明治二十二年〕』平成八・九年、信山社刊〕を出しましたので、そういうようなことがずっと続いてきております。

それから私が「皇室法」でも関心をもっているのは「皇位継承法」でして、井上は新しく「皇室法」をつくるときに、ヨーロッパをはじめとしていろいろな皇室法を勉強しているわけですが、それと同時に古代の「律令法」、あるいは中国の古い時代の法律、そういうものをやはり勉強しております。とくに明治になりまして「皇室典範」で女帝を廃止することになりますが、これには井上が大きく関わっております。現行の「皇室典範」も女帝は認めていないわけですけれども、最近また女帝問題というのがいろいろ政治的な問題にもなってきておりますので、私も関心はもっているのです。

これからの井上毅研究ですね、それがどうあるべきかということについて、若干ここで意見を述べさせていただきたいと思います。先程井上毅研究でお名前の挙がった山室信一さんとか、坂井雄吉さんとか、梅溪昇先生とか、そういう方々の素晴らしい研究があるわけなんですが、私は井上毅という人は、そのやったことがよかったか悪かったかは一応別としまして、日本の近代国家形成に当たって、非常に大きな足跡を残した巨人だと思うのです。そういう人物がある日、突然この世に出てきたわけではないと私は思うのです。やはりそういう人間を生み、育てた文化的な環境、風土というものを抜きにして、井上毅は論じられないのではないかと思うのです。

これからの井上毅研究は、むしろそういう方面から突っ込んでいく必要があるのではないか、そのへんは従来あまりやられていないのではないかと思います。私がちょっと気づいた点を三点ほど申し上げますが。

伝統文化と井上という視点から見て気づいた第一点は、井上の思考の中にある文書史料の意味ですね、それがどういうものであったのかということなんです。私は乏しい経験ですけれども、典範関係の生の史料を見て、井上という人に衝撃を受けているわけです。つまり非常に几帳面に史料を整理し、それを保存しているのは一体どういうことなのかということなんです。私は高塩さんと一緒に熊本藩のいろいろな法制史料を調べているわけですが、熊本藩の官僚たちも――実際に熊本大学の図書館に行ってご覧になればわかりますように――非常に丹念に史料を整理し、保存しているわけです。そういう文書に対する両者の考え方には、やはり関連があるのではないか。そういう両者の文書の整理保存の方法や整理保存の目的、そういったものをこれから考えていく必要があるのではないか。それは井上毅を考える場合の、まず第一歩になるのではなかろうか、そういうことが第一点です。

それから第二点は、井上の生き方、それから井上の生きざまといったらいいのでしょうか、そういうものにやはり伝統的なものが影を落としているのではないかという気がしております。井上の幼少時代は、熊本藩の学問、教育を受けたわけですから、そういうことは当然考えられると思うのです。それで井上という人を考えるときに、これはよく言われていることですが、金子堅太郎が井上の家を訪ねていったときの文章が有名なんです。金子は井上の家を訪ねたときに、今をときめく顕官だから、さぞ豪勢な邸宅だろうと思って行ったところが、実にみすぼらしい狭隘な住宅で、畳は汚れて唐紙は破れて、応接間の椅子も底のバネが外れて、随分むさくるしい住まいだった。しかし、部屋の周囲にはぎっしりと書物が積み込まれておって、やがてそこに現れたのは、色の青ざめた痩せこけた男で、木綿の着物を着て小倉の袴を穿いた、いかにも風采の挙がらない男であった。しかしその人の眼光だけは炯々として人の肺肝を見破るような、そういう感じがしたということを、金子は言っているんです。

私はこの文章を読んで、ある一人の人物を思い出しました。それは片岡朱陵という人物なんです。この片岡朱陵という人物は細川藩の中興の主と言われる細川重賢ですね、これが宝暦の改革をやって有名な「御刑法草書」という法典をつくるのですが、その宝暦の改革をやったときに、さまざまな建言をしているわけです。重賢は大体それに則って改革をやった。また、宝暦の改革を実際に担った堀平太左衛門という後の家老がいますが、それをはじめとして宝暦の改革を実際にやった者たちは、みな片岡朱陵の弟子なんです。片岡朱陵というのは儒者なんですけれども、井上はそういう人物と重ね合わせせられる。

片岡は酒が大好きで、かなり飲んだくれた遊び人で、井上毅は謹厳実直な人ですから、そういう点は正反対なんですが、似ているところがあるんですよ。それは貧乏を意に介さないというところがそうなんですね。それから、どちらも影武者なんです。表面には出てこない。そういうところは両方は似ている。また、名利とか栄達を望まないというようなところも似ているんです。井上は「明治憲法」ができて国会が開かれたあとは、その現状に満足していないのです。むしろ失意のうちに死んでいく。片岡朱陵も宝暦の改革が行われたあと満足しないいんですよ。そしてやっぱり失意のうちに死んでいく。そういうところもよく似ている。それから風貌がよく似ているんです。片岡は「痩せて背が高く顔色はどす黒く、あばた面で髭が多かったが、その眼光は鋭く炯々として人を射るようであった」と、こう私はその墓碑銘を翻訳したんですが、二人は似ているところがある。

実は井上が学んだ時習館という学校は片岡がつくった。表向は秋山玉山がつくって教授になっていますが、学校をつくらなければいけないと言ったのは片岡朱陵なんです。だから片岡と井上とは直接関係はないのですけれども、片岡の名前ぐらいは井上は知っていたのではないかなと思います。

井上の政治的理念、あるいは生活信条というものは、突き詰めていくと、これは多くの人が言っているように儒教なんです。井上には「儒教ヲ存ス」という一文があって、あれは『井上毅伝』によると、いつできたかわからない。柴田先生、明治十九年ですか、あれができたのは。

柴田　それはわからないです。

小林　そうですか。それはそれとして、「儒教ヲ存ス」というのは「キリスト教文化を排して儒教を取るべきだ」ということを言っているんですが、それではなぜキリスト教文化を排して儒教を取るかと言うと、井上は「キリスト教は神明を借りるが、儒教は神明を借りない」と言っているんですね。どうも井上が儒教を取ると言ったのは、やはり人間の行為、行動のあるべき源泉、規範は、人間の理性とか悟性とか知性とか、そういうもののうえにあるべきではないかと考えていたのではないかと思うのですけど。井上は「倫理名教のことは古典、国籍をもって父とし、儒教をもって師とす」と、そういうようなことを言っている。どうも井上の人物像などを見てみると、やはり儒教というものがもとになっているのではないか。そうすると熊本藩の時習館、それから木下韡村《いそん》の塾ですね、このへんをしっかり勉強しないと、井上の行動とか人間像とかいうのはもうひとつわからないのではないかと思います。

とくに木下韡村なんですが、高塩さんから買って貰った『韡村遺稿拾遺』というものが三冊あるんです。先程ぺらぺらと見てきたんですけど、これはほとんど研究されていないです。それから木下韡村の「日記」が残っているんです、あれを翻刻したいと木野先生が言っておられたけれど、ああいう日記なんていうのはほとんど研究されていないんじゃないかと思う。そういうものをしっかり読んだうえで、井上研究というものを私はこれからやる必要があるのではないか。これが第二点です。

それから第三点は、井上のやった業績ですね。私は業績は三つあると思うのです。一つは、やはり法案の起草です。それから政策の建言。もう一つは、その立法や政策を理由づけたり正当化したりする作業ですね。これが井上の業績としてすごいところです。彼が無名の熊本藩の一士族から政治の枢機にあずかるような地位に抜擢されたというのも、そういう才能があってのことなんです。そういう井上の才能は、一体どこで、どのようにして養われたのかというのが問題なんです。それは私が「明治皇室典範」の研究で論文にちょっと書いておりますけれども、熊本藩の学問や文化というものと非常に関係があるのではないか。

井上があの当時、まだあった女帝制を廃止するというのは並大抵なことではないのです。その女帝制を廃止する理屈をつくらなければいけない。その理屈のつくり方とか、議論の組み立て方とかというようなものは、熊本藩で額の入れ墨を廃止する場合とよく似ています。額に入れ墨をするというのは、これはやはり時代に合わなくなった。人間を更生する場合にこれはマイナスになってくるんです。しかし、額の入れ墨は、さきほど言った当時としては権威のあった細川重賢のつくった「御刑法草書」にきちっと書いてあるわけですから、額の入れ墨を廃止することは、それを否定することになる。その理屈をどのようにしてつくったらよいか。そのつくり方と、井上が女帝を廃止するときの理屈のつくり方は非常によく似ております。

そういうふうに考えてきますと、井上の思考方法や思考様式というようなものは、熊本藩の学問や文化と非常に密接に関係しているのではないか。だから今後はそういう方面からも、井上研究がなされていいのではないかと思います。そういう研究はここにきておられる若い方々から、ぜひやってもらいたいと考えております。

原田　ありがとうございます。もう時間もないのですが、山下先生のほうから、ご祖父の山下重民についてお話し願えますか。

山下　簡単に言います。一言で言いますと、私は先程ちょっと申しました、井上毅関係、私は本当にアンバランスで、「皇室典範」以外は沖縄関係だけしか、はっきり言って今のところ興味はないのです。で、結論的に言えば、明治政府の政策としての、とにかく薩摩藩が実質的に支配してきた、この沖縄、琉球を、ああいう形で、具体的には申しませんが、非常に強引に沖縄県とした。その決定を井上毅がやったわけじゃないけれども、先程言った半分は中国に渡すと、これ琉球処分の翌年なんですね。そのことに何か明治国家の沖縄に対する見方というのは、象徴的に現れているのではないか。それを当時の井上毅は表面には出ないでも、その見取図というのをつくり、この交渉に自らいっているんですね、そういう点は私はどうしても肯定できないのです。

このことと、実はまったく違うのですが、私の祖父重民は、これは簡単に申しますが広い意味での在野の歴史家であって、『風俗画報』という大正のはじめまでかなり広く読まれた雑誌の編集を長いことやっているんです。

その祖父には簡単な「自叙伝」、これは原稿で残されていたのを私が活字にしまして『風俗画報　山下重民文集』（平成二年、青蛙房刊）として編集したんですが、その一節をコピーしました。

非常に縁が深いので驚きました、終りのほうだけ見てください。「小舎人」というのは当時皇居の中にあったらしいのですが、太政官の給仕役です。だから三条太政大臣をはじめ、偉い人たちがやってくると、当時刀を差してくるんですね、それを預かったり、お供がお弁当を持ってくるのを預かってお昼になるとお茶を添えて出すというような、身の回りの世話をやっているんですね。で、祖父は下っぱだったんですが、旧幕臣の子どもたちからこの小舎人が選ばれた一人で、明治三年から八年まで五年間、十三歳から十八歳まで勤めております。そのとき実は井上毅に目をかけられているんですね。この終りのほうのここだけご覧ください。

「小舎人にて太政官に在りしが、法制局の井上毅（のち文部大臣）、重民の少年にして漢文を草するを見てこれを賞し、市ヶ谷薬王寺前の自邸に招き、漢書を貸与し、激励する所あり。是に於て大に勉む。」と、非常に世話になっているんですね。その孫の私がたまたま「梧陰」研究で、これから変わるかもしれませんが、今のところかなり批判的な見方になってきてるんです。これはいったいどういうことか、なんか宿命みたいなものを感じています。

それから、『目録』をつくっているお二人に聞きたいけれども、私の祖父の切り抜き出てきましたか。

宮部　出てきました。

山下　小林さんと最初にやってたときに、その切り抜きが出てきたので驚いたんですよ。あれ『風俗画報』の祖父の文章の切り抜きなんです。あれは明治二十何年でだいぶあとなんですが、井上毅が覚えていてくれて、「あの時の少年、やっとるわい」と、そんなことやってるのかというんで切り抜いた。皇室に関する記事だったので切り抜いて。あれは見てちょっと驚きました。

そういう宿命を感じながら、今のところはかなり批判的な目で見てますけれども、まあ重要な人物であることは間違いないんで、これからもさらに沖縄を中心として、井上毅という人物をいろんな面から調べていきたいと思っています。

原田　『風俗画報』というのは、「明治憲法」の発布の前日じゃないですか、発刊は。

山下　そうそう、おっしゃったとおり明治二十二年二月十日、まさに当時の紀元節の前の日に創刊号を出しています。創刊号には祖父は書いてませんが、明治二十七年から主筆をやっているんです。あれはある意味じゃ旧幕臣が相当関係してるんです、だからむしろ江戸のいいところを残したいという、祖父のおそらく業績の全体は、それを忘れられないように残したいという気持ちで。

原田　なんか國學院にも関係してるんですね、江戸文化研究会とか参加されてますね。

山下　そうです。

原田　最後になりますが、小林先生いかがですか。

小林　山下先生は、ざっくばらんに話すと、以前から「井上毅はあまり好きになれん」ということを、はっきりおっしゃっていますね（笑）。「とくに沖縄分島をやったのはけしからん」ということをおっしゃって、私もそれは同感なんですけれども。

徳富蘇峰は井上を評して、「黒幕宰相」と言っております。そして「自分は動かないで、ときの大官を動かして自分の考えを実現した、まさに黒幕宰相だ」と、こう言っているんですね。これは私は一面では当たっており、一面では当たっていないと思うのですよ。つまり、表面的に見た場合、それから結果として見た場合には、そういうことだと思うのですけれども、井上自身の内面的信条というものを考えたときに、自分自身はおそらく黒幕宰相だとは思っていなかったと思うのです。むしろ井上という人は「法制官僚」と言われているように、法制官僚としての自覚は人一倍強かったんじゃないかという気がするんです。

だから私は外交文書は読んでいないから知りませんけど、「皇室典範」なんかを見た場合に、いろいろな諮問を伊藤などから受ける、そういうときの意見の述べ方とか、草案の起草の仕方とかは、甲案、乙案、丙案というふうに出して、その裁定を請うというような形で、政策を決定するのは自分ではないんだとはっきり示しています。しかし、そうはいってもやはり意見を述べれば、自分の意見が実現されることは誰だって望むわけで、そういう気持ちもまた人一倍強かったと思うのです。だから片方では自分の意見を通してほしいという気持ちが強かったと同時に、もう一方では、いや、それはやっぱり大久保や岩倉や伊藤が決めることだ、自分はあくまでも法制官僚なんだという気持ちもまた人一倍強かったんで、その攻めぎ合いが井上の気持ちの中に私は非常にあったんじゃないかと思います。

そういうことになると、やはり病気もつのるわけで、私はそういう実務官僚としての自覚というようなものが、一方にあったと思うのです。そう考えると、これも古い話になるんだけど、日本の奈良、平安時代の明法家や明法官人にも、井上は似ているような気がするんですね。つまり当時の実際の国政を決めるのは太政官の議政官といわれる、左右大臣、大納言、中納言、参議たちで、これらが結局天皇の裁可を仰ぐわけだけれども、国政を審理し決定するわけです。そのときにいろいろな専門のエキスパートである下級官僚から意見を聞くわけですよ。それが明法博士の勘文になったり、外記の勘文になったりするわけです。そういう外記とか明法博士とかいうような者は、これは意見は述べるけれども、政策決定には預からないのです。しかし、そうは言うけれども、やはり井上と一緒で、自分が出した意見は採用してほしいわけです。それでそういう公卿たちとぶつかり合って、その結果、首を切られたり、左遷されたりした人も結構いたわけです。

そのようなことが私の頭の中にちょっとあって、井上毅の、そういうストイックな官僚としての自覚というようなものが、一体どこからくるのかなあというようなことにも関心がありますね。

山下　一言いいですか、そのとおりだと思うのですが、私は井上毅は一言で言えば、使われすぎたと思うのです。沖縄について言いますと、彼は琉球の歴史についての予備知識なんかはほとんど持ってなかったと思うのです。薩摩の人だと持っていたと思いますよ。伊地知貞馨という『琉球志』という大きな本を明治の初めに作った人なんかは、薩摩藩士として琉球と非常に関係を持った人なんです。薩摩のだれかじゃなくて、井上にこの琉球をめぐる中国との紛争のことはほとんどまかしている。それもいわゆる「丸投げ」ではなくて、核心的なことはちゃんと指示している。あれは井上にとっては酷だったんじゃないかというような気がします。だから私は明治国家の琉球併合と分島交渉、さらにその後の沖縄統治に対しては、非常に批判的な目で見てますけど、そこに非常に重要な役目を果たした井上だけを責められないんじゃないか、むしろ伊藤博文の命令でやっているんです。そういう点で井上と伊藤ばかりじゃないんですが、いわゆるトップの政治家と法制官僚としての彼との関係などをもっとビシッと詰めていかれないかなという、そんな感じがします。

原田　どうもありがとうございました。両先生には長時間どうもありがとうございました。時間が参りましたので、このへんで座談会を閉じさせていただきたいと思います。ご出席の皆様方には改めて御礼を申し上げます。どうもありがとうございました。

（了）

〔附記〕　この座談会には、左記の者が出席した。
高塩博（國學院大學日本文化研究所教授）、柴田紳一（同助教授）、長又高夫（同兼任講師）、齊藤智朗（同調査員）、宮部香織（同調査員）。

山下重一（やました・しげかず）

昭和元年（一九二六）東京都下生まれ。東京大学経済学部経済学科・同法学部政治学科卒業。ロンドン大学留学から帰国後、國學院大學法学部助教授。その後、同教授、同学部長を歴任し、現在國學院大學名誉教授。

〈主な編著書〉

『J・S・ミルの政治思想』（木鐸社　昭和五十年）
『スペンサーと日本近代』（御茶の水書房　昭和五十八年）
『近代イギリス政治思想史』（共著）（木鐸社　昭和六十三年）
『風俗画報・山下重民文集』（青蛙房　平成二年）
『英学史の旅』（御茶の水書房　平成七年）
『城泉太郎著作集』長岡市史叢書No.37（小林宏と共編）（長岡市　平成十年）
『琉球・沖縄史研究序説』（御茶の水書房　平成十三年）
『評註・ミル自伝』（御茶の水書房　平成十五年）

小林　宏（こばやし・ひろし）

昭和六年（一九三一）新潟県長岡市生まれ。京都大学文学部史学科国史学専攻卒業。同大学院法学研究科博士課程修了。國學院大學日本文化研究所研究員、國學院大學法学部専任講師、同助教授、同教授を経て、現在國學院大學名誉教授。法学博士。

〈主な編著書〉

『伊達家塵芥集の研究』（創文社　昭和四十五年）
『譯註日本律令』二・三　律本文篇上下巻（共編）（東京堂出版　昭和五十年）
『日本律復原の研究』（共編著）（国書刊行会　昭和五十九年）
『高瀬喜朴著　大明律例譯義』（共編）（創文社　平成元年）
『熊本藩法制史料集』（共編）（創文社　平成八年）
『明治皇室典範〔明治二十二年〕』上・下（日本立法資料全集16・17）（共編）（信山社　平成八、九年）
『城泉太郎著作集』長岡市史叢書No.37（山下重一と共編）（長岡市　平成十年）

大石眞・島善高両先生に聞く

――梧陰文庫研究会と両先生の井上毅研究――

京都大学大学院法学研究科教授　大石　眞
早稲田大学社会科学部教授　島　善高
（進行）原田一明

〈日　時〉　平成十六年三月二日（火）
〈場　所〉　國學院大學　日本文化研究所

高塩　それでは始めさせていただきます。最初に一言だけご挨拶申し上げます。

本日は大石眞先生、島善高先生、「梧陰文庫」をめぐる座談会にお出ましいただきましてありがとうございます。

「梧陰文庫」をめぐっての座談会は年一回開催しておりまして今年で四年目、すなわち四回目にあたります。前回は梧陰文庫研究会の初代代表を務められた山下重一先生と、二代目代表の小林宏先生に、研究会のこと、ならびに両先生の井上毅研究についてお話をうかがいました。山下・小林両先生はすでに名誉教授になっておられますが、本日お越しいただいた大石眞先生と島善高先生は、山下・小林両先生と比べますとずっとお若いお二人で、現在大学でも枢要な仕事を引き受けられて、ご多用の毎日をお過ごしである、そのような年齢の方であります。

大石先生・島先生は、現在京都大学、早稲田大学にそれぞれ所属して教鞭をとっておられますが、かつて大石先生は本学法学部に職を奉じておられ、梧陰文庫研究会の幹事として研究会の推進役であり、自らも「梧陰文庫」の資料を活用して数々の業績を世に問われました。その具体的な書名等は座談会の中で随時出てくることと思います。

また、島先生は梧陰文庫研究会発足の頃、本学大学院の法学研究科の院生であって、皇室法の研究をしておられました。研究会には積極的に参加して、雑用などもこなしたと聞きますが、その後、明治皇室典範の研究を中心として、大きな成果を収められました。

本日は法学部の原田一明先生に司会進行の役をつとめていただいて、両先生の研究の足跡をたどり、かつ梧陰文庫研究会の思い出や逸話、あるいは井上毅の残した「梧陰文庫」という資料群の意義等について語っていただきたく存じます。

なお本日は、本研究所の「『梧陰文庫総合目録』の編纂・刊行」プロジェクトのメンバーも陪席して話を聞かせていただきたく存じます。

それでは早速本題に入りたいと存じます。原田先生にバトンタッチをいたしますので、よろしくお願いします。

原田　本日はどうぞよろしくお願いいたします。

明治史研究へのきっかけ

原田　早速ですが、一応両先生には明治史の研究に入られたきっかけというのを最初に伺いたいと思っております。両先生方、当初から明治、あるいは歴史というものに関心があられたのか、学部時代からなのか、それとも何らかのきっかけがおありであったのかというところですが。私も両先生からは二十年来のご指導いただいているのですが、改めてこうやってお伺いする機会がないものですから、最初にご研究に入られた経緯などを両先生から伺えればと思っております。それでは、大石先生のほうからお話願えますでしょうか。

大石　若い時代の話というのですが、私はまだそういう感覚がなくて（笑）、まだ若い路線を走っているつもりなんですが。

私はもともと九州の生まれですが、大学そのものが仙台の東北大学で法学部ですから、当然法律学や政治学をやっていたのですが、途中で研究者になりたいという気持ちになりました。私が覚えているのは、ちょうどその時に北ベトナムのホーチミン大統領が亡くなったぐらいの時です、ずいぶん前の話ですが。

それで最初は司法試験を受けて裁判官でもなろうと思っていたのですが、研究者のほうがおもしろいなと思い始めて、三回生の途中ぐらいから勉強を始めたわけです。それであとでも話が出てきますけど、小嶋和司先生の憲法の講義を受けたのが学部の二年の頃です。そのスタイルはいまでも印象にありますけれど、非常に整った講義でした。ご自分の得意なところというのはずいぶんおありになるのですけど、そこであまりメートルを上げないで、淡々とずうっと憲法の全体像を講義なさる。これというのは、いわば名講義の一つだと思うのです。いまでもその時の講義ノートを持っていますから、よほど自分でも気に入ったんだと思います。

いま憲法を専門としてやっていますけれども、実は小嶋先生の憲法のゼミに入ったことはなくて、ほかのことをやっていました。刑法とか、法哲学とか、あるいは政治学とかのゼミに入っていて、憲法は全然やったことがなかったのです。

それで大学院に入ってからじかに小嶋先生に接する機会があったのですが、これもまた変則的で、私は行政法をやろうと思って最初大学院に入りました。いま最高裁判事になられた藤田宙靖先生が本来は指導教官になるはずだったのですが、ちょうど藤田先生がドイツに留学される時に私は入ったものですから、小嶋先生に事実上の指導を仰いで、公法学・憲法学の研究を始めたというのが最初です。

で、やっているうちにどうも憲法のほうがやっぱりおもしろいと思うようになりました。当時、小嶋先生は東京大学の伝統で、いまはわかりませんけれども、原書をとにかくきっちり読みなさいというので、ゲオルグ・イェ

梧陰文庫研究会略年表

昭和55年（1980）	7月	第一回共同作業
	9月	第一回例会『梧陰文庫影印』刊行のための共同作業（以降、例会をほぼ隔月で開催。平成15年度終了時点で193回を数える）
	12月	第三回例会　大石眞「明治皇室典範起草—帝室典則制定まで—」
昭和56年（1981）	3月	第五回例会　島善高「皇室典範の周囲—尾崎三良と柳原前光」
昭和57年（1982）	10月	『梧陰文庫影印　明治皇室典範制定前史』（國學院大學）を刊行
		懇談会「大久保利謙先生を囲んで」
	12月	懇談会「小嶋和司先生を囲んで」
昭和58年（1983）	9月	見学会「明治憲法起草の地を訪ねて」（夏島・葉山・大磯・箱根湯本）
昭和59年（1984）	4月	坂井雄吉氏を迎えての懇談会開催
昭和61年（1986）	8月	『梧陰文庫影印　明治皇室典範制定本史』（國學院大學）を刊行
昭和63年（1988）	4月	山下・小林両氏、研究会幹事に就任
	8月	井上毅の「総常紀行」の足跡を訪う調査旅行を実施
平成元年（1989）	8月	憲法起草の地及び鹿野山神野寺をめぐる調査旅行実施
平成2年（1990）	8月	箱根「福住」研修旅行
平成4年（1992）	6月	『明治国家形成と井上毅』（木鐸社）を刊行
平成5年（1993）	8月	熊本にて学術シンポジウム「近代熊本の黎明」を開催
平成6年（1994）	9月	京都研究会・見学会
平成7年（1995）	4月	『古城貞吉稿　井上毅先生伝』（木鐸社）を刊行
	6月	井上毅没後百年記念講演会
平成8年（1996）	7月	高知にて学術シンポジウム「明治国家と自由民権運動」を開催
平成9年（1997）	7月	福島研究会・見学会「明治国家と東北の自由民権運動」（於三春・会津）
平成10年（1998）	7月	長岡にて学術シンポジウム「明治国家と北越の思想家たち」を開催
平成12年（2000）	3月	『井上毅とその周辺』（木鐸社）を刊行
平成13年（2001）	7月	佐賀にて学術シンポジウム「佐賀藩と明治国家—幕末維新期佐賀のエネルギー」を開催

《参考文献》

・「梧陰文庫研究会について」
（梧陰文庫研究会編『井上毅とその周辺』木鐸社　平成12年）

大石眞先生

リネックの『アルゲマイネ・シュターツレーレ』八〇〇頁ほどありますが、朝から晩までずうっとドイツ語ばかり読んでいた日々がありました。やってるうちに、イェリネックは行政法も関係しますけれど、大体憲法の議論ですから、そうするとそちらのほうがおもしろいというので、いわば転向をしようと考えて、小嶋先生に申し出たら「いや、それは構わない」と言われて、それから憲法のほうへ入ったというのが実際なのです。あとから藤田先生に伺いましたら、藤田先生も実は憲法をおやりになりたかったが、結局、行政法のほうをお選びになったというので、おもしろいものだと思いました。

大学院に入って一年で辞めて、あとは助手にしていただいて、それから四年ほど助手生活を送りました。その結果、最初の論文として、いわばドイツの国法学とフランスの憲法学との両方をにらみながら書いたのが「立法と権限分配の原理」という論文です。これは最初の頃のもので、もちろんこの目録には載っていないのですけれども、東北大の『法学』という雑誌がありまして、そこに載ってます。

それがいわば最初の芽なんでしょうか、こういうマテリアルというか素材そのものではなくて、いわば明治憲法時代の学説史を本格的にやったというのが、そのときです。これは大体、明治憲法時代の主な憲法の教科書などは全部読んだうえで、立法権というものについてどういうふうに捉えていたかを学びましたが、特に穂積〔八束〕先生とか、美濃部〔達吉〕先生とかの論争がありました。それから佐々木〔惣一〕先生など、錚々たるメンバーが登場するその論争の場面なので、一生懸命に読んだ記憶があります。

それで出来上がってそれを発表する段になって、編集委員会から、あまり長いのでカットしろと言われまして困りました。いまでも覚えていますけれども、そのとき小嶋先生は「いや、明治憲法時代のものをカットしてはだめだ」と言われました。実はそのときまで、私は恥ずかしいことですが、小嶋先生がそちらのほうの専門家でいらっしゃることをよく知らなかったんです（笑）。財政制度の研究では第一人者というのは聞いていましたけれど。あとから振り返ってみると、明治憲法時代の学説史をきちっとやったのはよかったですし、その部分を削ってはだめだと言われたことの意味がだんだんよくわかってきました。それで國學院に就職したというのが、もう一つの新しい出発点なのですが、私の演説の場ではないので、そろそろ島先生にバトンタッチしないと、もう人の話は聞き飽きたという顔をなさっていますから（笑）。

島　いま大石先生が國學院との縁ができるまでの話をして下さいましたので、私もそこまで話させていただきます（笑）。

私は最初早稲田大学の法学部に入りました。昭和何年だったでしょうか、三島由紀夫さんの自決の翌々年ぐらいでしたね。

大石　昭和四十六年か四十七年頃ですね。

島　そう、ちょうどその頃というのは学生運動の終末期で、まだその余風が残っている時でありました。入ったときに大学の中で殺人事件が起きた、そのような時代です。早稲田大学というのは特に学生運動が活発なところでありますから、授業の最中に革マル派が反対派学生を追いかけていって喧嘩をする、教室の中でやるんですよね。当然授業は成立しません。期末試験もレポートで代替する。そういう状況だったのです。

また、こういう場で言っていいのかわかりませんが、当時の先生方にも過激な先生が多くて、政治主義的な方が多くて、法学部に入って何を勉強しようかというのはずいぶん悩みました。そのときに瀧川政次郎先生の法制史の概説書などを読みまして、これはおもしろいと思いました。当時法学部でいろんな法律の本を読みましても、明治から前はヨーロッパの方へ遡るわけです。日本の古代、中世は全然説明しないわけです、紹介しない。これはおかしいということで、益々瀧川先生の本にのめり込んでいきまして、当時手に入る本はほとんど買い求め、また論文をコピーしたりして読みまして、大学の二年生になるときには法制史の研究者になるということを決めておりました。普通は司法試験の勉強したり、あるいは就職活動の勉強をしたり、公務員試験の勉強したりするのですけれども、そういうことには一切かかわりませんでした。

瀧川先生が概説書の中で、「法制史家になるにはいろんなことの勉強をしろ」、「古文書学をやらなければいけない」というようなことを書いておられましたので、文学部へいきまして、当時文学部には竹内理三という先生が東京大学定年の後、来ておられまして古文書の講義をやっていらっしゃいましたので、それに一生懸命出て、古文書の勉強をしたりしておりました。

そうして、大学の四年生になりますと、もっぱら國學院に入るための受験勉強をやりました。当時瀧川先生は律令学の専門家でありましたから、私も律令のことを勉強しようということで、もっぱら奈良、平安時代の古代史の勉強ばっかりしておりました。そして瀧川先生はどういう人だろうということで、國學院の授業を覗きにきたら、法制史は小林宏先生がやっておられまして、瀧川先生はすでに定年退職なさった後だったのです。

小林先生は、当時四十歳前後であったと思いますが、先生の授業を盗み聴きしまして、終わったあと「こういうことでぜひ法制史を勉強したいんですが」という話をしました。そうしたら「よろしいでしょう」とお許しを得て、大学院を受験しました。確か三月のはじめ頃の試験だったでしょうか、幸い合格させていただいて、入学式の前に瀧川先生のお宅に連れていっていただきました。そのときに瀧川先生から「これから何を勉強するにしても、律令がいちばん基本だから、律令をしっかりやりなさい、律令をおさえておけば中世も近世も近代も大体わ

島善高先生

かる」と教わって、そこで律令を一生懸命やろうということを決めました。さらに先生は、「ついては自分一人で勉強するのではなくて、私のところにきていろいろ手伝いをしながら勉強しろ」とおっしゃって、四月何日かが入学式ですが、その前に「ついてはわしは京都へ旅行するから、家を留守番してくれ」と頼まれまして（笑）、一週間ぐらい、入学の前に留守番をしました。

　それから入学して、國學院の中では小林宏先生、それから久保正幡先生、さらに兼担の島田正郎先生の授業に出て、西洋法制史やら日本法制史やら東洋法制史やらの勉強をしたのですが、暇なときには瀧川先生のところへ行っていろいろお手伝いをするという生活がスタートしたわけであります。とりあえずこの辺でよろしいですか（笑）。

原田　ありがとうございました。そうしますと島先生は、すでに大学の学部の時代からご自身の行く末をお決めになっていたのですね。

島　二年生のときからそうですね。

原田　そうですか。また、瀧川先生の書物とおっしゃいましたけれども。

島　瀧川先生の書物は沢山ありますが、専門的なものよりも『池塘春草』とか『倩笑至味』とかの随筆集は、殊のほか面白く読みました。それと皆さん知っておられるかと思いますが、小宮睦之という佐賀の博物館の副館長までやられた人がおられまして、高校時代に親しく日本史の教えをうけました。小宮先生は佐賀の郷土史家としても有名で、いろいろ文章も書いておられました。そういう小宮先生の生活を見てまして、研究者の生活スタイルってなかなかいいなという憧れは持っておりました。

原田　小宮先生といえば、佐賀でシンポジウムを開催いたしました折に大変お世話になった先生ですね。

島　そうです。

原田　大石先生などは、やはり小嶋先生の影響が非常に強かったということでしょうか。

大石　その学風の影響というのは、やはり大きいですね。何かを読んで島先生のように感激してというタイプではないのですけれども、いろいろ質問されているうちに、何か感じる部分というのはずいぶんあって、それで憲法のほうがおもしろいとだんだんなってきたのです。当時何も知らなかったのが、却ってよかったのかも知れない。小嶋先生の常々の発言というのは、「新憲法でいちばん大事なのは権力分立と財政だ」という話で、大体これは先生の研究のプランを見ると、現にそうなっていますし、いまでもそれは大問題ですね。ほかの人があまりやらない分野をきっちりやっておられて、その一環として、権力分立にしろ財政にしろ憲法史と一体となって、いろいろな議論にできるというのが、かなり強いところになります。

原田　そこで小嶋先生、あるいは瀧川先生、ふだんのご指導のあり方などで思い出される点などございますか。島先生いかがでしょう。

島　私の場合は、はじめは國學院の授業の合間に瀧川先生のところへ行っていましたが、数年後には瀧川先生のお宅のすぐ近くに下宿をしまして、毎日庭掃除をしたり廊下を拭いたり、買い物にいったり、洗濯物を干したりとか、そういう仕事をしていて、その合い間に國學院に行くというようになりました。瀧川先生から特別「こういう論文を読め」とか、「論文をこう書けよ」という指導をしてもらったことはございません。瀧川先生がどういう辞書を使っておられるのか、どういう人と付き合っておられるのか、そういうことを盗み見する、盗み聞きするというのでしょうか、そういうことはありました。昔風の丁稚奉公、当時私たちは「学僕」と言っておりました。

原田一明

瀧川先生は「教室では非常に形式的な教育しかできない。ところが自宅でやると教室でしゃべれないようなことも教えられる。免許も、公式的な、形式的な免許というのは〝貴殿免状〟で、内弟子に渡す免状は〝其方免状〟だ」と、よく言われていました。そういうことで、やはり本格的な勉強は先生の家の中に入ってやらなければいけないのだとおっしゃるわけです。そう聞くとなかなか格好いいんですけれど、実態は聞くも涙、語るも涙のところがありまして（笑）、本当に厳しくご指導いただきました。お茶の飲み方とか、食事の作法とか、挨拶の仕方とか、もっぱらそちらの方面での薫陶を大きく受けましたですね、私の場合は。大石先生の場合はそうじゃないでしょうけど。

大石　私の場合はもうちょっとエレガントでしてね（笑）、丁稚奉公みたいなことは一切ありませんでした。その代わり指導らしい指導もしないというのが、東京大学の流れのようで、やっぱり宮沢俊義先生もそうだったようです。東北大全般もそうで、いまのあり方は私にはわかりませんけれども、具体的なテーマを与えるとかいったことは、一切ないわけです。要するに、自分が勉強して何かテーマを見つけてちゃんと論文を書くということが基本であり、その基本の力がなければ研究者になっても仕方がないということでしょう。それはある意味で厳しいハードルでもありましたね。

ただ、それで自分なりにこれがおもしろいと思って、立法の問題をやろうと思って勉強を始めたんですけれども、そうするとどうしても疑問なところがあるのです。私の先ほどの処女論文は、小嶋先生の先生である宮沢先生の説を批判するというところから始まるのですが、どうも腑に落ちないところがある。それでどうしても手に入らない宮沢先生の著書を小嶋先生のところに借りにいきますと、私がこれはおかしいと思ったところにやはり小嶋先生のほうにも疑問符がついていて、同じところでやっぱり問題を感じるんだということがわかりました。それで少し自信がついたというか、発想としてはこれで自分は間違ってないんだという思いがわきました。

ただし、研究者になる上でのいろいろな意味での手解きはまったくありませんでした。だから、その後に國學院に就職してはじめて、じかにいろんな第一級史料を見て、読み方も会得するんです。小嶋先生はご自分で憲法史研究をおやりになりながら、一切そういうことを何も私らには伝授されませんし、いまどの点が問題になっていて、こういうところを読み解いてみなさいという話も一切ないんです。ですから、『法学』という東北大の雑誌に「ロエスレルの憲法草案」を書かれた時期がありましたけれども、それだってじかに聞いたことは一度もありません。それがある意味でよかったのか、ちょっと研究が遅くなったのかよくわかりませんけれども、島先生のようなそういうインティメットな関係というのがなかったのは事実です。

原田　小嶋先生などは憲政資料室が参議院内にあったときから通い詰めておられて、ノートをずうっと作られておられたようですが、そうすると先生は大学院とか助手時代にそういう小嶋先生のノート類をご覧になったということもなかったのでしょうか。

大石　いや、一切ありません。そういうものをお持ちだということすら全然お話にならないわけだから、不勉強な私なぞは知らないんです。ですから、東大を卒業されて東京都立大に就職される頃、その前後にずいぶん国会のほうに通われて、あの稲田正次先生と同じように、全部「井上文書」を見ておられて、それを逐一ご自分で筆記されたわけですが、そういうのがあるという話はなかったですね。いまはめぐりめぐって小嶋先生の手書きのノートや筆写したものは、全部私の研究室にあるんです。ただ、頭の出来が違うのか、使えませんね、「着想」とかというノートがあるんですが（笑）。なかなかそれを見ても出来が違うから、全然役に立たないので、惜しいことをしたと思います。亡くなる前にいろいろお話を伺っておけばよかったと残念でなりません。

國學院大學と梧陰文庫

原田　ありがとうございました。それでは少し時間を進めまして、お二方とも國學院の人となられるわけですが、「梧陰文庫」とのかかわりですね、あるいは梧陰文庫研究会とのかかわりなどについて、続けてお話をいただけますか。大石先生は何年のご赴任でしょうか。

大石　たぶん私の方が一年ほど先輩なんです、年からすると。私は昭和五十四年（一九七九年）に二十七歳のときに國學院に赴任してきました。それは特に縁があったというわけではなくて、公募でした。河村又介先生がお亡くなりになった直後だと思います。

それで小嶋先生が、國學院大學にはそういう「井上文書」があるというのをご存じでして、「応募してみたらどうか」というので、初めて、いわば面接に来たのです。ですから、たぶん昭和五十四年、就職が決定する前の年の秋か冬ですね。その時は、正門ではなくて裏門のほうから入ったような記憶がありまして、あとから小嶋先生に「國學院どうだった」と聞かれて、「いや、なんかちゃんとした門がありませんね」と答えたことがありました（笑）。

國學院大學に入りまして一年ぐらい経ったときかな、「井上文書」があるというのは知っていましたけれども、大学創立百周年の記念として、当時の部長であられた澤登〔俊雄〕先生が中心になって、何かつくろうということで初めて本格的に「梧陰文庫」を実際に見ました。そして、こういう史料こそインパクトがあるんだというので、それが初めての出会いです。そこからだんだん小嶋先生の良さというのがわかってきましたが、それを教えてくれたのは、図書館の木野主計さんでした。小嶋先生がせっせと通っておられて、当時「梧陰文庫」を実際にいろいろご覧になったのは小嶋先生と、あとは奥平〔康弘〕先生だけだというような話を聞きましたし、小嶋先生にはこれこれの論文があって、第一人者であった稲田先生に果敢に挑戦するという立場の第一人者であられたというのは、木野さんから初めて聞いたような、あるいはそれを通して知ったような気がします。その意味でも、木野さんには随分お世話になったという、いまでもそうですが、そういう記憶があります。

原田　「梧陰文庫」の現物をはじめてご覧になったときの印象などは。

大石　史料によると思いますけれども、私自身はやっぱりいろいろ朱が入り、赤が入りというのを見ると、それを立体的に解読してみたいという誘惑にかられるんです。単に活字になったのを読むと、全然わかりませんね。それを生の朱を見ると、もともと墨の原文があって、それに対して相当赤を入れたりしているわけで、そこに何か人の頭脳というか営みがあるわけでしょう。それを追思考することができれば、非常におもしろいという気持ちになります。だから、法律学なんていうのは、当初、平面的だと思ったんですけれど、意外に立体的な側面があるというのがだんだんわかってくる。そうすると、もうおもしろくなりますよ、絶対に。

原田　そこで澤登法学部長時代の百周年記念事業の一環で、梧陰文庫研究会が立ち上がることになるのですが。

大石　当時のメンバーは、三～四人じゃなかったですか。澤登先生はいわばオーガナイザーであって、ご多忙でもありましたから、中身そのものにはあんまり関与されなかったようです。山下重一先生、小林宏先生と私とでしたが、ちょっと遅れて島先生が来られました。大体その四人で最初細々と研究会をやり始めたような記憶があります。

高塩　中島昭三先生はいつ頃からご参加ですか。同じ時期でしょうか。

大石　同じ頃だと思いますけれども。ただ、お体が悪かったので山下先生と同じような形で参加されるということはなかったですね。そう言えば、本を作るときに合宿をしたりして、当時の財団法人「三菱財団」からずいぶんお金をいただいたのはありがたいことでしたね。

島　それは久保先生のご配慮ですね。

大石　そうなんですよ、あれは本当に助かりました。

島　確か数百万円もらったんですけれど、久保先生が「もっともらわなきゃ」（笑）、そうおっしゃってました。私は山下先生か小林先生かに命じられて渋谷駅前の三菱銀行に口座を開きに行きました。あのおかげですね。

大石　あれはまったく久保先生のおかげですね。

原田　久保先生は最初からご参加ですね。

大石　そうです。ただ、ご自分で直接おやりになるということはなかったのですが、常々「宝を持ち腐れにしてはいけない」ということをおっしゃっていました。それまでそういう動きが法学部の中でなかったんでしょう。そういうこともあって、久保先生にはずいぶんよくして頂きましたし、宮沢先生の学統をしっかり継承しているのは、芦部信喜と小嶋和司の二人だと思うとも、おっしゃっていました。

原田　島先生、いかがでしょうか。

島　私は先程言いましたように、瀧川先生や小林先生について律令を勉強していました。修士課程、それから博士課程も律令時代の恩赦制度の研究をして、奈良・平安時代や隋唐時代の論文ばっかり書いておりまして、近代史の勉強というのはほとんどしてなかったのです。

百周年を機に梧陰文庫研究会ができて、「皇室典範」をやるということになりまして、その皇室の制度を理解するにはどうしても律令の知識がないといけないということで、小林先生のご配慮だと思いますけれども、私も当初から研究会に加えていただきました。

そのときに「梧陰文庫」の中の皇室関係の史料を集めてみますと、膨大な史料があるんですね。幸いに大石先生の先生である小嶋先生の論文「帝室典則について」と、それからもう一つありましたね、それらによって大体アウトラインは出来上がっているんです。それを下敷きにして見てみると、やはりまだまだ補うべきところが沢山あるということがわかりまして、それから律令ばかりではなくて、いわば副業ですけれども、皇室典範の研究に取り掛かりました。

そうしてまず膨大な史料を整理しなければいけない。それでマイクロに撮ったものをいちいちファイリングするというアルバイトをやりました。そのときに役立ったのがやっぱり律令の勉強です。どうしてかと言いますと、律令というのは漢文で書かれています。今でこそいろんな訳注が出ていますけれども、当時はそういうものはあまりないし、この文字はいったいどういう意味か、それを知るためには、同じ用例がどこにあるかを探し出して、その用例を丹念に比較検討するしかありません。そういうことで、あっ、こういう意味なのかというのがわかる。そういう勉強をひたすら下宿でやっているんですよ。こんな文字が出てきたが、ほかにないかどうか探し出し、同じ用例を集めて、その語の意味を考える。そういう研究方法です。それと同じような研究手法で、膨大な皇室典範関係の史料も分類・整理しました。どういう関連があるかわからない史料を、たとえば同じ人名が出てくるものごとに集めるとか、同じ年代が書いてある史料を一まとめにするとか、そういうふうに分類してやっていったんです。

それを最初、箱根の、伊藤博文や井上毅が泊まった「福住」という旅館で合宿したときに、私が報告をしました。

原田　のちに、〔明治皇室典範制定史の〕「基礎的考察」となるご研究ですね。

島　あれが私にとって非常に役に立ちましたし、その後の典範制定史の研究にも役に立ったのではないかと思います。当時パソコンがあるわけではないですから、いっぱい表を作って、一つ間違うとまた書き直さなければいけないというふうで、一生懸命やった記憶がございます。

原田　「基礎的考察」を始められたきっかけは、やはり「梧陰文庫」になるわけですか。

島　そういうことです。それ以来、副業であった近代史研究が本業みたいになってきたのです。ただ、それはまったく律令とは無縁じゃなかったということです。研究方法が共通していたというばかりではなく、皇室典範の草案に出てくる用語には、律令をベースにした用語がたくさんありまして、律令の素養がないと充分には理解できないのです。律令をやっていてよかったなと思います。

原田　それから初期の頃の研究会ですけれども、大体月一回ぐらいのペースというか、最初はそうでもなかったようですが、だんだん月一回のペースになってきますが、その中で、たとえば大石先生に伺いたいのは、小嶋和司先生などを招いて座談会などをやられてますね。

大石　そうですね。

原田　大久保〔利謙〕先生を最初にお招きになって、次に小嶋先生をお招きしまして座談会が開催されています。昭和五十七年の十二月一日のことですが、記録をみますと島先生もご出席になっていますね。

島　はい、実態的にも。

原田　こういう座談会などは大石先生が企画されたのですか。

大石　やっぱり自分たちでじかに研究するということと同時に、先学というか、そういう方々の話を聴くとたいへん勉強になるものです。先ほど島先生がおっしゃったアウトラインを描かれた人の話を聴くというのは、非常に参考になるものですから、小嶋先生に「國學院でこういう研究会をやっているので、ぜひ来てください」ということでやりました。しかも、向こう（本館）の法学部長室かどこかの狭いところで、十人もいなかったですね、その程度で最初やりました。ですから、そのとき小嶋先生はいろいろな話をしてくださったのですが、そのときに、論文では知っていても、じかにお会いしたのは、たぶん初めての方が多かったように思います。それで、喜んで小嶋先生もやってくださいました。

もう一人、私の印象に残っているのは、坂井雄吉先生に来ていただいたこともあります。そういう風に、最初の頃はこちらの研究体制が整わないものですから、毎月発表するだけのものは何もないわけです、正直言って。

ですから、こちらが少し勉強しながら、同時にそういう先生方の話を直接聴くと、ずいぶんおもしろいところがあって、本で読んでるだけではわからないことを質問したりしたことが、結構ありましたね。それがたいへん為になりました。

原田　小嶋先生などは、やはり「梧陰文庫」で影印版をつくられるということに関しても、何かおっしゃられたのでしょうか。

大石　ですから、その企画があって、大成出版社でしたか、何かこれに案内文というか、宣伝文を書いてくださいますかということで話を持っていったら、もう二つ返事で「いいよ、そういうのを書いてみよう」と言ってくださったのです。たぶん、小嶋先生としては、ようやくそういう研究が出てきたなというような感じだったと思うのです。

島先生も先ほどお話になっていましたけれども、ちょうどわれわれの学生の頃は学生運動ばっかりで、周りは全部ポリティカルな状況ばっかりでしょう。小嶋先生は、どちらかというとコンサーバティヴ（保守主義的）なほうですから、必ずしも自分の意にそわなかった時代がかなり続いたわけです。それがほぼ落ち着いてこういう形になったものですから、たいへん気に入ってくださって、梧陰文庫研究会のことをいつも気にしていただき、推薦文もすぐ書いてくださいました。ですから、『梧陰文庫影印　明治皇室典範制定前史』も『本史』も、たしか書いていただいたというのが残っていますね。

原田　この二つの推薦文は『父の二言』という、小嶋先生のエッセイの中にも収められていますね。瀧川先生などは「梧陰文庫」というものに対して何かおっしゃっておられたのでしょうか。

島　瀧川先生にも一度、たしか座談会かなんかで来ていただいたことがございます。

原田　記録によりますと十七回の研究会に、昭和五十八年三月二十四日ですが「梧陰文庫と三種の神器」という論題でご報告をされています。

島　あの当時はね、徐々に昭和天皇から次の天皇へという危機感が出てきて、大嘗祭はどうするかとか、それから元号問題をどうするかとかが議論されていた時代でした。そういう問題に対して瀧川先生は、律令の立場からいろいろ研究をされていまして、「梧陰文庫」の中の史料を使って「三種の神器」とか何かの研究をなさっておられました。しかしご自分で丹念にその史料を調査してやるというのではなくて、小林先生とか私が「梧陰文庫」にこういう史料がありますよと持っていって、それを利用された程度ですね。

ちょっと話題が変わってもよろしいでしょうか。「梧陰文庫」の研究会が始まった頃、今となってみれば隔世の感がありますが、当時、柳原前光という人がどのような仕事をした人か、どういう人物か、どういう史料がどこにあるかというようなことも充分にはわかっていなかったんですね。そこで、当時宮内庁の書陵部に今江広道という先生がいらっしゃって、そこに訪ねていって「いや実は柳原の日記が書陵部にあるんだ」と教えていただきました。それは皇室典範関係の日記じゃなくて、清国へ行ったときの日記でしたが、別に柳原家の家扶の日記の存在も教えてもらったりして徐々に柳原のことがわかっていきました。その後、『人事興信録』の中に柳原承光という名前が出てきまして、おそらくこれはご子孫だろうなと思って手紙を出しましたところ、「実はそうです」ということで、柳原前光の履歴を送ってもらいました。それからまた、今となっては『尾崎三良日記』が出ていますけれども、当時はまだ出てない、公表されていなかったんですね。これも同じようなことでいろいろ探していたら、尾崎春盛という名前を知って、「ぶしつけながら」ということで手紙を出しました。そうしたら「実は日記があります」ということだったので、「ぜひ見せてください」と言ったら、「プライベートなものが書かれているので見せることができません。しかしながら皇室典範に関するところを書き抜いて送りましょう」ということで、原稿用紙何枚でしたか、ご親切にも、ご自分で書き抜いて送ってきていただいたのです。それが非常に役に立ったのです。そのあとに日記が活字になりましたが、私の最初の研究のスタートというのはそういうところから始まりました。現在でも尾崎春盛さんとは年賀状のやり取りだけはしております。最初のころにはそういう苦労がありましたね。

原田　島先生の皇室法研究などだと、制度取調局への着眼とか、当時はほとんど顧みられてなかったわけですね、そのへんのところはいかがでしょう。

島　そうですね、まだ具体的史実があまり明らかにされてなかったわけですけれども、書陵部や憲政資料室に日参して、基本史料の発掘作業をやるというところからスタートしていったわけです。

原田　やっぱり尾崎なんかの関連で、ここが大事だというふうに。

島　そうですね、どういう人物がどういうところで活躍したのだろうということを探って行くと、人と人との関係が芋づる式に明らかになってきました。暗中模索でしたね、あの時代は。また、大石先生は教員として授業しなければいけないし、私は大学院の学生で暇、時間がいっぱいありましたから、もう国会図書館へ通ったり、宮内庁へ通ったりとか、とにかく空いてる時間はすべて注ぎ込んだということです。

原田　皇室制規ですとか、「牧野伸顕文書」なども先生がご覧になって、「草案」を発掘されたのですね。

島　そうそう、見にいきました。

原田　あれが「福住」でのご報告になっているのでしたね。

島　それとつながっていきましたね。

大石　だから、島先生の制度取調局に関する研究というのは、ずいぶん私も参考になりました。あの時期はちょっとしかない短い時期ですから、そうでもないと思ったんですけど、島先生のお仕事を見て、改めて制度取調局をちゃんとやらないといけないなと思ったことがあります。ちょうどその前後だと思いますが、島先生が尾崎さんとコンタクトを取り、「尾崎文書」が国会図書館に収められるという話が伝わってきて、ずいぶん調べが進んだというか、確認ができたことがずいぶんあるのです。だから、制度取調局が大事だということを私の本にも書いてますけれど、それは元をたどると島先生の大功績だと思うのです（笑）。

島 あとが怖いな（笑）。

両先生の研究テーマに関連して

原田 これまでは梧陰文庫研究会の初期の頃からのかかわり合いや、小嶋先生、瀧川先生とのご関係を中心に伺いましたが、これから時間の許すかぎりでそれぞれ両先生のご研究、あるいは梧陰文庫研究会のご報告の中身ということについて伺っていきたいと思います。

先程大石先生からもお話が出ましたが、両先生方ともに梧陰文庫研究会には多大な貢献をされている第一等の功労者だと思います。これはご報告回数がそれぞれ十七回ということにも示されていると思いますが、特に初期の頃のご報告などは影印版の『前史』・『本史』をつくられたということにかかわって、かなり両先生が深くかかわられたという印象をもちます。この時の報告担当者などは大石先生が指名されたのでしょうか。

大石 大体そうですね。当初、私がいちばん若かったこともありまして、事務局的な役をやることになって、それ自体非常にためになりました。当時は、案内の葉書も全部自分で書いていたような気がします。どういう始まりで書こうかといろいろ考えたりして、それ自体は楽しみであったので、そんなに苦ではありませんでした。しかも、案内を出す範囲も狭かったですからよかったのです。

いま原田先生が言われたとおり、最初は影印版をつくるという大きなプロジェクトがあって、それと並行して自分の関心のある議院法にだんだん引き込まれていくということはありました。だから、私がやったのは、もともと学説史的な関心はあったんですけれども、やっぱり生の史料から少しずつ組み立てていく作業を、同時並行的にやり始めたというのが実際です。

最初は手探りで、自分たちの研究会の骨格をつくるというのが大事ですから、初期のものを見ると全体の起草過程の流れを追うようなものが多いのです。島先生も皇室典範関係について基礎的な作業をされましたし、私のほうも実際今日、その当時に憲法・議院法の関係で作っていたものを持ってきたのですけれども、こういうのを作ったわけです。これには山下先生の書き入れもありますけれども、史料を確かめつつどういう流れになっていたかということを手書きで書いて、全部埋めていくわけです。

高塩　やり方は同じですね。

大石　歴史的研究は、結局、やり方は同じでしょう。これは私が書いたものに山下先生が手を入れられたものですが、それで大体流れをお互いに共有するというところが大事で、それをやらないと共同研究というのはたぶん成り立たなくなるでしょう。関心がそれぞれ違うのですけれども、その大きな枠の中でみんな共通事項をもとにして、それぞれのところで専門を活かすということができたのです。しかも研究会でよかったのは、法制史の専門家や政治思想史の専門家がいて、私はどちらかというと実定法のほうですから、いろいろな角度から光を当てることができるというのが、本当におもしろかった。ですから、井上毅という素材がよかったという気はしますね。

個人的なことを言いますと、当時は稲田先生の『明治憲法成立史』はバイブルみたいなもので、分厚いのですけれど、小嶋先生がよく言っておられたのは、私自身もだんだん読み込んでいって感じたことはありますけれども、よくわからない経過があると、稲田先生はすぐ「その後」とお書きになる（笑）。得意なところはずっと書かれて、どうしても調べ切れないというところはポーンと飛んで「その後」こうなったとお書きになる、というのです。小嶋先生に指摘されて見ると、たしかにそういうところはたくさんありますね。そこを埋める作業をしなければいけないと思ったことはあります。

原田　島先生はどうですか。

島　私は國學院には十年おりまして、その間、研究会にはほとんど出席し、いろいろな研究者の報告を聴かせていただいて非常に勉強になりました。違った分野の方々の話を聴いて、随分視野も広くなりました。私はここで研究者として育てられたという思いが非常に強いです。いままで古代の律令しかやらなかった人間が、ヨーロッパの法律のこととか、多少かじるようになったというのも、この梧陰文庫研究会のおかげであります。

その後「梧陰文庫」からはちょっと離れてはいますけれど、井上毅がいったい、天皇というものをどういうふうに位置づけようとしたのかというようなところについては、まだ究明する余地があるのではないかということを感じているんです。梧陰文庫研究会のおかげでどこにどういう史料があるということは大体わかってきまして、日本文化研究所で新しい目録づくりをやっておられるように、目に見える史料がどこにあるというのはわかるのですけれども、要するに井上毅がいったい何をどう考えていたか、文字史料だけでは見えないところ、そういうところをこれからまだやっていく必要があるのではないかと感じています。私は「皇室典範」草案の系譜の研究はやりましたけれども、そして、井上がいつどうしたかはよくわかっているのですが、いったい井上がどういうイメージを思い描いていたのか、それはまだまだなんですね。したがいまして、梧陰文庫研究会をもっと続けてもいいのではないかと思っております。

大石　もう終りでよいのですか、この会は（笑）。それでまとめていただいて。

島　いえいえ、まだまだですけど。

原田　このへんまでで、高塩先生、柴田先生何かございますでしょうか。

柴田　大石先生の場合、「井上毅」という名前を最初にお聞きになったのは、先程のお話ですと國學院でそういうポストがあって、そこでというような感じでしょうか。それとも学部学生の頃からいろいろ書物を読んでおられるなかで、ちょっと頭の隅のところで、井上毅という名前については。

大石　そうですね、学部学生時代までは遡らないですね。たぶん大学院に入ってからでして、小嶋先生の指導を受けて助手になったときもそうですが、その前からちょっと知っていて関心は持っていました。なぜかというと、小嶋先生が大学院のスクーリングで、『憲法義解』ね、あれを読むんですよ。そうすると、漢和辞典を首っ引きなんです、われわれの世代ですから。だってまず条文から読めません。その授業の中で井上毅という人がいかに偉い人かということをとくと聞かされたんです。ただ、その遺文書がここ國學院大學にあるという話は、そのときは直接いろんな話を聴いたわけではないので知らなかったのですけど、井上毅の果たした役割は、当然『義解』を読むというそのスクーリングを通して学んだのが大きかったです。たぶん小嶋先生だからできたスクーリングなので、ほかの人はたぶんやろうと思ってもできないでしょうね。

柴田　最初そういう大学院の授業で教わって、実際國學院へこられて、やっぱりいかに偉いかということを聞いてあったということは、やっぱり日を追うごとに再確認といいますか。

大石　そういうことですね。だから島先生とは事情が違うので、別に私のための個人的なリレーションシップは何もないわけですから、そういうスクーリングでやっていただいたというのは、偶然ですけれども、本当にためになりました。その時に制定過程の史料について、これもコピーしよう、あれもコピーしようと言ってみんなに先生がお渡しになる。ご自分が持っておられるものはたくさんありますから、多くの史料を見たうえではじめて授業ができるというスタイルが、すごいものだと思いましたね。

実際に自分が教壇に立ってみていろいろな学生と接するという話になると、なかなかそこまでは普通できませんから。たぶん日本で唯一のスクーリングだと思いますね、そういう意味では。外国語の著書を読むというのはよくやりますけれども、実際に『義解』の全体像を読み解き、解説を加えながら、「このとき井上はこう言った、伊藤博文がこう反応した」という話をされて、それこそ自家薬籠中に話されるというのはあり得ないことですね、普通は。びっくりしました、それは。

柴田　その頃の講義のノートも持っておられるんですか。

大石　いや、あれは講義のノートというよりも、大学院のスクーリングですから、結局、学部学生時代のようにまとまった講義ではないので、それとしては残ってないんです。だからすべて私の頭の記憶の中に残っている、もちろん、当時いた院生たちは全部明晰に残っているはずで、例えば、いま東北大にいかれました布田勉先生とか、戦後の憲法制定史のとこで非常に詳しい綿密な作業をやっておられる笹川隆太郎先生とか、みんなあのときのメンバーなんです。ですから、みんなかなり細かい、いい作業をきっちりやっておられる先生方ばかりです。

柴田　島先生には、瀧川先生が昭和から次の御代に代わるというところで、元号とか「三種の神器」ということで、瀧川先生も「梧陰文庫」に関心を持たれていた。そうすると瀧川先生ご自身から見て、例えば「井上毅」という名前とか、「梧陰文庫」というようなことを、先生の側からご指名で話があったのでしょうか。それとも小林先生なり、島先生から申し上げていったような流れなのか。

島　瀧川先生ご自身はあまり関心を持たれなかったのです。小林先生を通じて私もやるようになった。だから私が「梧陰文庫」のことをあまり一生懸命やっていることは、瀧川先生からするとおもしろくないんです、「もっと律令をやれ」と（笑）。だから瀧川先生の前ではその後、井上毅のことはほとんど口に出さなかったですね。

柴田　ちょっと意外な感じがしますね、日本法制史の大家で旧憲法のことになれば、先程の『憲法義解』なんていうものは、戦前から岩波文庫で流布していましたし、それとの井上毅の関連ということも、もうすでにわかっていますからね。瀧川先生はもう井上毅という人物、それから國學院ということがありますから、いろいろ注目しておられたのかなという気もしたのですけれども。

島　瀧川先生からすると、明治時代というのはまだ歴史の対象じゃないというような、そんな感覚だったかもしれないですね。瀧川先生は明治三十年のお生まれで、やはり歴史というのはせいぜい幕末ぐらいまでで、それ以後は現代史のような感覚じゃなかったんでしょうか。

高塩　金子堅太郎なんて長生きしてますね。昭和十年代まで社会的活動をしましたから、身近に知っていた存在なんです。だからいま島先生おっしゃったように、明治憲法そのものがもうすでに同時代なんですね。

柴田　現行憲法みたいな（笑）。

高塩　だから研究の対象には当然なってないです。そういう意味では関心を持っていないのですね。

柴田　あとは井上に関する研究自体が、いまみたいにあまりなかったということもあるかもしれないですね。あるいは、もう何年か長生きされて、この梧陰文庫研究会なんかの動きもお知りになっていたら、あるいはちょっと。

島　あったかもしれないですけどね。

柴田　まあイフですけれども。ありがとうございました。

原田　ほかに何か、このぐらいまでのところで。

大石　あとは、小嶋先生と瀧川先生の話と同時に、やっぱり久保先生の影響というのは大きい。物理的にも先ほどその話が出ました三菱財団も紹介してくださったのですが、何よりもこういう「梧陰文庫」というすごい宝があるんだ、それなのに従来法学部の先生は全然それを使っておられないということで、そういう意味での不満がずいぶんおありになったようです。それで、「百周年というのはちょうどいい機会なので、大石君ぜひやりたまえ」ということで、ずいぶん刺激していただいた。ともかく「あれはすごい史料なんだ」ということをよく聞かされました。

島　そう言えばちょっといま思い出しましたですけれど、梧陰文庫研究会ができる前に久保先生が中心になられて近代法史研究会というようなものをつくられて、当時労働法の先生、何ておっしゃいましたか。

大石　向山寛夫先生がいらっしゃいましたね。

島 向山先生とか日本政治思想史の岡和田常忠先生とか、数人の人が集まって、会合を二回か三回開かれ、私もその会に出た記憶がございます。大学院生としては中山勝さんがいましたね。そして予算を法学部からかどこからかは知りませんけど取ってきて、研究をしようということでした。やっぱりそういう機運があったんですね、久保先生がこられてから近代法史みたいなものに関心を向ける機運が。

高塩 また久保先生の話が出たので付け加えますと、日本文化研究所は瀧川先生と坂本〔太郎〕先生を中心に律令研究会を毎月開催していたのですが、久保先生はその会にも自ら進んで出席しておられます。研究会ではご自分の専攻の研究を何度か話しておられます。

久保先生は見識のある偉い先生で、「坂本、瀧川両先生の講義はぜひテープに取りなさい」と、こういう指示を出されました。当時瀧川先生のところに出入りしていた川北靖之さん――いま京都産業大学日本法制史の先生になってますが――その方が大学院生で、その録音テープを取られました。川北さんが瀧川先生のもとを離れると、島先生が学僕としていくわけですよ。そこで今度は島先生がテープを取られました。そういう大事なことを久保先生は言われるんですね。この録音テープは今になってみるとものすごく貴重な財産になっています。そういう意味で久保先生は大先生で非常にありがたい存在であったと今にして思います。こうしたことは「梧陰文庫」にも、律令研究会にも共通していたと思うのです。

大石 私は、正直言って國學院に参りましてびっくりしたんです。というのも、学生時代から知っている久保正幡という名前の先生が、現にそこにいらっしゃるということは非常に不思議で（笑）、それはすごい世界でしたね。最初はびっくりしましたが、本当にお世話になりました。

島 私も大学院の時代、小林先生の授業と久保先生の授業にずうっと十年近く出ておりました。久保先生の授業は、最初のころは複数の受講者がいましたが、そのうちに私一人になりました。人がいないんですよ、誰も。

久保先生と私と一対一、もうもったいないような。私がドイツ語を曲がりなりにも読めるようになったのは、先生のおかげですね。予習していかないと大体授業が進まないですから（笑）。もうがむしゃらで。それでラテン語なんか出てきますと「一週間文法書を読んできなさい」とおっしゃるだけ。一週間である程度やって行かなければいけないので、もう必死だったですね。

高塩　私は途中で辞めました（笑）。

島　途中で先輩方が脱落していくんですよ、どんどんと（笑）。

柴田　その久保先生の井上毅に対する関心というのは、どういうところからよってきたんでしょうね。

島　そこは私は聞いたことがないですけれど、どうでしょう。

大石　私も直接聞いたことはないですけれど、井上という人物が表面的でない該博な知識をもって、大きな国家づくりというか制度づくりをやったというので、並大抵の才能ではないというのは、たぶん感じておられたと思うのです。要するに、日本学というか漢学というか、それが基礎になっていなければいけないのだけれども、同時に西洋学のことも知ったうえでないと、あの時期は秩序を作れなかった。それを全体としてやり遂げられたのは、やっぱり井上がいたからじゃないかという、そういう評価はずいぶんあったと思うのです。

島　あるいは久保先生のお弟子さんで大久保泰甫という先生がいらっしゃいましたでしょう、フランス法制史の。あの先生はボアソナードの研究をされましたですね。大久保先生の『日本近代法の父ボアソナアド』は、ヨーロッパ法を近代日本がいかに受容したかとか、研究したかというような観点からずっと書かれていますね。そしてその研究を大久保先生に勧めたのが、久保先生ですね。おそらくそれと似たようなことで、久保先生は井上毅にも関心を持っておられたのではないでしょうか。おそらくね。

大石　その大久保先生にも来ていただいて、研究会で話をしていただきました。だから、研究会内部の者がい

正面左に大石眞先生、右に島善高先生

ろいろな研究発表をやったということになりますけれども、そういう意味では研究会の外部の人にずいぶん支えていただいたというところがありますね。

高塩 大石先生がいた頃から、梧陰文庫研究会シンポジウムというのを始めたのですか。大石先生がもう離れてからですか。

大石 いや、われわれがいた時にシンポジウムを企画した記憶はないですね。

原田 見学会を夏島で行いましたね。

大石 ああ、夏島に行ってみたり、「滄浪閣」や「福住」までいって、そういう企画はやりましたね。その当時研究会に参加していた人たちはみんな、実際の憲法起草の場所を確認しながらやっていたのです。たぶんそういう機会をまた改めて持ったほうがいいんじゃないかという気がします。ずいぶん違った研究者がいまたくさん増えてきましたので。

原田 「福住」などではたしか宿帳を見せていただいたように記憶しております。

島　井上のサインがありましたね。

大石　そこに井上毅の字がありましたね、たしか。

原田　ございましたね。

島　「福住」の天井板も大きかったですね。「福住」は行きましたか。

大石　行っているんです、一緒に。

柴田　あの当時大学がバスを持っていた時代ですね、それでたしか行ったと。

原田　國學院大學の教員でかつ瀬戸神社の宮司でもあった佐野〔大和〕先生に夏島をご案内いただいたと思いますが。

高塩　スクールバスで行ったんです。

原田　そうです、大学に集まって。

柴田　私は「福住」に泊まらないで日帰りのグループで、バスで行って戻ってきたほうで、当時高塩先生とご一緒だったと。

高塩　木野先生もご一緒だったんじゃないかな。私は泣く泣く戻ってきた。泊まりたかったんですが翌日仕事で。

原田　大成出版社の方もおられたと記憶してます。澤登先生はじめおられました。

島　あの頃は活気がありましたよね。

原田　そうですね、非常になんかいい雰囲気で。

島　いい雰囲気だったですね。

大石　当時は「梧陰文庫」といっても、その名称をよく読めない学者もたくさんいましたしね。「梧陰文庫」の存在を知ってる人はごく僅かでしたが、いまはもうまったくメインストリームで、「梧陰文庫」を知らないと言うと、恥をかくぐらいのことになってきました。だから、やっぱり研究会の長年の歩みというのは大きかったと思います。

原田　では次に移らせていただきますが、そろそろ両先生の具体的なご研究ということですが、大石先生は憲法附属法としての「議院法」というものに着目されて、その解明をされたわけですし、島先生は皇室関係の一連のご研究から始められて、さらには井上自身のご研究といいますか、井上というものをどう理解するかということについてもご研究の領域を広げられておられるのですが。この点につきまして大石先生のほうから、憲法附属法としての議院法のご研究のお話など伺えますでしょうか。

大石　そうですね、私はいきなり議院法の研究に入ったのではなくて、その前に『議院自律権の構造』という研究書を書いたのが最初のきっかけなのです。この「議院自律権」というのは、言葉としてよく使うのだけれども、その頃までよくわからない観念でした。当時、国会図書館の調査立法考査局におられた藤田晴子先生が、「どうもフランス起源ではないか」ということをお書きになっていて、私はずっとそれが気になっていたものですから、本格的に調べたというのがフランス型の議院自律権の考え方です。そうすると、日本とつながってくるのです、井上はフランス学派ですし、当時はドイツの学説もそうですけれど、フランスの考え方もずいぶん取り入れていました。イギリス型とフランス型と議会制ということで結びつきができて、『國學院法學』に六回ぐらい連載をさせていただいたことがあります。ちょうど『國學院法學』には書き手が少なくて助かったこともありまして、連載をまとめたのが『議院自律権の構造』という研究書なのです。

その中で述べたのは、要するにフランスの議会法伝統を踏まえてみると自律権の中身が明らかになる。そういうものをどうやって日本で取り入れてきて展開させたかというのが、日本の話に結びつくわけです。それを制約するのが明治憲法時代の議院法であり、現行憲法の下での国会法というややおかしな法律であるということも、『議院自律権の構造』という本の中で説いたことです。

その中で、ところどころに史料は出しているのですけれども、やっぱり本格的に議院法制定史をやらないといけないなというふうに思ったのです。それで調べ始めて『議院法制定史の研究』にまとまったということなのです。

最初はこれほどまで深入りすると思ってなかった、正直言って。しかし、やってみるとだれもやっていない領域です。憲法典そのもの、あるいは皇室典範そのもの、言ってみると当時の明治憲法時代の最高法規の制定過程はみんなおやりになる。でも、それだけですべてが決まっているわけではありませんよね。それを取り巻く憲法附属法規で埋めているところがずいぶんあって、そうすると明治憲法体制というか、明治憲法の秩序というものを全体として見るには憲法典だけではだめで、いわんや皇室典範はもっと範囲が狭い。そうすると、第一の憲法附属法としてはやっぱり議院法だろうということで、それに取り掛かったわけです。

これも幸運なことに、ほとんどこの「梧陰文庫」に史料がありましたし、それを補う形で国会図書館へ行けば伊東巳代治の文書があります。「伊東巳代治文書」の原本が所在不明な分については、憲政史編纂会が非常にきっちりとした収集文書を写本として残しておられて、それでほぼ全体像が解明できるという自信がついたものですから、本格的にやり始めたというのが、その『議院法制定史の研究』です。

島　私は梧陰文庫研究会では皇室典範制定史の研究に没頭し、その仕事が大体終わってから名古屋の名城大学に就職が決まったのです。向こうへ行って、今度は皇室典範の制定過程だけではなく、井上毅の頭の中身といいましょうか、いつも気になっていた「シラス論」に取り組みました。「シラス・ウシハク」という有名な文言に井上が何を感じて、どういうふうに天皇というものを位置づけようとしたのかということを追究し、あの論文を書いたのですが、いまなお、まだまだ究明する余地があるのではないかと思っております。

というのは「宮中・府中」の別と言われているのですが、井上は明治二十二年を過ぎても「宮府一体」という言葉を使っているのです。宮中と府中を分けながらも、両者は天皇がつなぐわけですが、井上の頭の中では、どういう形で天皇がそれをつないでいたのか、というところがまだちょっと摑みづらい、私自身悶々としているところがございます。

その後、いろいろ調べていると、いままで明らかになっていなかったことが、ちょこちょこと明らかになってきたわけですよね。その一つが井上と中江兆民との関係です。「鉄舟と兆民と梧陰と」(『井上毅とその周辺』所収）という論文に紹介しましたように、普通の史料にはなかなか現れてこないけれども、おそらく両者は相当親しい関係にあったろう。それから山岡鉄舟との関係、これも私はこの論文に挙げた以外に、新しい史料を見つけました。実は、全生庵という寺が谷中にございまして、あれは山岡鉄舟が建てたお寺なのですが、そこには巻物の形で「来簡集」が残されています。それはほとんどまだ研究されていない。この間、私はそこへ行きまして、お寺の住職さんに開けさせてもらったのですが、そこに井上の書簡があるのです。これをいつか「日本文化研究所報」にちょっと紹介させてもらいたいなと思っています。

高塩　ぜひお願いします。

島　まだ未公開。短いものですけれども、山岡鉄舟と井上毅の関係があったことは、もう明らかなことなんですね。そうすると、簡単な手紙のやり取りなのですけれども、当然背後にはいろんな人間関係があったことでしょう。そうなると、山岡鉄舟の考えと井上の考えに何かしら共通するというところがあるのではないかということで考えていく必要があります。

それからもう一つは、山岡鉄舟と同じく宮中にずっといた副島種臣という人物との関係です。この人にも私は最近興味を持って研究しているのですが、井上はこの副島種臣とも関係があるのですね。副島が井上毅のことを詠んだ漢詩があるのです。また副島種臣は東邦協会というものを組織しています。日本がアジアのなかでどう生きて行ったらいいかということを研究する会ですが、そういう会をつくって副島は会頭となっているのですが、そこにいろんな人が名前を連ねているのですけれども、井上も名前を連ねておりますね。いま言った中江兆民も名前を連ねているのです。そういう人間関係というものが徐々に明らかになってきたのです。

そうすると井上という人は、このような人間関係の中で、いったいどういうようなつき合いをしていたのか、考え方をしていたのか、もっと究明する必要があるのではないかなあと思っているのですけれど。そのためには、私自身もうちょっと苦しまないといけないのですけれども。

原田　兆民との関係などで言いますと、やっぱり奥宮慥斎などを通じて井上と結びついていますね。

島　兆民の師であった慥斎もまた何かを求めつづけた人でしたね。おそらくみんな中江兆民にしろ、井上毅にしろ、副島種臣にしろ、山岡鉄舟にしろ、なんか求めているのですよ、理想的な国家像とか天皇像とか、あるいは人間の生き方とかですね。口にして表現することはなかなかむずかしいけれども、そういうのが何か共通するんですね。

柴田　例の『三酔人経綸問答』とか、あれを兆民が書いて井上に見せたら「おれはわかるけども一般の人はわからない」と言ったというエピソードがありますね。

島　ありますね、「『佳人之奇遇』のほうがおもしろい」と言ったんですね。

柴田　あれは、先生は肯定されますか。

島　あれは、徳富蘇峰がその場に一緒にいて書き留めてくれているんですね。あれは間違いないでしょう。

原田　井上の「儒教ヲ存ス」なんていうのは、兆民は読んでいるんですか。

島　「儒教ヲ存ス」は読んでいるかも知れませんね。あの「儒教ヲ存ス」は、私が論文に書いたように、明治の何年でしたか、井上がフランスに行く前の相当早いときに。

原田　三年か四年ぐらい。

島　そうそう、奥宮慥斎がそれ引用していますから、それは間違いない。井上と兆民とは慥斎を介して、相当早いときから何らかの関係があったのでしょうね。そして慥斎や兆民や井上の考えに共通するものの一つに、儒教があったことも確かでしょう。それから禅的なものの考え方もずいぶん、いま名前を挙げた人たちは共通しますね。そういうところをもう少しやってみる必要があるかなあということを、最近考えております。

原田　禅という観点から言いますと、先生は近頃そのことを強調されておられますけれども、陽明学というんですか、知行合一の考え方とか、要するに実践といいますか、理屈ではない実践的なところというのは、これはやっぱり共通する何かバックボーンとしてあるわけでしょうかね。

島　私はまだ研究していませんけれども、坂井雄吉先生なんかが若い頃の井上毅のことを研究なさってますね。あれなんかもう一遍やり直してみる必要があるのではないでしょうか。あるいは、それからもっと遡って熊本藩の横井小楠のものの考え方とか、木下犀潭のものの考え方、これらをもう一遍やり直してみないといけない。

いままでの時代というのは、どこにどういう史料があって、どういう人間関係があってという、そういう史料収集に重きを置いて、ずうっと研究が進められてきた。最近ではそういうのが大体明らかになってきましたから、それをもとにして今後は少し深い思想的なところへ踏み込んでいくことが必要じゃないか、と考えております。

柴田　こういう場ですから、もしできたらなと思うのですけど。大石先生は議院法の制定史を手がけられて、それから島先生は皇室典範制定史ですね。それぞれの制定史に限っての、その中に見る井上毅の像みたいなものが、もちろん今後の修正とかあると思うのですけれども、そこの過程における井上毅の像みたいなものを、端的に教えていただけると、われわれ非常に参考になるのですけれど。全体像はとても大きいですけれども、議院法制定でどういうふうに苦悩したかとかですね、目指した方向が実現されたとか、挫折したとか、そんなことでも結構なのですけれども。

大石　どこからお話すればいいのかわかりませんけれども、特に山室信一さんの名著以来、「法制官僚」という言葉がよく使われます。木野主計先生などはあまりお好きでないようですけれども。制度づくりのときの法制官僚ですから、非常に政策的な立法者、しかも非常に有能な立法者というイメージが強いですね。

それはいまおっしゃった点と関連していて、やっぱりある種のパッションというか、それがないとそこまでいけないのですよ。単なる能吏じゃ全然だめなわけで、グランドデザインを描きながら、国家像へもっていくにはどういう形で整えるかということがいちばん念頭にある。そして、技術としてはいろいろなドラフトをするのですけれども、そこの結びつきというのが、井上の場合、非常に鮮明だったという感じがしますね。

彼のことですから、議院法ですべてを律するということはたぶん考えていない。実際の政党の動きもあるし、「第一議会対策意見」なんかを見ても、最初からこのあたりがもめるというのはわかっていまして、ここは譲る、ここは譲れないと、はっきりしています。ですから、見通しを立てながら立法しているというイメージが強いですし、そこにはある種の情熱があってその情熱に支えられて細かい作業をやっているというイメージが強いですね。だから、私は割合共感を持つタイプです。

島　私もおっしゃるとおりだと思います。よく引用されるように井上毅は普通の役人よりも早く役所にいって、みんな帰ったあとまで残っている。しかも各種の「草案」は自ら筆を執るわけでしょう。今だとしたら、官僚に書かせて、あとちょっと修正するだけでしょうが、井上はみんなそれを自分でやってますものね。その苦労の跡が「梧陰文庫」に残された、朱筆を夥しく入れた草案類です。ああいうことを自ら丹念にやった人というのは、皆無ではないかもしれませんけれども、そうはいないでしょうね。ああいうのを見ると何と言うか、どう表現していいかわかりませんけれども、与えられた仕事は忠実にこなしますし、しかもそれをやるだけではなく、もっと大きな目標をもってやるわけですね。あれじゃ体を壊すだろうなという気もしますけどね。敬服するだけです。

大石　体が丈夫じゃないのは仕方がないと思いますが、よく脳が壊れなかったなあという、すごい働きぶりでしょう。

原田　明治のはじめにフランスにいって、合理的な思考を勉強してきて、法制官僚になって制度づくりをする。

大石先生もおっしゃったように、それはそれなりの政治というのはあるわけで、内面的な葛藤というのは、それはすごいものだと思うのです。要するに合理的な思考のなかではヨーロッパを知っている、にもかかわらず日本においてそういう選択をしなければいけないということになると、勢い法制官僚としてというより、井上個人としては何らかの内面的な葛藤があったように思われますね。

柴田　当時の日本の実情、国情というのを超えられない現実というのはあるでしょうから。

島　井上の研究でまだ手がつけられていない分野、あるいは手をつけることが困難なものは、井上の漢詩ですね。旅行の余暇にちょっと書物の余白に書いたりしているでしょう。

柴田　和歌もあります。

島　和歌もね。ああいうのを集めてみるといい。漢詩や和歌には心の葛藤を表白したものがあるかも知れないし、またその時々の井上の境涯を知ることが出来るかも知れないから。そういうのをだれかやってみるとおもしろいかもしれません。井上毅の書については、私の書道の先生、内田自得という先生がちょっと書かれたのがあるのです。「井上毅の書」というのが。短いコラムみたいなものですけれども、今度はそういう文芸作品といいましょうか、漢詩などをやってみると、いまおっしゃった葛藤などがわかってくるかもしれない。そうすると、単なる法制官僚としてだけではない、「人間井上毅」というのが見えてくるかもしれないですね。

大石　議院法の話になると、いまでもそうなのですけれども、先ほど言ったように、憲法典というか、たとえば明治憲法はかなり柔軟といえば柔軟なのですけれども、要するに概括的な規定がたくさんあります。外国の憲法の規定に比べると、ものすごくあっさりしているのです。その部分を補うという役目が憲法附属法にはあって、これは美濃部達吉先生がおっしゃっていることですけれども、議院法というのをそれなりに改正すれば相当いいところまでいったと思います。そういう憲法附属法をうまく改正、運用することによって、憲法思想や憲法体制を違ったものにできるのだという思考は、非常に参考になりました。それで議院法は選挙法とともに第一級の憲法附属法ですから、そこをやり始めたというのが実際のところです。

当時、会計法なんかも気になりましたけれども、それは後に小柳春一郎さんがきちっとやられた。そして、貴族院令については原田先生がおやりになりましたけれど、今のところ選挙法はあまりやりません。それをやると、だんだん明治憲法史研究の幅がずいぶん広がってくる。憲法典だけでしたら、稲田先生や小嶋先生でほぼ尽きているような感じがしますね。典範もそうでしょう。典範のいわば附属法というのは皇族令ですが、これも島先生などが全部おやりになりましたから、今日では相当蓄積があります。

原田　私も前から疑問に思っていたのは、井上が基本法と、それからそれを運用する法律というのを分けるという仕事ですね。これは皇室典範でもやりますね、柳原の膨大な「草案」を切るときに、皇族条例と分けますね。ああいう思考というのは、井上はどういうところから学んだのですかね。

大石　あれは私に言わせると非常に公法的な思考で、要するに、昔の佐々木惣一先生の言葉を借りると、「国家全局法というものとそうでないもの」、要するに全体から見てエッセンシャルな、あるいはバイタルなもの、それさえ抑えればあとは何とかなるという部分と、そうでない部分とを見分ける能力の問題です。そこには直感的なものがあるのだと思うけれど、例えばフランスへ留学したこともあるかも知れませんけれども、島先生が先ほどおっしゃった、国全体を考えた場合、あるいはその理想を描いた場合に、自ずからこれを抑えなければいけない大事な問題と、そうでないものとは、自ずから分かれるんだと思うのです。

その点、柳原は有能な人だったと思いますけれど、要するにそこを全部一緒にして書いていったものだから、非常に平板になってしまう。外から見ると、全部条文になったものは同じ価値しかもちませんから、それはだめだというのが井上の判断でしょう。そこに緩急をつけるというか、事の軽重をわきまえて腑分けしなさいというのは、すごい能力だと思います。

原田　それが一つの理念になって、後の法典編纂というのはあるわけでしょうから。

大石　ただ、それにはやっぱり司法省時代や参事院時代とか、その前の訓練がずっとあるわけでしょう。私は、確証はありませんけれども、ある意味で伊藤博文との付き合いというのが関係しているのかも知れないと思っています。伊藤博文も、結構細かいことを言いますけれども、大事なポイントをきちっと抑える人ですから、そういうところをお互いに学んだということはあるのではないでしょうか。伊東巳代治は、どちらかというと、細かいことにも全部こだわる人ですから、そういう軽重をつけるということはあんまりしなかった人じゃないかなと思うのです。

高塩　憲法という基本法、それを運用する議院法なり会計法なりを別途につくるという点について、井上の育った熊本藩の法律学の体系を見ると、そういう傾向はすでにあるのではないかと思うのです。熊本では「刑法草書」――これは江戸時代のいちばん優れた刑法典だと言われていますが――「刑法草書」は刑事法の基本法として存在し、これを運用する過程で生じた修正や増補の法をその都度単行法として出し、その単行法の中から永く効力をもたせるものを集めて追加法とし、これを基本法に附属させるということをしております。このような法典のありようは、おおもとを訪ねると律令法のやり方なのです。こうした熊本藩の法典編纂の方法は、井上は藩校時習館の居寮生をしていますので当然知っているでしょうし、こうした下地を持っているところで、ヨーロッパの法に接して勉強したとき、基本法とそれを運用する法とを分けて考えるという答が出たという気がしますが。当たっているかどうか自信ありませんが。

柴田　立法ということに関するセンスが少し違ったかもしれませんね、柳原なんかと。それから、旧憲法というのはいちばん最後に改正の手続きが一応入っていますね。ある人に言われたのですけれども、「結局日本の旧憲法の憲法史というのは、日本人の側から内在的に有力な改正論が出ないで終わったのはなぜだろう」と聞かれたことがあるのです。決して改正条項のハードルというのはいまの改正条項ほど高くなくて、ただ、つくった井上としては改正の規定はつくるけれども、やっぱり変えたくないという気持ちはあったのでしょうか。あれを設けた理由というのが、あまり研究されてないように思うのですが。

大石　あれは、憲法改正手続を定めた第七十三条を読むとよくわかるので、改正する場合にはこういう要件だという書き方をしていないのです。「此ノ憲法ノ条項ヲ改正スルノ必要アルトキハ」という書きぶりで、だからやむを得ず改正するのは仕方がないけれども、その前提としては、基本的にはしばらくこれでやりましょうというものです。小嶋先生からも聴いたことがあります、先ほど話したスクーリングで。だから、その微妙な文言の中に、普通のように改正するのではなくて、少し「不磨の大典」とまでは言わないけれども、体制をこれで定めてある程度国づくりをするのだというわけです。ですから、そうやすやすと変えてもらっては困るというので、いわば渋々の表現になっているはずです、あの文言を読むと。

原田　この点は、典範との関係もありますね、典範にも改正条項が入っていますが、憲法とは異なり、議会の関与を最初から排除していますね。

高塩　私は早くから梧陰文庫研究会に参加させてもらっていましたのに、島先生のように近代法の研究には移らずにずうっと律令のことを勉強していました。律令は制定後、各条文の規定を変更しないというのが原則です。熊本の「刑法草書」も律令と同じで、「刑法草書」自体は動かさないのです。しかしながら時代の状況に応じて改正は必要なので、その時は単行法を出して行なうのです。

原田　時宜に応じてという問題ですね。

高塩 単行法令で改正法を出し、その改正法を長く効力を持たせようとしたときに、追加法として改めて認定して長く効力を持たせる、そうして「刑法草書」の本体に附属させるのです。つまり「皇室典範増補」のやり方です。そういうような認識が法律を勉強した日本人の中に、多少なりとも明治期にも残っていたのでしょうか。今日の憲法も明らかに国情と違う条項なのに、改正しないんですね（笑）。基本法典は制定後はできるだけ手を加えないという意識が存在したのでしょうか。律令に直接結びつけるのは乱暴ですが。

大石 区別というか、法律家はよく「政治的考慮」という言い方をしますけれども、私は、最高法規がふらふらしてもらっては困るというのはあったと思うのです。いまお話のあったような熊本的な感覚がもちろんあったかも知れませんけれども、むしろ憲法レベルの話とそれ以下の話とではやっぱり違うのだということでしょう。先ほど柳原の話も出ていますけれども。それで井上は、エッセンシャルな問題とそうでない問題とをちゃんと分けろというふうに切っているので、それは過去の生い立ちとか訓練とかというよりも、国法秩序というものを考えた場合に、やっぱりこう考えるのが筋だという思いがあったような気がします。

高塩 もっと高次元の話だと。

大石 高次元かどうかわかりませんけれども、そういう規範の秩序というか、そこから組み立てていったところはあると思うのです。それは先ほどから話が出ているように、井上が比較的若い頃から訓練を受け、いわば若き法制官僚でずっとやってきた、そうした立法作業を実際に経験してきたからじゃないのかなという気がしますね。

島 恐らくそうかもしれないね。

大石 もうちょっと話しを膨らましまして（笑）。

原田 やっぱり高塩先生が言われたように、小林先生流に言えば法的思考ですが、井上の合理的な考え方の背景には、やはり熊本藩以来のものはあるんだろうと思います。それは現れるかどうかはよくわかりませんが。もう一つは、大石先生言われたように、井上が法制官僚としてやってきた経験だと思います。それはボアソナードに意見を聞き、ロエスレルに意見を聞くという、その外国人答議のやり取りを、主として井上がやっているわけですから、そこでやはり合理的な思考を学んでいるというのが、その背後にあるのだろうと思います。

高塩　それはそうでしょうね。

原田　つまり律令の基本的な考え方もあるかもしれませんが、それと同時にそういう法制官僚としての経験といいますか、特に外国人答議などを経て得られた思考というものは大きいとは思いますけれどね。

島　私はよく知らないのですが、井上には書記というかスタッフというのか、おそらくいろいろ部下がいたと思うのですけれども、そういうのはわかっているんですか。たとえば、皇室典範をつくるときには池辺義象とか渡邊廉吉とかいますよね。ほかにはどうなんでしょうね。

柴田　たとえば参事院時代にはだれを主に秘書的に使っているかとか、法制局長官時代には特にこの人物を重く用いているとか、そういうことは多少わかりますね、「梧陰文庫」の史料を見ますと。あと、自分の家に書生がいっぱいいたと言いますけれども、「梧陰文庫」の中には同一の史料を違う筆で写したものがいくつかあって、それがおそらく書生か役所のだれかだと思うのですけれども。あれは、かなり内容は国家機密みたいなことを写させているわけですね、ときどき写し間違いをしたりその書生が（笑）、それを井上が直していたりですね。

大石　そうです。時には印刷の指示までしていますからね、いちいち「一字下げ」などと（笑）。

島　本当に几帳面な方ですね。

大石　その議院法の話でちょっと宣伝を兼ねて、時間とにらめっこしながら宣伝をしようと思っているのですけれども（笑）。

議院法をやっていろいろわかることがありましたが、「梧陰文庫」だけではなくて、ほかの関連史料との突き合わせをするのが非常に大事だと思いました。主たる材料が「梧陰文庫」にあるというのはそうなんですけれども、先ほどもちょっと話に出しました伊東巳代治もだいぶ関与しています。特に議院法については、ライバル意識をもっていたみたいですね、井上に対して。ここに持ってきたのは、国会図書館にある伊東巳代治の文書の写しですが、それを憲政史編纂会でそのまま原本から引き写されたものです。ものすごい量の書き入れをそのままのスタイルで写したわけですから、これ自体がたいへんだと思うのですけれど、こういうものを突き合わせながらやると、本当によくわかる。

これは伊東巳代治の文書ですけれど、「議院法説明」とわざわざあえて命名しているわけで、絶対に「憲法説明」との対比であって、伊東としてはこれは自分の領域だということを主張したかったのかも知れない。そういうところがありますが、ともかく伊東巳代治の文書、それから憲政史編纂会でおやりになった作業、それにプラスして伊藤博文の文書もちょっとありますし、三条実美文書の中にも少しあります。こうした関連史料を全部突き合わせてはじめて立体的になるんだというのは、実際に議院法というテーマでやってみてよくわかりました。その中で、憲政史編纂会を実質上取り仕切ったのは尾佐竹猛先生ですが、そこで鈴木安蔵先生みたいな人をよく使われたというのは、すごい人間関係で、決して思想的に同じではないのに、そういういい関係を持っておられて、大きな宝だなと思いました。

その後にためになったのは、条文の関係とか構成を調べるときに、結局ずっと手書きでやるわけです。それをきちっとやることが大事だというのをよく学びました。小嶋先生がよく使っておられたこういう表を作りながら、ずうっと成立過程を追っていくと、非常に立体的にわかってくるというのはあります。その中で、ここは違うというのがだんだんわかるわけですけれども、具体的に立法作業というのがやっぱり役に立つんですよ。句読点で違ってくるとか、「この限りにあらず」という使い方もこれは違うとか、井上は立法技術に非常に長けていて、すごくそれはよくできる人だと思います。

なぜそれを強調するかというと、いま京大のほうでも法人化に向けて規定づくりをやっていて、大学本部でも法学部でもやっていますが、そういう立案作業を実際にやってみると文言をちょっと変えることによって意味が変わるということが現実に起こるのです。それはたいへんな作業だとみな言ってくれるのですけれども、非常に得がたい経験をさせてもらっています。

さっき、何か理念がないとその作業ができないといいましたが、それはこういう目標があるので自分は責任をもってやらなければいけないというところに結びつくのです。議院法制定史の研究は十年以上も前の作業ですけれども、今になって結構役に立つ、実践として役に立つという気がします。

また、国の審議会とか中央省庁改革の基本法とかにもちょっとかかわりましたけれど、そういうドラフトが条文として出てきた時に、いわば井上的な目で見るわけです。もちろん井上が柳原をバッサリ切ったようには参りませんけれども、少なくともそうできるぐらいの素養は磨いたつもりですから、その意味でも井上毅にはずいぶんお世話になったという感じがします。

島　単なる研究じゃなくて人生の勉強になる。

大石　ええ、実際、大いに助かっています。

原田　島先生いかがですか。ご自身の研究、あるいは、先程少しおっしゃられましたけれども、副島とか、今後のことについても含めて。

島　大体もう私の関心は話しましたけれども、一二つけ加えますと、梧陰文庫研究の副産物として、私は『元老院国憲按編纂史料』という本を出版しました。これを作るキッカケは矢張り井上でありまして、井上が批判した元老院の国憲按とはどんなものだったのかというところから始まりました。また目下、江藤新平関係文書の翻刻をしていますが、これまた源は井上にあります。これまでこういういろんな研究ができたのは、やはり國學院大學に井上の蔵書や遺文書をきちっと保管していただいていた、そのおかげなのです。あるいは研究会があったおかげでもありますけれども、まずはそういう史料を保管しておいていただいたことに感謝しなければならない。

現在はどうか知りませんけれども、私が國學院にいた頃は木野先生がいらっしゃって、「これを見たい」と言えばすぐ持ってきていただいた。そういう非常に研究者冥利に尽きる環境だったんですよね。だからこそ研究ができたのです。何か疑問があればすぐその場で、木野先生から現物出してもらって、現物を横に置きながら論文の校正なんかもできました。そういう素晴らしい環境はぜひ今後とも残していただきたいと思うのです。いろいろと最近は状況も厳しくなっているようですけれども、そういう環境をつくることが井上研究を盛んにする基じゃないかなあということを考えておりますが、大石先生はいかがでしょうか（笑）。

大石　島先生はエレガントだから、そういう言い方しかしないのだけれども、私ははっきり言いますと、「梧陰文庫」が非常に使いにくくなったというのは、いろいろな人から聞く噂です。それは、実際の史料を見て研究する人たちにとっては、非常に大きなネックなのです。いろんな条件とか、もろもろの条件を付けるのもわかりますけれども、研究者がいちばん使いやすいようなスタイルにもっていく、しかもそのことがわかる事務の人たちの支えが必要だというのは、大事なことだと思うのです。

いろいろ聞きますと、手続きがどうだとか言うのですけれども、何のための手続きなのかということがポイントです。そこは高塩先生とかいろいろな人の力を通じてならんというようなことを聞いたりすると、びっくりするものですから――少なくともそれは何とか改善しないといけないと思います。せっかく立派な史料があるのに、（笑）――せっかく遠くからきたのに使いにくくて話にそれこそ久保先生がおっしゃっていたような「宝の持ち腐れ」になる可能性は十分にあると思っています。

幸いというか、どう転ぶかわかりませんが、「梧陰文庫」の完成版の『目録』を今度整備されますね。そうすると、それに基づいて多くの皆さんが調べに来られるかもしれない。そうすると、迅速な閲覧体制ができていないというのは、逆に評判を悪くするのではないかという気がします。私たちの頃は、実際にここにも持ってきたのですけれども、自宅でも国会図書館でも研究しますから、マイクロから起こしたものを持ってきて、まったく同じように写すわけですね。赤は赤、青は青というふうに全部写して、これを国会図書館に持っていって、それと対比しながら解読していくという作業をやりました。そういう作業はたぶんできなくなるんでしょうが、それだとあまり研究は進まない。何しろ利用されなくなるというのが、史料を持っているところとしてはいちばん大きな痛手じゃないでしょうか。

　国史、国文のほうは昔から國學院というのは本当にステータスを持っていて、有名な先生もたくさんいらっしゃいますし、有名な方がたくさん育ったのですけれども、国法のほうになるとやっぱり「梧陰」、「井上」という名前をおいてほかにないという感じがします。その意味で国史、国文、国法といった分野の中で、国法のところを盛り上げるには、もう少し使い勝手がよくならないかなというのは、実感としてあります。

原田　ありがとうございます。それでは、せっかく陪席されておられますので、きょう陪席されておられる方のほうから何か両先生にご質問があれば。

高塩　特に齊藤君、井上毅そのものが研究対象になっているわけですからどうぞ。

齊藤　まず大石先生にお伺いしたいのですが、大石先生はフランスの制度、特に政教分離、ライシテのご研究におきまして、また「ブロックの効用」など、モーリス・ブロックと明治の日本に関しましても、井上毅や「梧陰文庫」の史料を取り上げていらっしゃいますが、そのようなフランスの研究と井上毅の研究というのは、何かつながりがあってされたのでしょうか。

大石　それは最初からつながりがあってやったわけではなく、結果として結びついてきたというのが本当のところです。私自身は先ほど紹介しましたけれども、助手論文、最初の処女論文ですけれど、これでは主としてドイツ学、例えばラーバントとかイェリネックとかのドイツ国法学を踏まえた議論をやったのですけれども、だんだんフランスがおもしろくなって、やり始めたのがフランス憲法、公法の研究です。特にその中で、例えば宮沢俊義先生などはやっておられましたけれども、その後私が始めた頃は誰もフランスの政教分離の研究なんてやっていませんでしたから、多少天邪鬼があるのでしょうけれども、ほかの人が研究していないところをきちっとやりたいと思っていました。要するに、学界共通財産にするためには、それまでの研究で抜けているところを埋めなければいけませんが、フランスの宗教問題を研究したいと思ってやっていたら、いろんなところで明治期のこととすごく結びついて来たわけです。

それはイギリスについてもたぶん同じなんです。ドイツはいわば遅れてきていますけれども、フランスとかイギリスをやっていると、自ずから、おそらく避けようとしても必ず結びつく要素がたくさんあるという意味では、非常におもしろい。ブロックはもともとドイツ系の人だというのも、おもしろい偶然ですけれどね（笑）。

齊藤 ありがとうございます。続いて島先生にお伺いしたいのですが、先程井上と副島のお話をされましたが、そうした井上と佐賀といいますか、佐賀出身の政治家とのつながり、親交につきましては、従来ほとんど研究されていませんで、「十四年の政変」のときに井上の働きで大隈が追放されたといわれるぐらいだと思うのですけれども。ただ『井上毅伝』の中の書簡などを見ますと、井上と大木喬任、それから佐野常民とのつながりというのが非常に興味深くございます。特に佐野とのことに関しましても、詳しいことはまったくわかっていないのですけれども、佐野の元老院議長時代に日本の古典の調査、そこには栗田寛の名前も出ているのですが、それを井上が手伝っていることが、書簡は一通だけなのですけれどもございますし、またその後佐野が枢密顧問官のときには、佐野邸で法思想や法制度にまつわる研究会をおこない、井上がそこで二度ほど発表した速記録なども『井上毅伝』には載っております。こうした井上と佐賀とのつながりに関しまして、先生のほうで何かご存じのことがございましたら教えていただきたいのですが。

島　いや、私はそれは存じません。私の方が教えていただきたいですね。佐野常民についても実はよくわからないんですよね。去年佐賀の川副町長と会ったとき、佐野常民の新しい記念館を作ることになったと聞きました。従来は校舎の一角だったのですが、それが今度新しいのを作って、佐野をもっと売り出したいと言っておられました。赤十字関係の研究だけは書物があるのですけれども、いまおっしゃったようなことはまだこれからだと思いますね。

それから大木喬任につきましても、十分な研究がまだないのです。憲政資料室に伝記をつくるための史料とか日記とかがあって、一応コピーだけは撮っているのですけれども、まだ研究はしていません。明治時代の法制史を本格的にやろうとすれば、大木喬任をやらないとだめなんです。それからその子どもの大木遠吉、「えんきち」、あるいは「とおきち」とも読みますけれども、彼も司法大臣をやっていますから、あの親子の研究をやってみないとわからないところが多々あるのです。

したがいまして、井上と佐賀との関係と言われましても、いまちょっと答えようがありません。おそらく佐賀藩だからどうのこうのというのではないと思います。

齊藤　ありがとうございました。

柴田　江藤はどうだったんですかね、江藤との関係、短かったですけれども。

島　ごく一時期です。江藤新平につきましては、いずれ関係文書を出すということで翻刻作業を始めたところで、これも今後の研究課題ですね。

原田　あれですよね、同じ時期にフランスに行くことになっていたのが、江藤は行かなくなってしまって。

島　そうそう、行くことにしていたのが行けなくなって。

原田　そうですね。

島　明治維新の研究はずいぶん進んでいるようですが、まだまだやるところがいっぱいあるのではないでしょうか。みんなわかったように書いていますけれども。まあわかる範囲でしか書いてないと言ったほうがいいのかもしれないけれど（笑）。

原田　ほかに、よろしいでしょうか。では、時間も参りましたので、これで座談会を閉めさせていただきます、両先生には長時間、どうもありがとうございました。

（了）

〔附記〕　この座談会には、左記の者が出席した。

高塩博（國學院大學日本文化研究所教授）、柴田紳一（同助教授）、城﨑陽子（同兼任講師）、長又高夫（同兼任講師）、齊藤智朗（同調査員）、宮部香織（同調査員）

大石　眞（おおいし・まこと）

昭和二十六年（一九五一）宮崎県生まれ。

東北大学法学部卒業。同助手の後、國學院大學法学部講師、千葉大学法経学部助教授、九州大学法学部助教授を歴任し、現在京都大学大学院法学研究科教授。法学博士。

〈主な編著書〉

『議院自律権の構造』（成文堂　昭和六十三年）

『議院法制定史の研究』（成文堂　平成二年）

『議院法』（日本立法資料全集3）（信山社　平成三年）

『日本憲法史』（有斐閣　平成七年）

『憲法と宗教制度』（成文堂　平成七年）

『日本憲法史の周辺』（有斐閣　平成八年）

『憲法史と憲法解釈』（信山社　平成十二年）

『議院法』（有斐閣　平成十三年）

島　善高（しま・よしたか）

昭和二十七年（一九五二）佐賀県生まれ。

早稲田大学法学部卒業。國學院大學大学院法学研究科博士課程単位取得退学。名城大学助教授を経て、早稲田大学社会科学部助教授、現在同大学社会科学総合学術院教授。

〈主な編著書〉

『近代皇室制度の形成―明治憲法のできるまで―』（成文堂　平成六年）

『明治皇室典範〔明治二十二年〕』上・下（日本立法資料全集16・17）（共編）（信山社　平成八、九年）

『松村謙三　資料編』（共編）（財団法人櫻田会　平成十一年）

『元老院国憲按編纂史料』（国書刊行会　平成十二年）

『早稲田大学小史』（早稲田大学出版部　平成十五年）

『渡邊廉吉日記』（共編）（行人社　平成十六年）

『副島種臣全集　著述編』（監修）（慧文社　平成十六年）

あとがき

本書は、井上毅と「梧陰文庫」をめぐる講演会記録、座談会記録および研究余滴をもって構成される。

井上毅《いのうえこわし》（天保十四年〔一八四三〕〜明治二十八年〔一八九五〕）は、明治政府にあって司法省十等出仕を振り出しに参事院議官、内閣書記官長、法制局長官、枢密顧問官等を歴任した法制官僚であり、最晩年には第二次伊藤博文内閣の文部大臣をつとめた。この間、大久保利通、岩倉具視、伊藤博文、山県有朋等、政府指導者の知遇を得、多くの詔勅・法律等の起草に携り、明治国家が近代化の過程で直面した様々な課題とも密に関係した。とりわけ、大日本帝国憲法・皇室典範の起草者として、井上毅の名は多くの人々に知られている。

「梧陰文庫」は、井上毅の旧蔵文書六六〇三点、旧蔵図書八七二点の総称であり、井上が右の実務を遂行するに伴って集積された文書群がその中核をなす。これらの文書は、井上が自ら分類整理し、その遺志によって今日に伝えられた。「梧陰文庫」は、現在では井上家より寄贈をうけた國學院大學図書館が所蔵し、研究者の利用に供されている。

國學院大學日本文化研究所は、「梧陰文庫」の中からロエスレル、ボアソナード、モッセ、パテルノストロ、ルードルフ、マイエット等のお雇い外国人の答議集を翻刻し、『井上毅伝外篇 近代日本法制史料集』と銘打って、昭和五十四年以来毎年一冊ずつ公刊してきた（東京大学出版会発売）。平成十一年三月、全二十巻の完結を見たので、日本文化研究所は同年四月に完結記念の展示会と公開講演会とを開催した。展示会は「國學院大學所蔵法制史料展――梧陰文庫を中心として――」（四月九日〜同月十七日、國學院大學百周年記念館）と題するものであり、講演会の次第は本書第一部に収録した通りである。当日は木野主計、原田一明、山室信一の三先生に井上毅とお雇い外国人答議をめぐる講演をお願いし、多くの来聴者を迎えた。

日本文化研究所は、『近代日本法制史料集』完結より一年の間を置いた平成十一年四月、『梧陰文庫総目録』を編纂刊行するプロジェクトを発足させた。この仕事は折しも國學院大學創立百二十周年(平成十四年)に際会し、その記念事業に指定された。そのため完成を予定より一年早め、平成十七年三月に『梧陰文庫総目録』を公刊した(東京大学出版会刊、B5判、七八〇頁、定価二九四〇〇円)。本書の第二部と第三部は、このプロジェクトを進める過程で生まれた研究余滴であり、また座談会の記録である。研究余滴はプロジェクトのメンバーが『國學院大學日本文化研究所報』の第二三三号(平成十五年七月)より第二四七号(平成十七年十一月)までの十五回にわたって連載した記事を収録し、併せて『同所報』にそれ以前に発表されていた若干の関連記事とを収載したものである。ただ、「井上毅」掃苔」のみは、益井邦夫氏(國學院大學校史資料課嘱託)に特にお願いして寄稿していただいた記事である。御礼申し上げる次第である。又、「梧陰文庫」と井上毅研究をめぐる座談会は、平成十二年度から同十五年にかけての各年度に開催し、『國學院大學日本文化研究所紀要』の八八輯(平成十三年九月)より九四輯(平成十六年九月)にかけてその記録を掲載した。座談会には井上家御当主をはじめ御多用の先生方に集まっていただき、貴重なお話をうかがうことができた。この場を借りて更めて御礼申し上げる。

座談会にしても研究余滴にしても、本格的な研究論文においては論述されない諸相が語られ、あるいは記述されていると思われる。第一部の講演録と相俟って、井上毅や「梧陰文庫」の研究に幾分なりとも寄与する処あらば倖いである。

本書第二部の研究余滴の執筆陣は『梧陰文庫総目録』の編纂刊行プロジェクトの分担者であった人々であるが、本文中に肩書を明示していないので、左に現在の所属等を記しておく。

高塩　博（國學院大學日本文化研究所教授）
柴田紳一（國學院大學日本文化研究所助教授）
西岡和彦（國學院大學神道文化学部専任講師）
城﨑陽子（國學院大學日本文化研究所兼任講師）
長又高夫（國學院大學日本文化研究所兼任講師）
宮部香織（國學院大學日本文化研究所兼任講師）
齊藤智朗（國學院大學日本文化研究所助手）

「梧陰文庫」の諸史料を閲覧し利用させていただくについては、貴重書担当の司書磯貝幸彦氏の御高配を忝なくした。特記して謝意を表するものである。

本書のタイトル文字は大島敏史氏（号祥泉）の揮毫になる。このたびも年末年始の諸事繁多のさなかでのお願いである。厚く御礼申し上げる。出版事情の厳しい中、本書刊行を引き受けて下さったのは汲古書院である。最後になってしまったが、社長石坂叡志氏ならびに編集担当の小林詔子氏に深甚なる謝意を表するものである。

平成十八年一月

高　塩　　博

井上毅《いのうえこわし》と梧陰文庫《ごいんぶんこ》

平成十八年二月二十日　発行

編　者　國學院大學日本文化研究所
発行者　石　坂　叡　志
印　刷　富　士　リ　プ　ロ

発行所　汲　古　書　院
〒102-0072　東京都千代田区飯田橋二-五-四
電　話　〇三（三二六五）九七六四
FAX　〇三（三二二二）一八四五

ISBN4-7629-4170-0　C3021

KYUKO-SHOIN, Co., Ltd. Tokyo

人名索引

井上毅は採録せず、欧文表記の人名は末尾に一括した。また、複数の表記のある人物は、著名と思われる号などで採録した。

【き】

【く】

【け】

【こ】

【す】

【せ】

【そ】

【た】

【ち】

【て】

【と】

【な】

【に】

【ゆ】

【よ】

【ら】

【り】

【る】

【れ】

【ろ】

【わ】

【欧文】